21 世纪高职高专精品教材

电子商务系列

网上支付与结算

主　编　安乔治

副主编　王　芳　曾　静　陈　旭

西南财经大学出版社

图书在版编目(CIP)数据

网上支付与结算/安乔治主编.—成都:西南财经大学出版社,
2011.12(2021.2 重印)

ISBN 978-7-5504-0476-2

Ⅰ.①网… Ⅱ.①安… Ⅲ.①互联网络—应用—银行业务—教
材 Ⅳ.①F830.49

中国版本图书馆 CIP 数据核字(2011)第 238690 号

网上支付与结算

主 编:安乔治

责任编辑:张明星

助理编辑:涂洪波 于江红

封面设计:Z2 书装设计

责任印制:封俊川

出版发行:	西南财经大学出版社(四川省成都市光华村街55号)
网 址:	http://www.bookcj.com
电子邮件:	bookcj@foxmail.com
邮政编码:	610074
印 刷:	三河市众誉天成印务有限公司
成品尺寸:	185mm×260mm
印 张:	13.75
字 数:	326 千字
版 次:	2021 年 2 月第 1 版第 6 次印刷
书 号:	ISBN 978-7-5504-0476-2
定 价:	42.00 元

出 版 说 明

高职高专教育作为我国高等教育的重要组成部分,承担着培养高素质技术、技能型人才的重任。近年来,在国家和社会的支持下,我国的高职高专教育取得了不小的成就,但随着我国经济的腾飞,高技能人才的缺乏越来越成为影响我国经济进一步快速健康发展的瓶颈。这一现状对于我国高职高专教育的改革和发展而言,既是挑战,更是机遇。

要加快高职高专教育改革和发展的步伐,就必须对课程体系和教学模式等问题进行探索。在这个过程中,教材的建设与改革无疑起着至关重要的基础性作用,高质量的教材是培养高素质人才的保证。高职高专教材作为体现高职高专教育特色的知识载体和教学的基本工具,直接关系到高职高专教育能否为社会培养并输送符合要求的高技能人才。

为促进高职高专教育的发展,加强教材建设,教育部在《关于全面提高高等职业教育教学质量的若干意见》中,提出了"重点建设好 3 000 种左右国家规划教材"的建议和要求,并对高职高专教材的修订提出了一定的标准。为了顺应当前我国高职高专教育的发展潮流,推动高职高专教材的建设,我们精心组织了一批具有丰富教学和科研经验的人员成立了编审委员会。

编审委员会依据教育部制定的《高职高专教育基础课程教学基本要求》和《高职高专教育专业人才培养目标及规格》,调研了百余所具有代表性的高等职业技术学院和高等专科学校,广泛而深入地了解了高职高专的专业和课程设置,系统地研究了课程的体系结构,同时充分汲取各院校在探索培养应用型人才方面取得的成功经验,并在教材出版的各个环节设置专业的审定人员进行严格审查,从而确保了整套教材"突出行业需求,突出职业的核心能力"的特色。

本套教材的编写遵循以下原则:

(1)成立教材编审委员会,由编审委员会进行教材的规划与评审。

(2)按照人才培养方案以及教学大纲的需要,严格遵循高职高专院校各学科的专业规范,同时最大程度地体现高职高专教育的特点及时代发展的要求。因此,本套教材非常注重培养学生的实践技能,力避传统教材"全而深"的教学模式,将"教、学、做"有机地融为一体,在教给学生知识的同时,强化了对学生实际操作能力的培养。

(3)教材的定位更加强调"以就业为导向",因此也更为科学。教育部对我国的高职高专教育提出了"以应用为目的,以必需、够用为度"的原则。根据这一原则,本套教材在编写过程中,力求从实际应用的需要出发,尽量减少枯燥、实用性不强的理论灌输,充分体现出"以行业为向导,以能力为本,以学生为中心"的风格,从而使本套教材更具实用性和前瞻性,与就业市场结合也更为紧密。

（4）采用"以案例导入教学"的编写模式。本套教材力图突破陈旧的教育理念，在讲解的过程中，援引大量鲜明实用的案例进行分析，紧密结合实际，以达到编写实训教材的目标。这些精心设计的案例不但可以方便教师授课，同时又可以启发学生思考，加快对学生实践能力的培养，改革人才的培养模式。

本套教材涵盖了公共基础课系列、财经管理系列、物流管理系列、电子商务系列、计算机系列、电子信息系列、机械系列、汽车系列和化学化工系列的主要课程。

我们希望有更多经验丰富的教师加入到我们的行列当中，编写出更多符合高职高专教学需要的高质量教材，为我国的高职高专教育作出积极的贡献。

编审委员会

序

当今社会,经济全球化和信息网络化迅猛发展,信息作为新型的产业日益成为经济发展的关键。互联网成为继蒸汽机和计算机以来人类科技发展史上最重要的里程碑,它既推动了科学技术的新革命,又促进了社会经济的深层次转型。其中,伴随互联网而产生的电子商务,作为一种新兴的交易方式,不仅对商务的运作过程和方法产生了巨大的影响,也对人类的思维方式、经济活动方式、工作方式和生活方式产生了巨大影响,在国民经济的发展中发挥着越来越重要的作用。

电子商务是一门新兴学科,它是近年来随着互联网技术、管理科学、信息科学、计算机科学与通信技术的迅速发展和相互交融,逐渐形成的一门综合性边缘学科。就电子商务的系统结构而言,它是一个由人、计算机、互联网等组成的能进行信息的快速收集、传递、存储、加工、维护和使用的信息系统。电子商务学科的诞生与发展,标志着互联网在经济管理中的应用达到了一个新的高度,它已成为经济管理领域一门极其重要的实用性学科。

目前,我国已将推进电子商务应用、加速传统产业的技术改造与创新、以信息化带动工业化的发展、发挥技术后发优势、实现生产力跨越式发展,作为国民经济和社会发展的重大战略措施。

为适应电子商务的快速发展,培养高素质的电子商务人才已成为一项紧迫的任务。2001年,中国教育部正式批准13所高等院校开设电子商务专业,至今我国约有700多所高职高专院校设置了电子商务专业,承担着为国家培养实用型、适用型人才的艰巨任务。但是,电子商务作为一门综合性学科,无论是在国外还是国内,其知识体系、课程体系还未形成一个统一而普遍的共识,更多的还处于广泛的讨论和研究之中。因此,如何加强电子商务教材体系的建设,如何完善电子商务专业教学的内容体系,如何更好地体现学生的学习需求,已经成为各高职院校电子商务专业教学普遍关心的问题。

在此背景下,我们组织了一批具有丰富理论知识和实践经验的专家、一线教师,在借鉴了众多教材的编写经验上,策划了本系列专门面向高职高专的电子商务类教材。

本系列教材力求以就业为导向,立足基础,面向应用,在兼顾理论和实践的同时,避免"全"而"深"的面面俱到,以必要、够用为度,充分体现新知识、新技术、新方法,体现"以行业为导向、以能力为本位、以学生为中心"的发展趋势,培养学生思考问题、解决问题、创新能力等综合素质。在结构安排上,本系列教材设置了"知识目标"、"技能目标"、"引例"、"引例解析"、"资料链接"、"典型案例"、"综合训练"、"实训设计"等版块,培养学生的应用能力和动手能力。另外,教材还配有教学资料包和专业网站,为"立体化"教学提供支持。

　　本系列教材的出版,为有关电子商务的研究和教学提供了生动的教材。相信本系列教材一定能够很好地适应现代高职高专教学的需求,为社会培养出更多优秀的电子商务专业人才,为我国电子商务的发展作出应有的贡献。

前　言

随着国际电子信息技术的发展,特别是国际互联网的普及,全球商务活动日益受到新兴电子信息技术的影响。从 20 世纪 90 年代末起,电子商务作为新生事物开始成为商业界的一个热门话题。随着网上支付方式逐渐成熟,一些电子支付工具逐渐采用费用更低、应用更为方便的公用计算机网络,特别是以因特网作为运行平台,网上支付与结算方式就应运而生了。网上支付的发展,疏通了电子商务交易过程的资金流,打通了电子商务发展的支付瓶颈。从整个支付体系看,网上支付将逐步成为我国支付市场和支付体系的重要组成部分。

随着网上银行的兴起和微电子技术的发展,现代信息化社会中的新兴支付工具主要是以计算机网络信息交换为中心的。随着银行在一定程度上将现金、票据等实物表示的资金转换为以计算机存储的数据所表示的资金,传统上对支付工具的认识也必须随之调整。这种以数据形式存储于计算机中,并能通过计算机或网络使用来加以表现的资金,皆属网上支付工具。因此,网上支付工具就是指经由电子终端机、语音工具、计算机或磁带,用以下单、通知或授权金融机构去记入借方、贷方的任何资金移转媒介。在电子商务中运用网上支付工具,能够拉近消费者和商家之间的距离,就如同在现实生活中的"面对面"交易一样。网上支付工具以金融电子化网络为基础,通过计算机网络系统以传输电子信息的方式实现支付功能,利用电子支付工具可以方便地实现现金存取、汇兑、直接消费和贷款等功能。

本书在借鉴他人研究成果的基础上,形成了自己的网上支付与结算框架体系,从网上支付研究对象出发,分章节详细探讨。第一章总括网上支付与结算的基本内容,梳理网上支付从产生到发展的脉络,理清网上支付与结算的基本原理。第二章在介绍支付工具的基础上,对支付工具在网上交易与结算中的作用加以深入分析。第三章主要讲述我国目前的支付系统。主要分为两类:一类是与个人密切相关的支付系统,如银行卡、ATM、POS、网上银行系统;另一类是银行直接进行结算的系统,如中央银行的电子联行系统和同城清算系统。第四章主要对网上银行的电子支付和网上银行的金融服务进行详细阐述,并对网上银行的发展现状以及对电子商务的影响加以介绍。第五章在讲述网上支付的基本流程及网上支付各实体之间的关系上,引出不同类型的网上支付模式,以及第三方支付方式等。第六章讲述支付与结算以外的网上增值业务。第七章主要介绍了网上支付的技术性问题,包括计算机病毒、防火墙、安全认证和两个安全交易协议——SSL 和 SET。第八章主要介绍网上支付的风险和法律法规、信用体系问题,并涉及网络的监管。

　　本书由安乔治担任主编,王芳、曾静、陈旭担任副主编,黎海波参与部分稿件的编写。具体编写分工为:第一章和第三章由安乔治编写,第二章由曾静编写,第四章和第五章由陈旭编写,第六章和第七章由王芳编写,第八章由黎海波编写。

　　本书试图在深入调查研究的基础上,推出具有专业特色及优化配套的专业教材,但由于客观条件和主观因素的制约,实践起来存在诸多困难,其预期目标的实现,尚有待于专家、学者和读者们提出宝贵意见。

编　者

目　　录

网上支付与结算结构模型

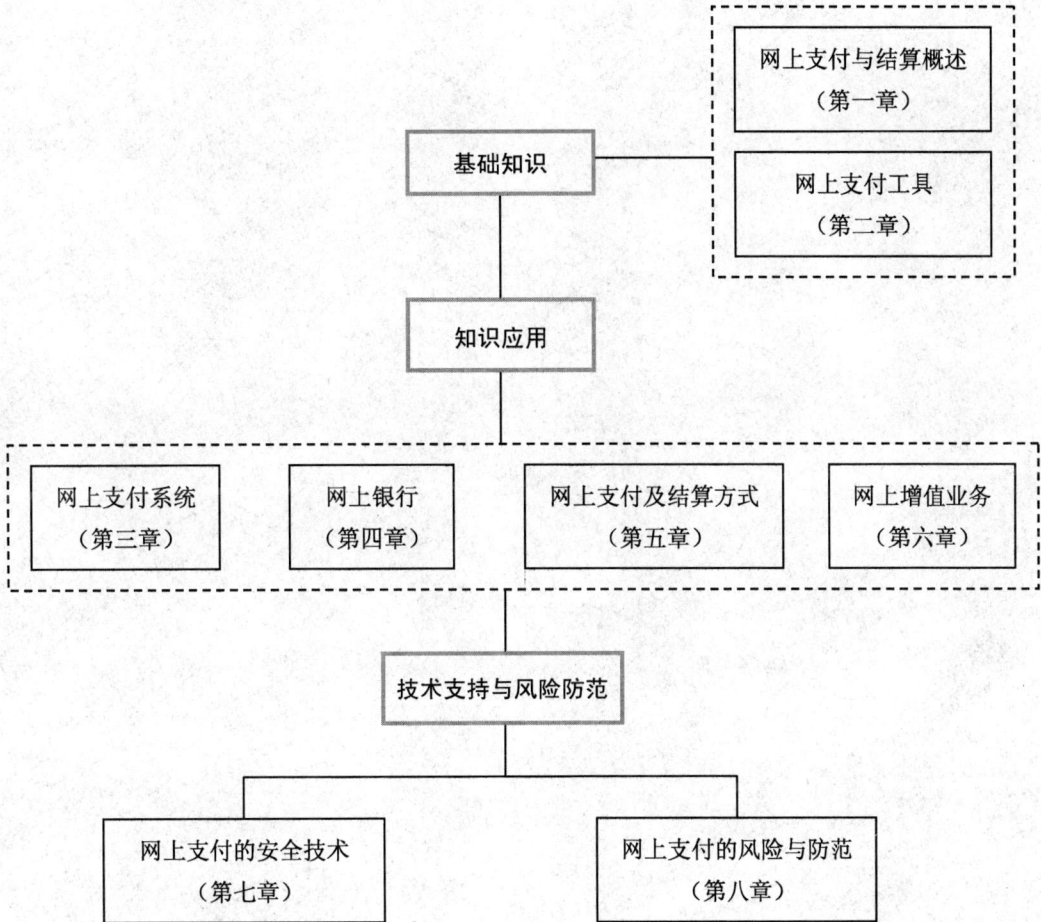

```
                                    ┌─────────────────────────┐
                                    │  ┌───────────────────┐  │
                                    │  │  网上支付与结算概述  │  │
                                    │  │     (第一章)       │  │
                                    │  └───────────────────┘  │
              ┌──────────┐          │  ┌───────────────────┐  │
              │ 基础知识  │─────────│  │   网上支付工具     │  │
              └──────────┘          │  │     (第二章)       │  │
                   │                │  └───────────────────┘  │
                   │                └─────────────────────────┘
              ┌──────────┐
              │ 知识应用  │
              └──────────┘
                   │
  ┌────────────────┼────────────────────────────────────┐
  │ ┌──────────┐ ┌──────────┐ ┌─────────────┐ ┌──────────┐ │
  │ │网上支付系统│ │ 网上银行 │ │网上支付及结算方式│ │网上增值业务│ │
  │ │ (第三章) │ │ (第四章) │ │  (第五章)   │ │ (第六章) │ │
  │ └──────────┘ └──────────┘ └─────────────┘ └──────────┘ │
  └────────────────┼────────────────────────────────────┘
                   │
           ┌──────────────────┐
           │  技术支持与风险防范  │
           └──────────────────┘
                   │
       ┌───────────┴───────────┐
┌────────────────┐    ┌──────────────────┐
│ 网上支付的安全技术 │    │ 网上支付的风险与防范 │
│   (第七章)     │    │    (第八章)      │
└────────────────┘    └──────────────────┘
```

| 第一章 |

网上支付与结算概述

知识目标

》了解网上支付及其与电子商务的关系；

》理解网上支付的过程和特点；

》了解我国网上支付与结算的发展历程和现状；

》了解我国网上支付与结算面临的问题。

技能目标

》掌握并能初步应用网上支付方式；

》能够根据网上支付与结算存在的问题分析其解决办法。

引例

网上银行支付:供应链的 E 时代①

2007 年,上海浦东发展银行(简称"浦发银行")推出了"供应链电子化支持方案",得到了客户的广泛好评。该方案旗下的"网上贸易服务解决方案"(以下简称"网上贸易服务")以功能强大、理念先进等特点格外引人注目。浦发银行的网上贸易服务是浦发银行依托其公司网上银行的服务平台,以先进的国际结算服务平台为支撑,为客户提供国际结算网上服务和个性化网上金融增值服务的解决方案。下面以 A 公司的使用经历为例,为大家呈现网上贸易服务的独特之处。

A 公司是一家拥有进出口权的贸易企业,上下游客户比较稳定,和海外客户的结算方式主要以单证类结算为主(包括信用证业务、托收/代收业务等)。

一、A 公司使用浦发银行网上银行支付之前的情况

情况一:A 公司业务人员来到银行进行信用证开立的申请。由于海外出口客户需要 A 公司在开证后将相关副本传真过去,因此 A 公司的业务人员会经常致电银行,询问信用证是否已经开出,如果已经开出,希望银行能够及时传真一份给 A 公司,A 公司再传真给海外出口客户。

情况二:A 公司的出口合同也比较多,A 公司的海外进口客户致电 A 公司,并告知信用证已经开出。A 公司致电银行进行查询,如果银行已经收到该信用证,希望银行能够及时传真一份或者银行客户经理及时将信用证正本送到公司,以便后续备货准备。

情况三:A 公司由于全年的业务比较多,相关部门需要了解全年的业务整体开展情况,业务的结构,共产生了多少银行手续费,整体交易对手的合作情况等。于是,全体业务人员开始加班加点,进行手工统计。

以上情况也是其他进出口企业经常遇到的典型状况,A 公司使用浦发银行网上贸易服务后,又变成了怎样的一番景象呢?

二、A 公司使用浦发银行网上银行支付之后的情况

情况一:浦发银行网上贸易服务的理念之一是"将银行内部的工作流延伸到客户面前"。A 公司业务人员通过企业网上银行(以下简称"网银")提交开证申请后,银行内部系统即刻触发相应工作流,展开后续业务处理。此时,A 公司可同步通过查询功能实时了解该笔业务目前的最新办理进展。在信用证对外开立后,银行系统会实时通过手机短信、E-mail、网银等渠道通知 A 公司。同时,A 公司业务人员可以直接通过企业网银下载相关信用证副本(MT700 报文)。

情况二:浦发银行收到海外的出口信用证后,系统实时通过手机短信、E-mail、网银等渠道通知 A 公司信用证已到,A 公司业务人员可以直接通过企业网银下载打印相关出口信用证通知报文(如 MT700 报文),并展开后续备货工作。

---

① 郁欣. 网上贸易服务供应链的 E 时代[EB/OL]. 2007-08-28[2011-1-4]. http://finance. sina. com. cn/g/20070828/09501631378. shtml.

情况三:A公司定期通过查询功能将查询结果转换成 Excel 文件(网上贸易服务支持该转换功能),进行业务量和业务类型的分析统计;定期通过"月度报表"功能对供应链上的交易对手进行分析(月度报表提供交易对手业务统计功能);定期通过网上贸易服务成本分析对各业务产生的手续费进行成本分析,提高企业的财务分析水平。

显然,A公司通过使用网上贸易服务,大幅提高了公司的业务办理效率,优化了业务办理流程,提升了业务的综合管理水平。网上贸易服务正在成为企业供应链中一个全新的有效管理工具,为整合企业的供应链、稳定企业的交易对手提供有效的支持。网上贸易服务期待更多客户的亲身体验。

企业供应链的 E 时代已经来临!

针对 A 公司的网上支付效率大幅度提高的情况,思考网上银行与传统银行相比有哪些优势。

第一节　网上支付与电子商务

随着国际电子信息技术的发展,特别是互联网的普及,全球商务活动日益受到新兴电子信息技术的影响。从 20 世纪 90 年代末起,电子商务作为新生事物开始成为商业界的一个热门话题。不断成熟的网上支付方式,加快了经济的发展,方便了国内和跨国贸易的进行。网上支付与电子商务的结合,使得人们通过互联网就可以解决一些传统支付方式中难以解决的问题,享受足不出户轻松支付的快节奏生活。

一、网上支付概述

网上支付是电子支付的一种形式,又称在线支付,它是通过第三方提供的与银行之间的支付接口进行的即时支付方式。这种支付方式的好处是:可以直接把资金从用户的银行卡中转移到网站账户中,汇款马上到账,不需要人工确认。客户和商家之间可采用信用卡、电子钱包、电子支票和电子现金等多种电子支付方式进行网上支付,能有效节省交易的成本。随着社会经济与信息网络的不断发展,人们对支付系统的运行效率和服务质量的要求越来越高,这促使支付系统不断从手工操作走向电子化、网络化。网上支付是电子商务的关键环节,也是电子商务得以顺利发展的基础条件。电子商务中的一个极重要的内容是:在进行付款、信用借贷及债务清偿过程中,能获得及时、方便且安全的服务,将商品销售与服务的付款行为整合在电子销售网中快速进行。

网上支付的目的是减少银行成本、加快处理速度、方便客户、扩展业务等。它改变了支付处理的方式,使消费者可以在任何地方、任何时间,通过 Internet 获得银行的支付服务,而无须到传统的银行营业柜台办理业务。

二、网上支付与电子商务的结合

电子商务是指通过计算机和网络来完成商品的交易、结算等一系列商业活动过程的一种方式,它可以消除时间和空间上的障碍,降低交易成本,减少运作时间,从而为广大企业和个人用户带来方便和效益。电子商务的内容包括信息流、资金流和物流,其中,信息流和资金流直接以因特网为基础。应该说信息流和物流比较容易实现,而资金流,即网上支付实现起来比较复杂,所以人们在谈电子商务时,往往把网上支付手段作为衡量是否真正实现电子商务的标志。

只要有交易发生,就必然会引起资金流流动,而资金流的流动具体体现在商务伙伴间的支付与结算活动。因此,支付是电子商务流程中最为关键的组成部分。目前存在很多支付结算的方式,如现金、支票、邮汇、电汇等。但随着经济全球化的深入与信息社会中客户不断增长的个性化需要,这些支付结算方式在效率、安全、跨时空等方面存在着诸多的局限性与弊端,成为电子商务发展的瓶颈之一,限制了电子商务的大规模扩展。

所谓网上支付,就是利用商业银行开通的网上银行业务,采用数字签名(电子签名)的安全防护措施,使客户不必出门,不必开支票,不必贴邮票,就能通过网络迅速完成款项支付、资金划转等业务。

电子商务要实现网上支付,需要采用银行支持的多种网络支付工具,通过银行专用网络支付系统才能完成。比如,信用卡以其方便快捷、安全可靠等优点成为人们消费支付的重要手段,并由此形成了完善的全球性信用卡计算机网络支付与结算系统,使"一卡在手,走遍全球"成为可能。进行网上交易,需要由开放性的 Internet、专用的电子银行网络和其他业务网络组成一个完整的电子商务运作环境,需要消费者、企业、商户、配送公司、银行、电信部门、Internet 服务提供商等的通力合作,才能有效地推进电子商务的发展。其中,银行的参与至关重要,如果没有银行提供网络支付服务,就不能进行电子贸易。

然而,目前在应用网上支付与结算工具时出现了一些新情况,主要包括以下几个方面:

(1)客户普遍对网上支付的安全性存在怀疑,使得网民对电子商务中的网上支付持谨慎和怀疑的态度。特别是我国的信用体系发展程度较低,有网上交易不成功的案例存在,使网民的怀疑程度进一步加深。

(2)网上支付与结算改变了电子商务双方支付结算处理的方式,需要客户改变过去的习惯,所以,很多客户难以适应和接受,进而抵制电子商务。

(3)网上支付与结算需要一个完善的技术平台和管理机制,很多银行的技术与管理能力还不足以支撑网上支付与结算的可靠运转。

目前,电子商务中网上支付与结算采用的方式是否真正能做到快捷方便、安全可靠,还有待于观察。资金流是电子商务的核心流程,网上支付结算的资金流运转不通畅,是目前电子商务发展的"瓶颈",这将直接影响到电子商务的发展。特别是在我国,银行网上支付结算工具如网上银行结算等各自为政,很难联合起来,给客户带来很大的不便。

此外,支付是为了清偿商务伙伴间由于商品交换和劳务活动引起的债务、债权关系,是银行提供的金融服务业务,而这种结清债权和债务关系的经济行为就称为结算。因此,支付与结算的含义基本相同,支付与结算可以直接理解为支付结算或支付。在我国《中华人民共和国票据法》(以下简称《票据法》)和《支付结算办法》中规定,支付结算的含义是指单位、个人在社会经济活动中使用票据、信用卡和汇兑、托收承付、委托收款等结算方式时进行货币级支付及资金结算的行为。通俗地说,就是一方得到另一方的货物与服务后所给予的货币补偿,以保证双方的平衡。

目前,我国银行网上支付系统尚处于发展的起步阶段,还存在着诸多问题。例如,基础通信设施不发达、企业信息化程度较低等因素在一定程度上制约了网上支付系统的发展;在实现传统支付系统到网上支付系统的改造过程中,银行间缺乏合作,各自为政,未形成大型的支付网关,网上支付结算体系覆盖面较小;网上支付业务的标准性差,数据传输和处理标准不统一;网上银行相关法律法规框架亟待健全、完善;网上支付业务的安全性亟待加强等。此外,我国网上支付体系的发展还受到社会信用制度等因素的限制。信用是电子商务发展的关键前提之一,但从我国目前的信用制度现状看,社会整体信用制度不够健全,严重影响到市场主体对电子商务安全性的认知程度的提升。网上支付体系的发展可谓任重道远。

第二节 网上支付与结算简介

一、网上支付与结算的过程和功能

(一)网上支付与结算的过程

网上支付与结算的过程涉及客户、商家、银行或其他金融机构、商务认证管理部门之间的安全商务互动,因此支撑网上支付的体系是集购物流程、支付与结算工具、安全技术、认证体系、信用体系,以及现代的金融体系为一体的综合性大系统。网上支付体系的基本组成如图1-1所示。其中:客户与商家分别代表在网上开展商务交易的双方,即买方与卖方;客户的开户银行表示网上寻求商品服务的客户在其中有资金账号的某金融机构,主要是指银行,称为支出银行或付款行;商户的开户银行表示商家在其中有账号的某金融机构,主要是指银行,称为接收行;认证中心(CA)是对网上商务各方进行身份认证的第三方公证机构,向商务各方发放、验证各种认证安全工具,如标识网上交易者真实身份的 X.509 数字证书及其中携带的公开密钥信息等。现阶段,某些接收行为了促进电子商务网上支付与结算的展开,也可能设置自己的注册机构,由注册机构向在本银行开设账户的商家发放数字证书,商家可向客户出示这个数字证书,用以说明商家是合法的。当然,认证机构和注册机构的工作应该是协调进行的。

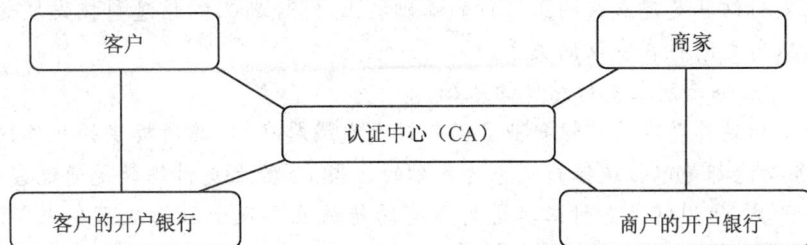

图1-1 网上支付体系的基本组成

（二）网上支付与结算的基本功能

虽然网上支付体系的基本组成方式在不同的环境中不尽相同，但安全、有效、方便、快捷是网上支付方式或工具所追求的共同目标。对于一个实用的网上支付与结算系统而言（可能专门针对一种网上支付方式，也可能兼容几种网上支付方式），至少应该具有以下七种基本功能：

（1）能够使用数字签名和数字证书等实现对网上商务各方的认证，防止支付欺诈。为实现网上交易与支付的安全性，对参与网上贸易的各方身份的有效性进行认证，通过认证机构或注册机构向参与贸易的各方发放数字证书，以证实其身份的合法性。

（2）能够使用较为尖端的加密技术，对相关的支付信息流进行加密。可采用单密钥体制或双密钥体制进行信息的加密和解密，可采用数字信封、数字签名等技术加强数据传输的保密性与完整性，防止未被授权的第三者获取信息的真正含义。

（3）能够使用数字摘要（即数字指纹）算法确认支付电子信息的真伪，防止伪造、假冒等欺骗行为。为了保护数据不被未授权者建立、嵌入、删除、篡改、重放等，完整无损地到达接收者一方，可以采用数据杂凑技术（Hash 技术）。

（4）当网上交易双方发生纠纷时，特别是有关支付结算的纠纷，系统能够确定相关行业或业务的不可否认性。网上支付系统必须在交易的过程中提供足够、充分的证据来迅速辨别纠纷中的是非，这可以用数字签名等技术来实现。

（5）能够处理网上贸易业务的多边支付问题。支付结算牵涉客户、商家和银行等多方，传送的购货信息与支付指令信息必须连接在一起，因为商家只有确认了某些支付信息后才会继续进行交易，银行也只有确认支付指令后才会提供支付方式。为保证安全，商家不能读取客户的支付指令，银行也不能读取商家的购货信息，这种多边支付的关系能够通过系统提供的双重数字签名等技术来实现。

（6）整个网上支付结算过程对网上贸易各方，特别是对客户来讲，应该是方便易用的，手续与过程不能太烦琐，大多数支付过程对客户与商家来讲应是透明的。

（7）能够保证网上支付结算的速度，即应该让商家与客户感到快捷，这样才能体现电子商务的效率，发挥网上支付结算的优点。当然，在保证网上支付结算快捷的同时，还应该注意保持系统的稳定性。

🖱 资料链接 1-1

网上支付结算与银行的关系

网上支付结算是建立在网上银行的基础之上，结合新兴的信息科技发展起来的，网上结算与银行之间存在密切的关系。

1. 银行业务是网上支付结算的基础

网上支付结算是在传统银行业务的基础上发展起来的，其所提供的业务内容、服务产品、服务功能都是以传统银行业务为基础的。当前，网上支付结算是通过客户在银行营业网点开户，使用网上支付工具进行原有的传统业务及金融衍生服务来实现的。所以，网上支付结算是以银行业务为基础，为客户提供比传统银行服务更方便、更安全、更快捷的服务方式。

2. 网上支付结算是银行业务的延伸

网上支付结算的服务对象和产品种类与银行业务基本重合,并且网上支付结算是银行业务的延伸。网上支付结算不是简单地将传统银行业务转移到网上来运作,而是将银行业务从柜台延伸到可以使用网络的任何地方,使银行业务超越时间和地域的限制。此外,网上支付结算还可以提供增值服务,如有关利率变化、汇率变动、经济形势分析等公共信息服务,有关网上商城、网上金融超市等综合经营服务以及投资理财服务,并且实时更新相关内容,不断提升网上结算的信息服务水平和服务质量,为客户提供不限时间、不限地点的便捷银行服务。

3. 网上支付结算改变了银行的经营模式

网上支付结算的实行打破了银行业务在时间和地域上的限制,拓宽了银行的经营模式。因为网上支付结算可以实现实时搜集和运用海量的服务信息,使银行的经营模式在更广的范围内开发资源、服务客户。网上支付结算可以充分利用网络优势,随时与客户进行交互式沟通,推动以产品为导向的银行营销活动,改变为以客户为导向的网上银行营销活动;同时网上支付结算还可以根据客户的要求,提供个性化的金融产品,满足客户多样化的金融服务需求。

4. 网上支付结算体现了银行服务的优越性

网上支付结算是以通信网络和计算机技术为依托,以金融服务业为主导的现代化结算方式。网上支付结算不仅实时地进行金融交易,还提供了丰富的信息资讯服务,使客户足不出户就完成与结算相关的各种业务,实现网上银行对客户的零距离服务,使银行更加贴近客户,更加方便客户。网上支付结算业务的产生使银行机构虚拟化,可以使银行的占地成本和人员成本大幅度降低,使银行的工作重点转移到如何提高网上银行的服务质量和高新技术水平上来。

总之,网上支付结算不仅是电子商务发展的支撑点,而且是金融业发展的新的增长点,更是未来金融业的出路。

二、网上支付与结算的特点

网上支付是指以金融电子化网络为基础,以各种电子货币为媒介,通过计算机网络(特别是 Internet)以电子信息传递的形式实现流通和支付功能。由此可以看出,网上支付带有很强的 Internet 的烙印,是基于 Internet 的电子商务的核心支撑流程。网上支付主要是在开放的公共网络系统中,通过看不见但先进准确的数字流,完成相关支付信息传输,即采用数字化的方式完成款项支付结算。这种以开放的 Internet 为主要平台的网上支付结算方式一经产生,就呈现出许多传统支付结算方式无法比拟的优点和特点。

1. 用信息流代替现金流

网上支付结算是通过以信息流的传输代替现金的交换来完成的,其各种支付方式都是通过数字化方式,自动完成交易款项收付的。这与电子商务的理念是完全一致的。

网上支付能实现无纸化贸易,依托计算机和计算机网络与通信技术,利用国际互联网,突破银行传统的业务操作模式,把银行的业务直接在互联网上推出。以前使用的票据和单据大部分被电子支票、电子汇票和电子收据所代替;有的纸币被电子货币,即电子现金、电子钱包、电子信用卡所代替;原有纸质文件的邮寄变为通过数据通信网传送。

2. 基于因特网的开放平台

网上支付信息的传递是基于因特网实现的,这是一个完全开放的公共通信网络平台,因此对网络可靠性的依赖程度较高。而传统的支付方式是在一个相对封闭的系统中完成的,已经形成了相对可靠的支付机制。

3. 较高的安全性和一致性

网络支付的安全性高,它可以保护交易双方不被非法支付和抵赖,也可以避免双方被冒名顶替。而且,由于支付的全过程使用的都是数字货币,也有效地防止了假币的产生。所以,网上支付要比传统的支付结算更安全可靠。另外,网上支付还可以使人们不用携带大量现金,从而保证了用户的人身和财产安全。

4. 方便、快捷、可靠、高效的支付方式

与传统的支付方式相比,网上支付工具具有方便、快捷、可靠、高效的特点。网上支付与结算实行全天 24 小时、一年 365 天不间断营业。客户可以在任何地方、任何需要的时候进行网上结算,不受时间、地域的限制,客户只需在联网的计算机上轻点鼠标就可以足不出户完成全部支付过程。上网客户还可以在家里开立账户,进行收付交易,省去了跑银行、排队等候的时间。

网上支付不仅支付过程短,而且支付成本低,仅相当于传统支付的几十分之一,甚至几百分之一,因此降低了企业的商务成本。

由于传统支付方式的票据传递迟缓和手工处理手段落后,形成了大量的在途资金,无法做到银行间的当天结算,因而交易双方的资金周转速度很慢。而网上支付系统可以直接将钱划拨到收费者的银行账户上,这与通过邮寄或第三方转款相比大大缩短了付款时间,提高了资金的周转率和周转速度,既方便了客户,又提高了商家的资金运作效率,也方便了银行的处理。

网上支付与结算还提供网上支票报失、查询服务,维护了金融秩序,最大限度地减少了国家、企业的经济损失;采用了多种先进技术来促进和保证交易的安全,使用户、商户和银行三者的利益都能够得到保障。

网上支付与结算无疑是对传统银行业务方式的挑战,也成为客户最便利、最快捷的服务手段。

三、网上支付与结算和传统支付结算方式

(一) 传统的支付结算方式

目前,人们经常使用的几种传统支付方式是现金、票据、信用卡、银行卡和智能卡。这里仅介绍前两种支付结算方式,后三种支付结算方式在第二章中详细介绍。

1. 现金

现金(cash)有两种形式,即纸币和硬币,由国家组织或政府授权的银行发行。其中,纸币本身没有什么价值,它只是一种由国家发行并强制使用的货币符号,但能够代替货币进行流通,其价值是由国家保证的;硬币本身含有一定的金属成分,具有一定的价值。此外,还有

一些非官方的辅助货币,如意大利 20 世纪六七十年代期间曾用糖块代替小额零钱,这种情况只有在辅助货币的内在价值超过其表面价值时才出现。

现金交易的流程如图 1-2 所示。

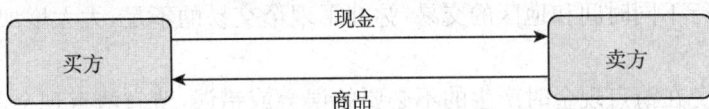

图 1-2　现金交易流程图

从现金交易流程图中可以看出现金交易过程的主要特点:

(1) 买卖双方处于同一位置,而且交易是匿名进行的。商家不需要了解消费者的身份,因为现金本身是有效的,其价值是由发行机构保证的,并非由消费者认可的。

(2) 现金交易具有方便、灵活的特点,交易程序非常简单,即通常所说的"一手交钱,一手交货"。交易双方在交易结束后就可以马上实现其交易目的,即消费者用手中的现金买到商品,商家用商品换取现金。

但是,这种交易方式也有一定的局限性,主要表现如下:

(1) 受时间和空间的限制,对于在不同时间或不同地点的交易,现金交易方式就无法采用。

(2) 在大宗交易中携带大量的现金,具有携带的不方便性,并且这种不方便性在一定程度上会对携带者带来安全隐患。

2. 票据

票据(bill)可以从广义和狭义两种意义上进行理解。广义的票据泛指各种记载一定文字、代表一定权利的文书凭证,如股票、债券、货单、车船票、汇票等;狭义的票据是一个专有名词,专指我国《票据法》所规定的汇票、本票和支票等。

我国《票据法》将票据分为汇票、本票和支票三种。汇票是指出票人委托他人于到期日无条件支付一定金额给收款人的票据;本票是指出票人自己于到期日无条件支付一定金额给收票人的票据;支票是指出票人委托银行或其他法定金融机构在见票时无条件支付一定金额给收款人或持票人的一种文书凭证。

作为支付手段,各种票据(汇票、支票和本票)都可以使用,如消费者支付商品款给商家,可直接签发本票,也可以签发汇票和支票。但不论采用什么形式,都需要出票人的签名才能有效。

以支票为例简单介绍票据交易的过程。支票交易的流程如图 1-3 所示。

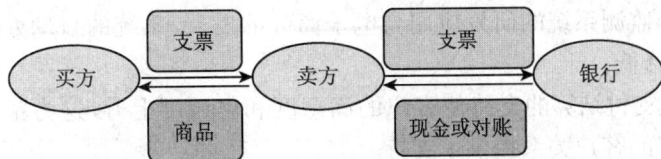

图 1-3　支票交易流程图

汇票的交易流程与本票的交易流程大体相同,汇票是由商家通过银行处理的,本票则是由消费者通过银行进行处理的。

利用票据进行交易的主要特点是：

（1）通过票据的转移代替实际现金的转移，大大减少了携带现金带来的麻烦和风险。

（2）可以进行不同时间和地区的交易，弥补了现金交易的不足，大大增加了实现交易的机会。

（3）可以避免在清点现金时产生的不必要的误会或错误，节省清点现金的时间，降低交易的费用。

（4）必须有出票人的签名才能生效，同时票据交易采取非匿名的方式。

当然，票据本身也存在不足，如票据的真伪、遗失等都可能带来一系列的问题。关于票据的详细介绍见第二章第二节。

（二）两者的比较

与传统支付结算方式相比，网上支付结算方式表现出的特征如下：

（1）网上支付主要是在开放的公共网络系统中，通过看不见但先进准确的数字流，完成相关支付信息的传输，即采用数字化的方式完成款项的支付结算。网上支付的工作是基于一个开放的系统平台，如 Internet 平台，其中 Internet 应用的特点是兼容性强，对软、硬件设施要求不高，联网与应用均十分简单。而传统支付结算方式是通过纸质现金的流转、纸质票据的转让和银行的汇兑等物理实体的流转来完成款项的支付，需要在较为封闭的系统中运行，大多数需要面对面处理。

（2）网上支付具有轻便性和低成本性。与电子货币相比，一些传统的货币如纸质货币和硬币越发显示出其奢侈性。在美国，每年搬运有形货币的费用高达 60 亿美元；英国则需要 2 亿英镑；我国由于电子支付比例小，因而费用也非常庞大；世界银行体系之间的货币结算和搬运费用占到其全部费用的 5%。而对于网上支付方式，由于电子信息系统的建立和维护开销都很小，且 Internet 的应用费用很低，接入非常简便，使得普通消费者和小型企业也能使用，无论小公司还是大企业都可以从中受益。

（3）网上支付在提高电子商务企业的资金管理水平的同时，也增大了管理的复杂性。由于网上支付系统的高效率，使企业能够很快地进行资金处理和结算，可以有效地防止拖欠的发生，这对提高资金管理和利用水平有很大帮助。但是网上支付工具和支付过程具有无形化、电子化等特点，它将传统支付方式中面对面的信用关系虚拟化。因此，对网上支付工具的安全管理不能依靠普通的防伪技术，而要通过用户密码、软硬件加密和解密系统及防火墙等网络安全设备的安全保护功能来实现。为了保证网上支付工具的通用性，还要制定一系列标准与规则。因此，网上支付使得企业资金管理的复杂性在开始时增大。但应该看到，随着网上各种资金监测系统的研发应用与电子商务的发展，系统的自动处理能力会越来越强，复杂性将逐渐降低。

（4）银行网上支付结算的支持使客户的满意度和忠诚度上升，这为银行与开展电子商务的商家保持良好的客户关系提供了支持。

四、我国的结算制度存在的问题

银行结算作为国民经济各部门、各地区资金周转的主要方式之一，对资金周转的效率和使用效益、企业及银行的经营状况,以及整个社会经济的运行都具有举足轻重的作用。随着我国经济及金融体制改革的不断深入和市场经济的不断发展,银行结算中的问题越来越明显,如由于种种原因造成的资金流的阻滞混乱等,对经济的发展造成了许多负面的影响。

(一)银行结算方式中存在的问题

目前,我国的结算方式种类繁多,但真正常用的仅有五六种,仅是常用的这几种方式也有许多问题存在。

1. 采用汇票方式的结算

当前,因为信用度较为低下,商业承兑汇票的使用范围越来越小,人们普遍使用银行承兑汇票。但银行承兑汇票也存在许多问题:

(1)银行规定关于签发银行承兑汇票时必须以合法的商品交易为基础,但某些银行违反这种规定,用银行承兑汇票拆借资金或者进行信誉担保,最终导致了结算纠纷的发生。

(2)通过银行承兑汇票来套取贴现现金。有的银行为了增加本行存款资金,竟然为开户单位或个人签发商品交易的承兑汇票,同时允许其拿到外地银行贴现后汇入本行,这种做法严重违反了银行的规则制度。

(3)有的银行为了找出"作废"和"无效凭证"的理由,故意将票据的承兑期限延长,超过有效的承兑期限。

(4)承兑银行对结算制度不认真执行,即使是由于承兑申请人的原因,如有的付款单位或承兑申请人对到期的银行承兑汇票采取不负责的态度,拒绝支付票款,承兑银行还是会为承兑申请人寻找借口推卸责任。

2. 托收承付及委托收款结算难以办理

首先,银行不按照规定审查拒付理由,尤其是不合理的拒付理由。银行经办人员对企业单位提出的各种拒付货款的理由视而不见,完全由付款单位说了算。这就使得托收承付变成了"活期承付",使得结算制度成为空谈。其次,银行对于无理拒付、逾期未付的托收、未收款项不计算赔偿金,放任自流。

3. 支票结算难以管理

对于印章与预留印鉴不相符的支票或者签发空头支票甚至屡次签发空头支票的单位,银行不认真按支票管理办法的规定给予处罚。涉及超期、过期、无日期、无用途、无收款单位等不符合规定的支票,有的银行经办人员竟然予以受理。

(二)结算资金运行中存在的问题

1. 结算票据被延压

由于存在资金紧张的问题,专业银行间存在较为突出的问题就是相互延压结算票据,主要表现为:

(1)代理行因为资金头寸不足,对于跨系统汇入款项需要同城票据交换划转的票据不能及时提出交换而发生结算票据的延压。

(2)由于异地托收承付和委托收款结算,在付款期内不能按期付款。

(3)汇出汇款票据延压。虽然客户账户有存款,但是由于银行资金短缺,不能及时签发银行汇票和发出信汇电汇结算凭证,从而造成延压。

2. 客户结算资金被截留或挪用

一些银行经办人员采用记账串户、大额汇票不按指定收款人进账等手法,有意占用客户结算资金。有的甚至硬性涂改收款人的名称和账号,挪用客户的资金。

3. 不能及时查询查复

一些银行发出托收承付和委托收款结算凭证后,对于已经超出了正常凭证传递期限,但既没有收到付款单位开户行划回款项,也没有收到过期付款和拒付理由书的情况,银行的经办人员不能及时认真地履行查询程序。有的银行虽多次收到查询但均不查复,严重影响了其他银行经办人员的工作积极性。此外,有的银行查询业务量较为庞大,由于人员不足而不能按时全部查询。

(三)结算制度和结算纪律执行中存在的问题

1. 结算原则未得到认真执行

首先关于恪守信用、履行付款的执行。由于企业之间信用观念淡薄,管理工作得不到重视,各地都出现了不同程度的产品积压,货款互相拖欠,形成一系列的连锁反应。而在银行结算中,由于监督原则的具体措施未能贯彻执行,造成了许多延付和拒付等违反原则的问题发生。其次对于谁的钱进谁的账、由谁支配的执行存在很多问题。从实际情况看,法院、税务、海关、物价、工会、工商、审计等部门,都有权对企业的存款进行冻结或扣划,因此,企业对自己的存款掌握不了,难以实现自主支配。最后对于银行不垫款原则的规定,在实际中也没有完全贯彻执行。有些企业的存款是靠银行贷款在运转,比如法院扣押的企业账户上的存款实质上是扣了银行贷款。

2. 违法违纪现象普遍存在

违法违纪现象也是屡见不鲜,比如,某些企业通过伪造银行汇票来诈骗钱财;或者有些企业互相勾结,以假商品交易骗得银行承兑汇票,骗取贴现贷款;还有盗用企业银行账户行骗,利用会计印章折角核对不严,以及重要空白凭证管理上的漏洞和企业在银行开户手续不完善来钻银行的空子等。这些现象的存在加剧了结算制度和结算纪律的执行难度。

第三节 我国网上支付与结算的现状与面临的问题

一、我国网上支付与结算的现状

近年来,随着我国一些城市和行业部门在网上建立起电子商城以及电子购物中心等网上购物站点,消费者和商家的网上购物与网上交易活动也相继展开,这些网上商贸活动的逐步开展,对发展网上支付与结算业务并促进其迅速发展起到了重要的需求牵引作用。与此同时,一系列面向网上支付与结算的技术成果得到使用,面向网上支付环境的交易安全认证措施也陆续出台并在实践中接受检验。

在我国,招商银行、中国银行首先开通了网上支付业务,其他主要银行也在跟进。

目前,网上支付的最大障碍是国内的银行卡体系各自为政,难以联合。每个银行都有自己的银行卡,这些自成体系的银行卡纷纷设法与网站联盟推出网上支付业务,客观上造成了上什么网就用什么卡的情形,这大大制约了网上支付业务的发展。中国银行上海分行与交通银行上海分行签订了合同,互相代理对方的信用卡业务,是国内银行卡向理想的方向迈进的一个信号。因为随着网络经济的发展,要么互联网公司接纳多家银行卡,要么多家银行卡可以统一结算。网上支付让人们足不出户就可以轻松购物,还能悠闲自得地充当 SOHO 一族,提高工作效率和生活品质。虽然我国网上支付业务推出之后,一些人因考虑网上支付的不安全性仍然到邮局汇款,但是我们有理由相信,随着人们观念的改变和信息技术的发展,更多的人将愿意通过轻点鼠标,感受网上支付的魅力与便捷。

网上支付与结算是电子商务中最为核心和复杂的环节,所以要根据交易的实际情况选择一种或多种支付方式,并在安全性和效率方面进行综合考虑。例如,B2B 电子商务支付中的交易金额一般都比较大,所以对安全性的要求就非常高,对效率则没有过多的限制;而在一些小额支付系统中,如信息产品销售,要求必须有较高的效率,而安全性要求不高,因为其交易额较小,一笔交易的破坏或电子现金的窃取不会对交易方造成太大的影响。

二、我国的网上支付与结算系统

我国信息化起步较晚,但发展和应用均很快,Internet 和电子商务也是如此。虽然网上支付方式的应用还不尽如人意,需要人们改变观念,需要银行的服务更好、更可靠,但依然在快速发展。"三金工程"、"金网"和"中国国家现代化支付系统"的实施都极大地促进了这一进程。

虽然每一种银行系统所使用的支付工具各不相同,但是它们(除了邮政汇兑系统以外)具有一个共同特点,即在我国目前的银行管理体制下,这些系统都是跨分行的系统,既不是真正意义上的跨行系统,也不是发达国家中所指的行内系统。另外,手工联行业务在同城和异地结算之间有着密切的衔接关系,所有的异地纸凭证支付,都在同城范围内、在各商业银行之间进行跨行结算。在中国人民银行的全国电子联行系统出现以前,这是异地支付业务处理的唯一方式。

目前,我国基本上建成了以下几类支付系统:同城清算系统、全国手工联行系统、全国电子联行系统、中国国家现代化支付系统、电子汇兑系统、银行卡支付系统及邮政储蓄汇兑系统。

1. 同城清算系统

同城清算系统是由中央银行拥有和运行的,其主要职责是同城支付交易的资金清算。全部同城跨行支付和大部分同城行内支付都是通过同城清算系统进行票据交换,并完成资金结算的。我国有 300 多家城市清算所和 2 000 多个县城票据交换点。清算所的成员行把按接收行清分好的票据提交给清算所,票据在成员行之间进行交换后,各成员行按发出和收到的所有贷记、借记支付项目,计算出一个净结算金额,提交给中央银行城市分行营业部,以便当日过账到结算账户。

2. 全国手工联行系统

国有商业银行以前都有自己的手工联行系统,用于办理异地支付交易的清算和结算。

1996年年底,四大国有商业银行(中国工商银行、中国银行、中国农业银行、中国建设银行)均用各自的电子商务汇兑系统取代了之前的手工联行系统,对跨行纸质票据支付提供清算和结算服务,并办理中央银行各行之间的资金调拨。

中国人民银行的全国手工联行系统,分县辖、省辖和全国三级,是三级联行系统。业务处理内容包括:支付凭证的交换,即一般是通过信汇或电汇在发起行和接收行之间进行直接交换;资金结算,也即发起行和接收行根据支付项目的联行清算范围,将支付总金额记到相应账户;对账监督,即每天每个分/支行向其上级机构报告往来账户发生额,以便管辖行实行对账监督,并计算联行往来汇差,当汇差超过规定金额时才借记分行头寸。

3. 全国电子联行系统

全国电子联行系统于1989年开始建设,采用VSAT卫星通信技术,建成了中国人民银行专用的卫星通信网。该系统通过卫星通信链路连接各分/支行卫星通信小站基于PC的处理系统,并可在位于北京的全国总中心主站和各地中国人民银行分/支行的小站之间传递支付指令,于1991年正式投入使用。截至2000年年底,与20多万个商业银行的通汇网点相连。该系统的计划是将全国2 000多家中国人民银行分/支行全部连接起来,组成一个真正覆盖全国的支付清算网络。

随着2002年1月15日最后一批电子联行的开通,中国人民银行电子联行系统已覆盖了全国各地。中国人民银行电子联行系统以其"快、准、平、清、安全"的特点和优势已成为我国银行业异地资金汇划的主要渠道,在改善金融服务、加快资金周转方面发挥着积极的作用。

4. 中国国家现代化支付系统

中国国家现代化支付系统(China National Advanced Payment System,CNAPS)是世界银行技术援助贷款项目,主要提供商业银行之间跨行的支付清算服务,是为商业银行之间和商业银行与中国人民银行之间的支付业务提供最终资金清算的系统,是各商业银行电子汇兑系统资金清算的枢纽系统,是连接国内外银行重要的桥梁,也是金融市场的核心支持系统。它是利用现代计算机技术和通信网络自主开发建设的,能够高效、安全地处理各银行办理的异地、同城各种支付业务及其资金清算和货币市场交易的资金清算的应用系统。

中国国家现代化支付系统是中国人民银行总行正在建设与试点推广的集金融支付服务、资金清算服务、金融经营管理和货币政策职能于一体的现代化支付清算系统。它将商业银行为客户提供金融服务的下层分支服务系统与中央银行为商业银行提供支付资金清算服务的上层服务系统,通过中国国家金融网络有机地结合在一起,其大额资金转账系统是支付应用系统的核心。

5. 电子汇兑系统

电子汇兑系统主要是商业银行面向行内机构采用电子化方式进行资金汇兑业务处理的系统。从1996年年底起,四大国有商业银行都用电子汇兑系统逐步取代了原来的手工联行业务。日前,随着"银联"工程的完善,银行间支付业务大多由电子汇兑系统处理。电子汇兑系统除了提供支付清算服务之外,还被用来收集有关信息,以加强银行管理。商业银行电子汇兑系统的建立,为实现我国商业级的网络支付提供了基础。

6. 银行卡支付系统

银行卡包括信用卡、储蓄卡、借记卡等,正迅速深入我国社会生活的各个层面。对商家而言,银行卡交易是现金交易非常方便的替代方式。银行卡支付系统的实施与应用是"金卡工程"的主要内容,也是我国电子银行体系的重要组成部分,大大促进了我国金融业电子化的发展。目前,我国的商业银行先后建立了各自的地区性和全国性的银行卡授权和支付系统。

2002年3月总部设在上海的中国银联股份公司的创立,标志着在我国正式实现银行卡跨地区的完全互通互连。目前,我国银行"银联"卡发卡数量已经超过13亿张,几乎相当于全国人手一张。银行卡彻底实现了跨行联网,可以说是"金卡工程"的延续。

银行卡消费占据整个消费市场的份额已经突破18%。目前,全国发卡银行的数量已经增加到183家,其中POS增加到108万个,ATM增加到12万台,特约商户超过65万家。各商业银行相继发行了长城卡、牡丹卡、龙卡、金穗卡和太平洋卡等,利用它们可以进行POS支付、网络支付、存/取款、代发工资和缴费以及理财等。银行卡是我国目前所有的基于个人或小额支付的网络支付手段中应用最普及的。

7. 邮政储蓄和汇兑系统

与许多国家一样,我国邮政支付系统在个人消费者支付汇款中起到了一定的作用。邮局提供汇款业务,主要面向个人消费者用户。中国邮政的电子汇兑系统总体上来说还是比较方便的,普通个人特别是农民对此比较熟悉。邮局也开办了邮政储蓄业务,提供具有"银联"功能的邮政储蓄卡。

我国第五大银行——中国邮政储蓄银行有限责任公司于2007年3月6日依法成立。中国邮政储蓄银行农民工银行卡特色服务已经于2008年5月7日和14日分别在贵州和湖南成功设立试点,并逐步在其他劳务输出大省的县级及县级以下营业机构开通。

资料链接 1-2

我国网络用户常用的电子支付类型

中国互联网络信息中心(CNNIC)发布的《2009年网络购物调查报告》数据显示,随着网络的发展,我国的网络用户迅速增加,网购用户的规模也在稳步上升。截至2009年6月,我国网民规模已达3.38亿,其中有8 788万网购用户,年增加2 459万人,年增幅达到38.9%,网购用户人数较2004年翻了近两番。在网络应用中,网络购物是较为成熟的应用类型,而网络购物不可避免地会涉及网上支付。

支付宝是目前网购用户使用的最主要的电子支付工具。在使用电子支付的网民中,使用支付宝的用户占64.6%,通过银行汇款的用户占34.9%,使用财付通的用户有14.9%,后两者的占比均远低于使用支付宝的用户占比。然而,支付市场用户有逐步从支付宝向其他支付方式渗透的趋势。与2008年相比,使用信用卡和财付通的用户占比分别上升了8.2个和9.1个百分点。手机支付初现端倪。目前网购用户中使用手机进行支付的比例为 10.3%。用户使用率排名前五位的电子支付类型占比如图 1-4 所示。

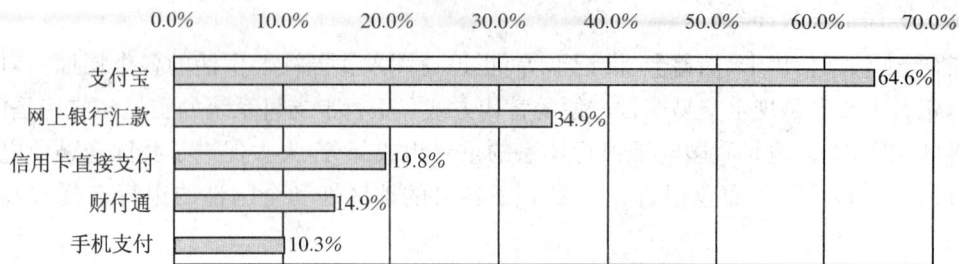

图 1-4　用户使用率排名前五位的电子支付类型占比

三、我国银行支付系统的现状

因为历史与行政因素的影响,我国银行的支付系统复杂多样,且彼此分割。从是否涉及跨行和跨地区的角度,银行支付系统可以大致分为跨行跨地区支付系统、行内业务系统和同城支付系统。

为推动中国的金融电子化进程,1989 年 5 月 19 日,国务院批准中国人民银行建立卫星通信专用网。1992 年 10 月,中国人民银行成立清算总中心,负责金融卫星网和全国电子联行系统的建设和运行。1994 年 4 月 1 日,哈尔滨等 7 个城市开始试运行全国电子联行业务,成为中国金融电子化建设的里程碑。1997 年下半年,我国完成了 475 个县支行通过电子联行转汇,实现电子联行业务到县。至此,全国电子联行系统的建设和推广部分取代了手工联行业务,提高了跨行资金的汇划速度,为加速社会资金周转、提高经济效益作出了贡献。

为进一步加强中国金融基础设施建设,改进中央银行的金融服务,2000 年 10 月,中国人民银行作出"调整定位,以我为主,自主开发,边建边用,加快现代化支付系统建设"的决策。中国现代化支付系统(CNAPS)是中国支付服务网络体系的核心,主要由大额实时支付系统和小额批量支付系统组成。其中,大额支付系统逐笔发送处理支付指令、全额实时清算资金,主要为各银行机构和金融市场的大额或者时间紧急的小额跨行支付清算提供服务。2002 年 10 月,大额支付系统在北京和武汉两个城市试运行。2005 年 6 月,大额支付系统圆满完成在全国的推广应用。大额支付系统无论是在功能、技术性能还是安全效率等方面都已经达到国际先进水平。目前,各政策性银行、中外资商业银行和绝大部分农村信用社都已接入大额支付系统,系统的直接参与者有 1 500 多家,接入的银行业分支机构达 6 万多个,日均处理跨行支付业务 45 万多笔,金额达 7 000 亿元,每笔业务不到 1 分钟即可到账。大额支付系统在全国推广工作的完成,实现了中国异地跨行支付清算从手工联行到电子联行,再到现代化支付系统的跨越式发展。但商业银行支付清算系统、证券托管清算系统等存在彼此分割、互不连接的问题,需加快统一互连的进程。

当前,我国已经初步建成了以中国人民银行现代化支付系统为核心,银行业金融机构行内支付系统为基础,票据支付系统、银行卡支付系统为重要组成部分的支付清算网络体系,这对于加快社会资金周转,提高支付清算效率,促进国民经济健康平稳的发展起了重要作用。[①]

中央银行和商业银行是支付服务的主要提供者。银行体系包括四大国有商业银行、十几家小型商业银行、数目众多的城市信用合作社和农村信用合作社、合资银行以及外国银行的分行和办事机构。三家政策性银行也提供某些支付服务。

四、我国网上支付与结算面临的问题

目前,我国网上支付受多种因素制约。由于我国的网上支付与结算的基础薄弱,起步晚,我国的网上支付与结算仍处于起步阶段。我国的网上支付与结算面临以下问题:

1. 整体信用制度落后,社会公众对网上支付信用度的认知度不高

国内有相当大比例的用户未曾接触过网上支付,其原因在很大程度上是对网上支付方式的不信任。大多数调查对象认为在计算机内存储和网上传递的支付信息很容易成为“黑客”的攻击对象,计算机病毒的入侵会造成银行应用系统的崩溃、数据丢失等严重后果,网上支付没有安全保障。目前,我国在网上支付被接纳问题上,需要健全社会整体信用制度,以提升电子商务主体对网络安全性的认知度。

信用不足、相关知识缺乏致使企业与客户普遍对网络支付结算的安全性、方便性持怀疑态度,对网上支付持谨慎甚至是消极态度。

网上支付与结算是建立在信用的基础之上的。在我国,信用问题长期以来一直是人们所关注的话题,在实际交易的过程中还存在着信用失灵的问题。在一些全国性商品交易会上,甚至出现许多国内企业宁可放弃大量的订单和客户,也不愿采用信用结算的交易方式的情况。这些现象说明,目前我国的个人信用基本属于空白,信用卡普遍成了储蓄卡。到现在为止,国内个人信贷规模尚不及企业信贷规模的 1%,而在发达国家这一比例已经达到30%,纯粹的现金交易越来越少,信用支付方式越来越普遍。

2. 银行的业务能力有限

电子商务交易需要信用制度和信用经营者业务的支撑,而银行一直以来是社会信用的经营者,也是网上支付结算服务的主要角色。当前,我国网上支付主要由一些商业银行和中央银行下属机构在运作,受金融业分业管理体制、传统银行业务网络化延伸能力、银行业务运营模式、利润点、与传统产业的结合方式等问题的限制,银行间缺乏合作,各银行独立开发,开发模式、发展规模有较大差异,使得发展不平衡。目前,大部分银行仍无法提供全国联网的网上支付服务,在实现传统支付系统向网上支付系统的转变过程中,未形成大型支付网关,网上支付与结算系统覆盖面积小,业务标准性差,数据传输和处理标准不统一,银行所充当的角色还只是提供结算服务的中介机构。要最终建立完善网上支付系统以支撑成熟电子商务的运作,还有待于银行业全国性的跨行联网清算体系的建成。

3. 网上支付与结算的安全问题

通过对网上支付的使用情况的调查,网民之所以不使用网上支付方式,最主要的原因是安全问题,担心个人的隐私或相关信息被泄露,以及一些网上支付注册的烦琐程序等。不法

---

① 银行卡支付系统[EB/OL].[2011-1-8].http://baike.baidu.com/view/4604461.htm.

分子在网民网上购物交易时,利用与银行网站相类似的网络页面,盗取银行卡密码等私人信息,然后通过网上转账的方式将资金转走,导致网民在支付的过程中受到损失。媒体就曾多次披露这种新型的金融造假手段。

网民在支付的过程中遭受黑客、木马病毒的攻击,也是不容忽视的问题。黑客利用系统漏洞和用户的安全意识薄弱等弱点入侵用户的计算机,进而盗取用户的相关信息和密码,导致网民在网上支付受损;而木马潜伏在计算机中,从而盗取账户密码和信息。显而易见,安全问题已经成为影响网上支付发展的主要因素。网上交易的安全隐患主要体现在以下三个方面:

(1) 支付密码泄露。攻击者可以通过多种方式得到支付密码,一旦他们通过某种方式得到支付密码,就可以轻而易举地冒充持卡人通过互联网进行网上消费和交易,这就给持卡人带来了巨大的损失。支付密码泄露是人们最为担心的网上支付安全问题。

(2) 支付数据被篡改。由于持卡者缺乏必要的安全防范措施或者由于网络的设计缺乏严谨性,攻击者可以修改付款银行卡号、修改支付金额、修改收款人账号等,从而达到牟利并制造互联网支付事件的目的。

(3) 对支付不承认。网上支付的过程是通过商业银行提供的网上结算服务将资金从付款人账户划拨到收款人账户上,由于全部是网上操作,当进行资金划出操作时,若付款人不承认发出资金划出指令,那么商业银行将会处于被动局面;当进行资金划入操作时,若商业银行不承认资金划入操作,那么收款人将处于不利境地。

4. 法律法规的不健全

业务要发展离不开完善的法律法规,它能对业务的发展起到重要的规范、引导和保障作用。近年来,国家颁布实施的《中华人民共和国电子签名法》(以下简称《电子签名法》)确认了电子签名的法律效力。我国的电子支付法规制度还包括《支付结算管理办法》、《大额支付系统业务处理办法》、《银行卡业务管理办法》、《网上银行业务管理暂行办法》等。但从实际情况来看,其中有些规章已经不能适应当前业务发展的需要。具体表现如下:

(1)《银行卡业务管理办法》属于规范性文件,立法层次较低,事实上持卡人、商户等社会多方机构或群体等都包括在银行卡业务中,部分规章由于权威性较低,不利于深入贯彻执行,在遇到具体银行卡业务争议纠纷时不能发挥规范、指导作用。

(2) 随着业务的逐步发展以及银行卡市场化运作机制的初步形成,遇到的一些重要的银行卡业务的问题会与以前有不同的认识,譬如对卡种划分、收单、商户结算费收取等。此外,随着互联网的逐步发展出现了一些新的机构,例如,独立化运作的银行中心、银行卡清算组织与专业化服务机构等。这些在原有的规章中没有相应的规定,新的变化以及新增加的内容需要通过新的立法予以明确和规范,确保银行卡市场健康规范的发展。对于提供网上支付平台和从事网上支付业务的非银行机构也需要相应的制度进行规范和引导。

由于我国的电子支付还在初创阶段,缺乏足够的案例和实践经验,缺乏足够的社会心理准备,立法不可能一蹴而就,因此需要长期的摸索和改进。面对发展越来越激烈的电子支付的现状和趋势,国家应尽快制定和完善相关的法规制度,在及时规范各类新型义务的同时,也要为市场创新预留空间。

引例解析

　　通过 A 公司的案例可以明显地看出，网上银行有着传统银行不可比拟的优势：首先，网上银行是以计算机网络与通信技术为依托，以金融服务业为主导的现代化银行，它不仅提供丰富的信息资讯服务，而且进行实际的金融交易，使客户足不出户就可以完成与银行的各种业务往来，实现银行对客户的零距离服务；其次，网上银行突破了传统银行业务在时间上的限制，实行 7×24 全天候运营，使银行更加贴近客户，更加方便客户；此外，网上银行能降低成本，提高效益，是银行更加有效的竞争手段。

本章小结

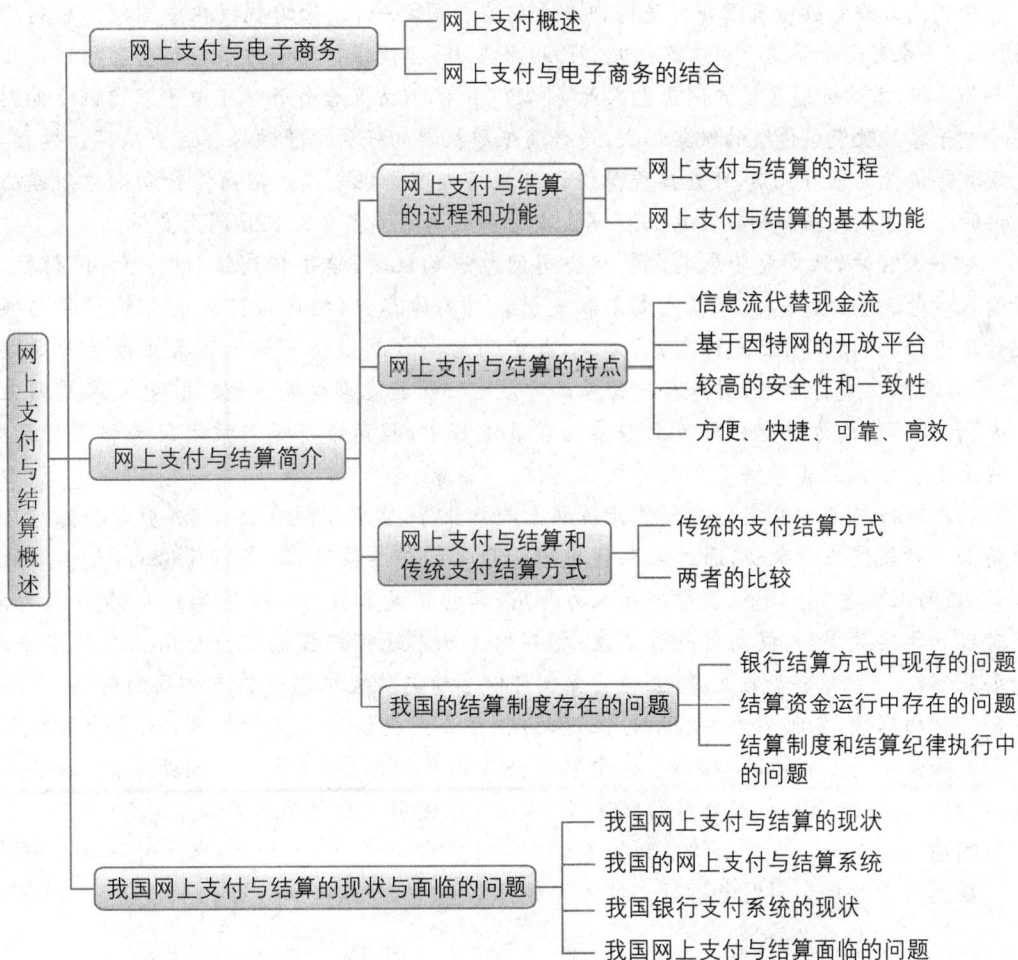

![综合训练]

一、思考练习

1. 网上支付与结算的过程是怎样的?
2. 简述网上支付与结算的特点。
3. 简述我国网上支付与结算的现状。
4. 我国网上支付与结算面临的问题有哪些?

二、案例分析

网上银行成功案例

中国南方航空股份有限公司是国内三大航空公司之一,经营的航线在中国航空公司中最为广泛,年旅客运输量达 2 000 万人次。1999 年 9 月,招商银行与南方航空公司签订了网上购票合作协议,首次开通了国内网上购票业务。2001 年,双方又合作开通了电子客票网上购票业务。电子客票改变了传统的机票形式,是普通纸质机票的一种电子映像。客户从网上购票后,无须取得传统的纸质机票,可直接凭身份证到机场办理登机手续。招商银行向南方航空公司提供的支付方案包括面向散客的 B2C 网上支付和面向团体客户的 B2B 网上支付。

对个人客户,只需要登录南方航空公司网站选购机票,单击招商银行"一卡通"付款,然后输入卡号、支付密码,便可以完成票款支付。对团体客户,招商银行为网上航空购票项目设计了专门的"团体网上支付账户"方案,并专门为南方航空公司电子客票业务量身定做了"电子客票网上支付卡"。团体客户登录南方航空公司指定网站购票,使用"电子客票网上支付卡"付款。在南方航空公司网上购票的发展过程中,招商银行凭借技术优势和优质服务,以网上支付方式为其提供了重要的结算支撑。

招商银行与南方航空公司合作开展网上购票业务,实现了航空公司、消费者和银行三赢的局面。对航空公司来说,通过互联网可增加机票的销售渠道,提高市场份额,大幅降低运作费用;网上购票减少了代理费用和人力费用,其营销成本仅为传统客票成本的 10% 左右,同时可加速票款周转,提高财务透明度;推广网上购票还可以提高航空公司信息化水平,提升企业形象。对消费者来说,网上购票至少可以享受与传统机票销售点相同的价格,免除了现金交易的麻烦,省时省力。对银行来说,为航空公司提供网上支付结算,既提升了网上银行和金融电子商务的技术和品牌,也争取了企业的存款机会,拓展了中间业务,增加了银行收益,同时通过加强与航空公司的深度合作,还可以吸引大批优质客户。

问题

从案例中分析我国网上银行支付的优势。

实训设计

网上支付过程的操作

【实训目的】

了解网上支付系统的程序,体验电子商务的发展给人们生活带来的改变。

【实训内容与要求】

了解个人进行网上支付所需的条件,办理网上银行业务,并到购物网站上(如淘宝网、当当网)购买物品,进行实际的网上支付操作。分析网上支付系统的运作过程,重点熟悉其网上支付系统应用模块的功能,并与本章所学知识进行对比,总结理论上与实践上的网上支付系统的区别。

将自己购买的物品拿到班上,简要陈述购物过程和遇到的问题,并总结经验,说明电子商务和网上支付给人们生活带来的改变。

【成果与检验】

老师点评同学们的发言,并评选出准备最充分和购物最顺利的同学。

第二章
网上支付工具

知识目标

» 了解网上支付工具的类型；

» 了解银行卡的基本功能及应用特点；

» 理解信用卡与智能卡的功能；

» 掌握网上新支付工具的购物流程。

技能目标

» 熟练使用网上支付工具。

引例

不再为付费烦恼——网上支付新应用手册①

炎炎夏日即将来临,那些不得不出门付费的项目又将成为人们的苦恼。看着外面被晒得冒着热气的鹅卵石,真不想离开灌满冷气的空调屋呀!难道就没有更方便的缴费方式,可以让我们摆脱传统缴电费、缴电话费的方式吗?

说到缴电费,那是夏天最痛苦的事情之一。缴费的银行网点往往离家好几里路,而且每到缴费的月底,常常需要排上少则几十分钟,多则几个小时的队。这在炎炎的夏日中是难以忍受的。但是只要你注册了支付宝账户,并且支付宝有余额,或者网上银行有余额,就可以足不出户在网上把水、电、煤气费都交了。

利用支付宝交费的操作方法如下:登录支付宝,依次选择"生活助手"、"水电煤缴费",弹出的页面中提供了缴水费、电费和燃气费三个项目。如交电费,可以单击缴电费项目下的"现在就去缴费"按钮,选择缴费的省市,比如"上海";选择收费单位(就是用户用电的供电公司);输入电费缴费单条形码数字(在缴费单、催缴单或银行缴费回执中可以找到),不同的地区项目不同,北京是客户编号;再输入电费单上的金额,单击"下一步"按钮继续。

确定缴费信息,如户号、户名,如果有多月未缴费,还要选择账单,单击"确认支付"按钮继续。下面选择支付的方式,可以使用支付宝,也可以使用网上银行,再输入支付密码,输入无误后,单击"确认无误,付款"按钮即可。这样就可以完成支付了。一般在1~2个工作日后收到缴费,并销账。支付完成以后要查询缴费记录,可以在"水电煤缴费"页面单击相应的"历史记录"链接即可,还可以分别选择水费、电费和煤气费项目单独查询。

在支付宝开通生活支付短短几个月的时间里,已有近百万人享受到网上支付的便捷。这种在家、办公室和学校中,甚至出差的途中等任何可以接触到网络的地方,都能通过网上支付工具对水电费等生活消费进行买单的行为方式,大大缩短了我们去营业网点柜台支付费用的"距离"。这种支付方式,把我们从古老、烦琐、重复的日常生活支付中"解救"出来。

通过上述案例,请思考采用支付宝进行网上支付的优势主要有哪些方面?

第一节 网上支付工具概述

随着我国电子商务的发展,网上支付已经为越来越多的消费者所接受。伴随着以计算

---

① 不为付费烦恼——网上支付新应用手册[EB/OL]. 2009-05-25[2011-1-15]. http://www. qingda-onews. com/content/2009-05/25/content_8053840. htm.

机和通信技术为手段的网上交易的出现,对支付工具也提出了电子化的要求。金融行业的信息化和网络化建设,使得纸币形式的传统支付工具逐渐被电子支付工具所代替。20 世纪 70 年代,以信用卡为主的支付方式就已经产生。20 世纪 90 年代,随着互联网的普及和电子商务的深入发展,一些电子支付工具逐渐采用费用更低、应用更为方便的公用计算机网络,特别是以因特网作为运行平台,网上支付与结算方式就应运而生了。网上支付的发展,疏通了电子商务交易过程的资金流,突破了电子商务发展的支付瓶颈。从整个支付体系看,网上支付将逐步成为我国支付市场和支付体系的重要组成部分。

一、网上支付工具的内涵

随着电子商务的发展,现实社会中的支付工具越来越多元化,现代信息化社会中的新兴支付工具,主要是以计算机网络信息交换为中心的。随着银行在一定程度上将现金、票据等实物表示的资金转换为以计算机存储的数据所表示的资金,对支付工具的传统认识也必须随之调整。这种以数据形式存储于计算机中,并能通过计算机或网络使用来加以表现的资金,皆属网上支付工具。因此,网上支付工具是指经由电子终端机、语音工具、计算机或磁带,用以下单、通知或授权金融机构去记入借方、贷方的任何资金转移媒介。在电子商务中运用网上支付工具,能够拉近消费者和商家之间的距离,就同现实生活中的"面对面"交易一样。

随着网上银行的兴起和微电子技术的发展,网上支付技术日趋成熟,网上支付工具品种不断丰富。网上支付工具以金融电子化网络为基础,通过计算机网络系统传输电子信息的方式,实现支付功能。利用网上支付工具可以方便地实现现金存取、汇兑、直接消费和贷款等业务。

二、网上支付工具的类型

网上支付工具按照其特点不同,可分为不同的类型。

(一)按照支付流程的不同分类

按照支付流程的不同,可将网上支付工具分为以下三种类型:

1. 类支票电子货币

类支票电子货币类似于传统的纸质支票,在支付流程上是由银行为收、付款双方转账的过程。比如,借记卡、贷记卡、电子支票等都属于此类。类支票电子货币应用快捷方便,但每次支付结算都需要银行或中介的支持,在时间与成本上均存在一定的开销,并且由于其都是不匿名的,交易双方的身份容易被泄露,保密性差。

2. 类现金电子货币

类现金电子货币类似于传统的纸质现金,在支付流程中不需要银行的参与,银行只是在发行与兑换时参与运作,所以其支付结算的速度比类支票电子货币更快,运作成本更低。比如,数字现金、现金卡(如公交卡)、虚拟货币(如 Q 币)等都属于此类。类现金电子货币使用方便简单,支付成本低,且匿名使用,在一定程度上保护了客户的隐私,比较适合于微小数额的支付。

3. 电子钱包

电子钱包是一个综合的网上支付工具,它里面可装入电子现金、电子信用卡、在线货币等电子货币,集多种功能于一体。

(二) 按照网上支付金额的规模分类

按照网上支付金额的规模分类,也可将网上支付工具分为以下三种类型:

1. 微支付工具

微支付指的是交易额在 10 美元以下的交易。在我国,小额与大额支付的金额界限通常认为是 2 万元。微支付工具主要适用于 B2C、C2C 这种比较活跃的商品交易,特别是数字音乐、游戏等数字产品。

2. 小额支付工具

小额支付工具主要是银行卡,广泛应用在 B2C 电子商务的支付中。

3. 大额支付工具

大额网上支付工具主要是电子支票,但目前在 B2B 电子商务中的支付主要还是依靠企业网上银行支付或是传统的支付手段。

三、网上支付工具的发展趋势

20 世纪 50 年代末,计算机就开始在美国和日本的银行支付业务中得到应用。到了 80 年代,银行已经成熟地应用专线为其客户服务,出现了 ATM、POS 等专线系统。随后还出现了多种高级支付系统,如电子汇兑系统等。而网上支付工具是在 20 世纪 90 年代互联网技术显示出巨大潜力之后才产生的,是电子支付的一种高级形式。它与 ATM、POS 等支付工具的重要区别在于,网上支付工具不是基于银行的封闭专用网络,而是基于开放的互联网平台,从而使网上支付更具开放性和复杂性。

电子商务的飞速发展迫切需要种类齐全的网上支付工具供不同的群体选用。电子商务需要银行卡的参与,但仅靠它还不够,未来电子商务活动中使用新一代电子货币进行支付的金额将不断增加。电子现金不同于银行卡,它具有手持现金的基本特点,在国外电子商务中已被广泛应用,在小额交易中使用电子现金支付要比使用银行卡支付更方便、更快捷。而在我国,电子现金和电子支票方面的开发和应用与国外相比还有很大差距。随着我国网上支付的相关法规的健全与金融电子化的深入发展,电子现金和电子支票等网上支付工具必将得到广泛应用。

进入 21 世纪以来,随着我国政府管理机构、企业与消费者逐渐认识到建设以网上支付结算工具为代表的电子化货币支付结算体系的重要性,网上支付结算工具在我国的应用日趋广泛。经过多年努力,我国国家现代化支付系统的建设取得了重大进展,各商业银行建立了各自的信用卡网上支付系统与网上银行系统。中国人民银行电子联行系统、同城清算系统已在全国大中城市得到普及。全国银行卡交换网络建设初具规模,以各发卡行的行内授权系统为基础,银行卡信息交换中心和城市银行卡中心的建设为银行卡跨行交易创造了条件,带"银联"标志的银行卡已经普及应用,大大促进了我国电子商务的发展。

第二节　传统支付工具

一、银行卡

（一）银行卡概述

银行卡作为一种现代货币形态,为持卡人进行电子交易享受消费信贷提供了便利条件,从而促使消费信贷在全国范围内大幅度增长。由于持卡人无须携带现金,其消费心理和消费行为均不同于持币购物,有显著的便利性和安全性,从而使结算速度更快、结算范围更广、结算效率更高。

在我国,银行卡就是指由商业银行(含邮政金融机构)向社会发行的具有消费信用、转账结算、存取现金等全部或部分功能的信用支付工具。按信用方式不同,银行卡可分为信用卡和借记卡。银行卡是由银行发行并提供电子支付服务的一种手段。银行卡支付是金融服务的常见方式,持卡人可在商场、酒店及其他场所,通过银行专用网络,通过刷卡记账、POS 结账、ATM 提取现金等方式进行消费支付,在电子商务中更先进的方式是在互联网环境下通过 SET 协议进行网络直接支付。其中,SET 协议是一个为了在互联网上进行在线交易而设立的开放的、以银行卡为基础的电子付款系统协议。它采用密钥系统、公钥系统、数字签名、Hash 算法、双重签名等技术,保证所有有关信息都能够在互联网上安全传输,保证在网上传输的数据不被泄露、侵害和丢失。

🖰 资料链接 2-1

银行卡由来趣闻

银行卡是大家都熟悉的事物。早期的银行卡形式单一、图案单调,而且也没有现在这么多种类,有意识去收藏它的人几乎没有。近些年,银行推出了很多不同用途、具有不同纪念意义的银行卡。这些银行卡以其精美的图案,渐渐吸引了收藏者的目光。

银行卡于 1915 年起源于美国。其实最早发行银行卡的机构并不是银行,而是一些百货商店、饮食业、娱乐业和汽油公司。美国的一些商品店、饮食店为招揽顾客、推销商品、扩大营业额,有选择地在一定范围内给顾客一种类似金属徽章的信用筹码,后来演变为用塑料制成的卡片,作为客户购货消费的凭证,开展了凭信用筹码在本商店或公司或汽油站购货的赊销服务业务。顾客可以在这些发行筹码的商店及其分号赊货商品,分期付款。这就是银行信用卡的雏形。

据说有一天,美国的一个商人麦克纳马拉在纽约的一家饭店用餐,就餐后发现自己的钱包忘记带在身上,因而深感尴尬,不得不打电话叫妻子带现金来饭店结账。事后麦克纳马拉产生了创建信用卡公司的想法。1950 年春,麦克纳马拉与好友合作,在纽约创立了"大莱俱乐部"(Diners Club),即大莱信用卡公司的前身。大莱俱乐部为会员们提供了一种能够证明身份和支付能力的卡片,会员凭卡片可以记账消费。

1952 年,美国加利福尼亚州的富兰克林国民银行作为金融机构首先发行了银行信用卡。1959年,美国的美洲银行在加利福尼亚州发行了美洲银行卡。此后,许多银行加入了发卡银行的行列。到了20世纪60年代,银行信用卡受到社会各界的普遍欢迎,并得到迅速发展,不仅在美国,而且在英国、日本、加拿大以及欧洲各国也盛行起来。从70年代开始,新加坡、马来西亚、中国的香港和台湾地区等也开始发行信用卡。

20世纪70年代末期,当中国打开国门,大胆引进外国的先进科学技术和管理经验的同时,信用卡作为国际流行的信用支付工具也进入了中国,并得到较快的发展。1979年,中国银行广东省分行首先同香港东亚银行签订协议,开始代理信用卡业务。不久,上海、南京、北京等地的中国银行分行,也先后同香港东亚银行、汇丰银行、麦加利银行以及美国运通公司等发卡机构签订了兑付信用卡协议。

1985年3月,中国银行珠海分行第一张"中银卡"问世。1986年,经中国银行总行命名后,长城信用卡作为中国银行系统统一的信用卡名称,在全国各地的中国银行分支机构全面推广。长城信用卡的诞生和发展,不仅填补了我国金融史册上的空白,而且预示我国传统的"一手交钱,一手交货"的支付方式发生了重大变革。

· ·

银行卡对推进货币电子化进程发挥着举足轻重的作用。银行卡作为现代支付系统中一种重要的支付工具,其本身的经济功能和物理功能决定了它能够在相应的支付系统中提供各种支付服务。其作用主要体现在以下几方面:

(1)银行卡的普及应用,使与人们生活消费息息相关的小额支付体系发生了重大变化。人们购物或消费不必携带大量现金,并且不再受银行营业网点和营业时间的限制,可以随时随地实现交易支付。

(2)随着我国"金卡工程"的启动和银行卡网络的建成,银行卡的应用环境也越来越好,应用范围也越来越广泛。不同品牌的银行卡可以跨行取现、消费购物,实现了联网使用,使我国的金融电子化取得了突破性的进展。

(3)银行卡在消费领域的广泛应用,有效地减少了现金流通量,推动了传统货币向电子货币的转化。

(4)银行卡在推进货币支付网络化方面发挥着独特的作用。随着电子商务和互联网的发展,网上支付将越来越频繁,而网上支付的重要工具就是银行卡。

(二)银行卡的类型

根据银行卡性质与功能的不同,可将其分为以下几种类型:

1. 按银行卡性质划分

从性质上分,银行卡可分为信用卡、借记卡、复合卡和现金卡四种。

银行卡最早是以信用卡的形式出现的。信用卡是银行向金融上可信赖的客户提供无抵押的短期周转信贷的一种手段。依照信用等级不同,又可将信用卡分为普通信用卡、金卡、贵宾卡等多个品种。

在信用卡的基础上,银行又推出了借记卡。借记卡的持卡人必须在发卡银行有存款。持卡人在特约商店消费后,通过电子银行系统,直接将顾客在银行中的存款划拨到商店的账户上。

复合卡是银行发行的兼具信用卡和借记卡两种性质的银行卡。我国称为准贷记卡。复合卡的持卡人必须事先在发卡银行交存一定金额的备用金,持卡消费或提取现金后,银行立即进行扣账操作。

现金卡是记录有持卡人在卡内持有的现金数的银行卡。持卡消费后,商户直接从现金卡内扣除消费金额,从而相应减少现金卡中的现金数。现金卡同现金一样可直接用于支付,不同的是,卡内的货币是电子货币。目前现金卡主要包括预付卡和电子钱包卡。

2. 按银行卡信息载体划分

按信息载体不同,银行卡可分为 IC 卡和磁条卡。它们是将银行卡的有关信息分别置入银行卡卡片专用的磁条内或芯片内。它们既可用于单一银行卡,也可用于芯片和磁条合一的复合型银行卡中。

3. 银行卡的其他分类方法

银行卡按持卡人资信等级不同,可分为金卡和普通卡等。

银行卡按持卡人的身份不同,可分为主卡和附属卡。

银行卡按发行对象不同,可分为个人卡、商务卡、采购卡、政府卡等。

此外,银行卡一般由发卡银行独立发行,但也可由发卡银行与其他一个或多个同一性质的事业单位合作发卡。其中,合作发卡根据合作单位的性质,分为联名卡(与公司合作)和认同卡(与事业单位合作)。

(三)银行卡的基本功能及应用特点

银行卡有以下三项基本功能:

(1)身份识别功能:能够证明持卡人的身份,确认使用者是否为本人。

(2)结算功能:可用于支付购买商品、享受服务的款项,是非现金、支票、期货的结算。

(3)信息记录功能:将持卡人的属性(如身份、密码等)和对卡的使用情况等各种数据记录在卡中。

银行卡作为一种新型的结算工具,由于其结算体系本身的电子化处理方式容易实现,且适用于计算机网络空间即虚拟空间的结算方法而使其具有独特的优点。银行卡应用的基本特点如下:

(1)特约商店无须太多投入就能交付使用。

(2)全天 24 小时均可使用。

(3)全世界能受理银行卡的商店的数量非常多。

(4)法律和制度方面的问题较少。

🖱 **资料链接 2-2**

银行卡的应用领域[①]

银行发行的银行卡,在金融界主要用于与电子银行系统有关的作业处理,包括持卡消费、启动 ATM 系统、企业银行联机、家庭银行联机、在互联网上进行电子商务活动、银行柜台交易和个人资产管理等。其具体应用如下:

————————————

① 张卓其,史明坤.网上支付与网上金融服务[M].大连:东北财经大学出版社,2006:73-74.

（1）持卡消费。持卡人既可用借记卡购物，并进行立即转账，也可用信用卡购物，作挂账处理，还可用现金卡购物，直接从卡内扣除货款。

（2）启动 ATM 系统。ATM 通常都处于等待服务状态，当持卡人插入银行卡后，立即启动 ATM，使之进入服务状态。持卡人可用借记卡在 ATM 上进行查询、存/取款、转账等作业，有的银行也允许用信用卡预支现金。

（3）企业银行联机。企事业单位的计算机同银行主机系统联机后，可用本单位的终端同银行交换信息，进行金融交易。企业要事先申领银行卡，建立相应账户后，才能启动联机系统。然后，用户输入密码，经检验无误后，便可与银行主机进行通信。

（4）家庭银行联机。社会大众可用电话、手机、PC 等多媒体手段，通过家庭银行系统同银行主机联机，进行金融交易。用户也需事先申领银行卡，建立相应账户后，才能启动家庭银行联机系统，得到银行提供的家庭银行服务。

（5）网上支付。在电子商务中，持卡人可通过银行卡账户完成网上支付。持卡人要进行网上交易，必须事先取得从事网上交易的数字证书，并在计算机上安装电子钱包软件，然后才可上网购物，同时用银行卡账户完成网上支付。

（6）银行柜台交易。持卡人可持卡到银行营业部的柜台进行金融交易。

（7）个人资产管理。银行卡用于个人资产管理时，须在 IC 卡上存储与个人资产有关的各种数据，以便能提供有关资产管理方面的咨询服务，协助持卡人对其资产进行有效的管理和投资。

二、信用卡

信用卡作为银行卡的一种，在实际应用中越来越受到广大消费者的欢迎。信用卡消费也成为一种趋势，让消费者在刷卡消费的同时享受到这种支付工具所带来的便利性。

（一）信用卡概述

信用卡是银行或专门的发行公司发给消费者使用的一种信用凭证，是一种把支付与信贷两项银行基本功能融为一体的业务，是银行向金融上可信赖的客户提供无抵押的短期周转信贷的一种手段。银行或发卡机构通过征信，规定一定的信用额度，发给资信情况较好的企业和有稳定收入的消费者。持卡人可以凭卡到指定的银行机构存取现金，然后到指定的特约商户消费。受理信用卡的商户将持卡消费者签出的账单送交给银行或发卡机构，由银行或发卡机构向持卡人收账。于是，通过发行信用卡，银行或发卡机构可根据预先确定的信用额度向持卡人提供信贷。信用卡的使用，使银行或发卡机构参与了在销售点进行的价值交换，特约商店通过银行将其信贷提供给顾客，持卡人持卡消费后，这些特约商店很快就能收到发卡行转来的资金。图 2-1 为中国工商银行牡丹人民币贷记卡式样。

牡丹人民币贷记卡(金卡)　　　　牡丹人民币贷记卡(银卡)

图 2-1　中国工商银行牡丹人民币贷记卡(金卡和银卡)式样

信用卡最大的特点是同时具备信贷与支付两种功能。一方面,持卡人可以不用现金,仅凭信用卡购买其所需的商品和享受服务,由于其支付的款项是由发卡银行垫付的,于是银行便与持卡人发生了贷款关系;另一方面,信用卡又不同于一般的消费信贷,一般的消费信贷只涉及银行与客户两者之间的关系,而信用卡除了银行与客户外,还与受理信用卡的商户有关系。客户持卡购物或享受服务后,由受理信用卡的特约商户每天将持卡人的签购单送交发卡银行,由发卡银行向持卡人收账。持卡人在规定的期限内付款,可以不付利息。但是,如果逾期不还款,则自签发账单之日起计付透支利息,透支利率一般高于银行贷款利率。

信用卡通常是由附有信用证明和防伪标志的特殊塑料制成的磁性卡片,卡的大小有统一标准。按照国际惯例,卡的长度为 85.47~85.72 mm,卡的宽度为 53.92~54.03 mm,厚度为(0.76±0.08)mm,卡片四角圆角半径为 3.18 mm。信用卡上一般印有持卡人姓名、号码、有效期等信息,这些信息凸印在卡片上,可以通过压卡机将信息复制到能复写的签购单上。同时,为了加强保密性及利用信息技术,信用卡的磁条上面通常也记录持卡人的账号等有关资料,这些资料肉眼是看不到的,可供 ATM、POS 等专门的计算机终端鉴别信用卡真伪时使用。此外,信用卡上还印有发卡银行的必要说明。持卡人在特约商店或服务部门购买商品或享受服务时,不必支付现金,只需将信用卡交给商店或服务部门,在签购单上压印卡号,填写金额,然后由持卡人签字,则商店或服务部门即可到发卡银行办理收款,持卡人与商店或服务部门的资金结算最终由发卡银行完成。

(二) 信用卡的功能

信用卡的各项用途及其功能是由发卡银行根据社会需要和银行内部承受能力所赋予的。目前,我国各银行发行的信用卡主要具有以下四项基本功能:

1. 转账结算功能

借助信用卡,持卡人既能在各特约商户办理消费转账业务结算,也可在指定机构办理大额转账结算,既起到代替现金支付的作用,同时又兼具转账支票的功能,大大方便了持卡人和商户的购销活动,减少现金使用,节约社会劳动力。这是信用卡最主要的功能。

2. 汇兑功能

信用卡具有银行汇票和旅游支票的作用。当持卡人外出旅游、出差或经商时,持卡人可在当地发卡银行储蓄所办理存款手续,然后凭卡在汇入地储蓄所办理取款手续。异地存取现金时都要按有关规定收取适当的手续费,同城范围存取现金免收手续费。

3. 储蓄功能

信用卡可在同城或异地发卡银行指定的储蓄所办理存/取款业务,并可实现通存通兑。用信用卡办理存款和取款手续比使用储蓄存折方便,它不受存款地点和存款储蓄所时间的限制,客户可在全国开办信用卡业务的城市通存通取,并且可凭信用卡支取现金。同时,个人可利用信用卡开立存款账户,发卡银行按照同期活期储蓄利率计付利息。

4. 消费信贷功能

信用卡持卡人在进行消费时,若所需支付的费用超过其账户余额,发卡银行允许为其提供规定范围内的少量短期透支,即短期消费信贷。由于被批准领用信用卡的持卡人不同于采用普通结算方式的客户,他们都经过银行资信情况调查,有一定偿还债务的能力,同时透支金额占信用卡交易金额的比例很小,再加上银行也有一整套防范措施,因此,信用卡的小额善意透支不会引起社会消费信用的膨胀。另外,发卡银行对透支款项收取的透支利率一般高于同期银行贷款利率,这充分说明银行还是利用利率杠杆作用来限制透支的。

（三）信用卡购物的处理过程

持卡人将信用卡交给商户的收款员,经检验信用卡和持卡人的合法性并获得银行授权后,收款员将该卡的特征记在"销售汇票"上,汇票上还要记上交易的细目,并要求持卡人在上面签字。汇票副本作为收据交给持卡人,完成购物交易。日终时,商户将当日的所有销售汇票存入收单行,收单行再同发卡行清算这些交易。

若特约商户安装有联机 POS 终端能通过网络同银行主机系统通信的话,则信用卡持卡人在付款时,其信用卡在 POS 终端刷卡后,输入 PIN(个人识别码)和交易额,这些数据就被输往发卡行主机系统,在经其核实授权后,商品就可成交了;POS 终端为持卡人打印账单收据,同时相关银行主机系统要更新持卡人和商户的账目,并进行清算。这样既完成了商品交易,也完成了电子转账工作。

三、智能卡

（一）智能卡概述

智能卡是随着半导体技术的发展和当前社会对信息安全性要求的日益提高而产生的,并且得到了非常迅速的应用和发展。特别是近几年来,随着智能卡技术的进一步完善和世界各国信息数字化的实施,智能卡的应用领域在不断扩大,其巨大的优越性得到了充分显示。智能卡的使用已经逐渐渗透到金融、保险、电信、医疗、交通、安全等与人们日常生活密切相关的各个方面。我国智能卡的快速发展以及其拥有的广阔市场空间,必然会从支付手段上完善和推动着中国电子商务行业的发展,同时对我国经济的发展也能起到一定的推动作用。

智能卡又称 IC 卡(integrated circuit card),即集成电路卡,由一个或多个集成电路芯片组成,并封装成便于人们携带的卡片,具有暂时或永久的数据存储能力。其存储器的内容可以供外部读取,或供内部信息处理的判定之用。微处理器具有逻辑和数学运算处理能力,用于识别和响应外部提供的信息和芯片本身的处理需求。换句话说,智能卡就是将具有微处理器和大容量存储器等的集成电路芯片嵌装在塑料基片上的卡片。

全世界智能卡规格是有统一标准的。智能卡的物理结构一般是一个塑料长方形卡。有些智能卡上还贴有磁条,可以和磁卡兼容。智能卡上印有发行者的信息和卡片持有者的可读信息,如姓名、有效性及照片等。有的对安全性要求较高的智能卡,在其表面上印有个人签名、全息图像及类似纸币上的回纹等安全标识信息。在智能卡的左上角封装有智能芯片,其上覆盖有 6 个或 8 个触点和外部设备进行通信,且触点位于卡的正面。智能卡的结构主要包括以下三个部分:

(1)建立智能卡的程序编制器。程序编制器在智能卡开发过程中使用,从智能卡布局的层次上描述了卡的初始化和个人化创建所需要的数据。

(2)处理智能卡操作系统的代理。包括智能卡操作系统和智能卡应用程序接口的附属部分,具有较高的可移植性,可以集成到芯片阅读器或个人计算机及客户端/服务器系统上。

(3)作为智能卡应用程序接口的代理。该代理是应用程序到智能卡的接口,有助于对不同智能卡代理进行管理,并向应用程序提供智能卡类型的独立接口。

由于智能卡内安装了嵌入式微型控制器芯片,可存储并处理数据,同时卡中的信息受用户的个人识别码保护,因此,只有合法用户才能使用它。

另外,智能卡较以往的识别卡具有以下优点:

(1)可靠性高。智能卡具有防磁、防静电、防机械损坏和防化学破坏等能力,信息可保存 100 年以上,读写次数在 10 万次以上,且使用时间长,至少可用 10 年。

(2)便利性。不用记密码,即对用户来说,智能卡提供了一种便利的方法,它能够为用户记忆某些信息,并以用户的名义提供这种信息,使应用系统本身能够配置成适合用户的需要的模式,而不需要用户去学习和使用这种应用。

(3)保密性好。智能卡拥有信用卡功能,但安全性要高于信用卡,即用户不需要携带现金,就可以实现像信用卡一样的功能。因此智能卡在网上支付系统中的作用巨大。

(二)智能卡的分类

按照芯片种类和功能的不同,常用的智能卡可分为以下四种:

1. 存储卡

存储卡不能处理信息,只是简单的存储设备。其类似于磁卡,唯一的区别是存储卡存储的容量更大,但也存在着和磁卡一样的安全缺陷,没有任何安全保障的应用。

2. 逻辑加密卡

逻辑加密卡是在存储卡的基础上增加加密逻辑,同时保持存储卡的价格优势。由于逻辑加密卡中加入了加密功能,其安全性高于存储卡,但还是不能有效地防止伪造。多数逻辑加密卡只有一个应用区,因此只能作为单应用卡使用,如电话储值卡。

3. CPU 卡

严格地说,只有 CPU 卡才是真正的智能卡,因为 CPU 卡有处理器和内存,不仅能存储信息还能对数据进行复杂的运算。由于其可以实现对数据的加密,安全性有了很大提高,所以可以有效地防止伪造。CPU 卡一般用于储蓄卡/信用卡和其他安全性要求较高的应用场合。

4. 射频卡

射频卡是在 CPU 卡的基础上增加了射频收发电路,可进行非接触式读写,一般多应用于交通行业。

(三) 智能卡的工作过程

1. 消费者从银行获得智能卡

消费者首先到提供智能卡的银行开设账户,并将足够的现金预存到自己的账户。消费者将智能卡插入智能卡刷卡器并输入密码,连接智能卡刷卡器的终端向银行发出请求。这时,消费者可以用账户中的现金购买电子现金,并将电子现金下载到自己的智能卡中。

2. 使用智能卡进行支付

消费者在商家选择好要购买的商品,将智能卡插入商家的智能卡刷卡器进行支付。这时,商家的结算终端向银行发出结算请求,并将自己的数字签名发送给银行。如果银行验证商家的数字签名有效,就会从智能卡中取出等于交易额的电子现金,并将它转入到商家的电子现金账户中。

(四) 智能卡的应用领域

随着智能卡技术不断发展和完善,智能卡已在移动通信和公用电话、交通管理、社会保险、人口管理、企事业内部管理、税务、石油、公用事业收费等方面得到了广泛的应用。此外,随着金融卡的全面推广,智能卡在金融领域的应用也正在逐步增加。目前,智能卡的主要应用领域主要有以下几个方面:

(1) 电信:IC 卡公用电话,移动电话 SIM 卡。

(2) 交通:公交一卡通,道路泊车自动收费,路桥收费,自动加油管理系统,驾驶员违章处理。

(3) 智能建筑:IC 卡门锁及门禁系统,停车收费管理、智能小区一卡通。

(4) 校园一卡通:食堂、考勤、学籍管理、校内消费、实验室设备管理、校医院电子医疗卡等。

(5) 公用事业:预收水、电、气费用及收费一卡通等。

(6) 个人身份认证:城市流动人口管理、IC 卡身份证等。

(7) 社会保险:医疗保险、养老保险等。

(8) 工商税务:税务自动申报、工商企业监管等。

(9) 金融:信用卡,例如,VISA Card、MasterCard,扣款卡,电子钱包,POS、ATM 等。

(10) 电子标签:车辆识别,防伪,仓储管理,生产管理,集装箱管理,汽车钥匙等。

(11) 网络安全认证:密码钥匙等。

四、汇票、本票和支票

票据有广义和狭义之分,在第一章第二节已有明确的定义。这里主要讲狭义的票据,即汇票、本票和支票。

票据行为主要有以下五个特征:

（1）要式性。要式性是指票据行为是一种严格的书面行为，应当依据我国《票据法》的规定，在票据上记载法定事项，票据行为人必须在票据上签章，其票据行为才能产生法律效力。票据行为的要式性有利于票据的安全流通。

（2）文义性。文义性是指票据行为的内容均依票据上所载的文义而定，这是票据要式性的具体表现。票据文义直接决定票据的权利和票据义务的范围和最高限度。

（3）无因性。无因性是指票据行为只要具备法定形式要件，便产生法律效力，而不因票据的基础关系无效或有缺陷而受影响。如甲签发汇票给乙，签发票据的原因是甲购买了乙的商品，之后，甲发现乙提供的商品有质量问题，但这并不能免除甲对乙的票据责任，至于甲、乙间的商品质量纠纷只能另行解决。

（4）独立性。独立性是指在同一票据上所做的各种票据行为互不影响，各自独立发生其法律效力。许多国家的《票据法》都确立了票据行为的独立原则，目的是保证票据的流通和社会交易的安全。

（5）连带性。连带性是指同一票据上的各种票据行为人均对持票人承担连带责任。由于票据行为具有独立性和无因性，这就使持票人的权利实现受到影响，因此我国《票据法》规定了连带原则，以保护持票人的票据债权。

（一）汇票

汇票是指由出票人签发的，委托付款人在见票时或者在指定日期无条件支付确定的金额给收款人或者持票人的票据。

汇票从不同的角度可以分为以下几类：

1. 按出票人分类

按出票人不同，汇票可分成银行汇票和商业汇票。银行汇票是指汇款人将款项交存当地银行，由银行签发给汇款人持往异地办理转账结算或支取现金的一种票据。银行汇票的出票人是银行，付款人也是银行。商业汇票是由企事业单位等签发，委托付款人在付款日期无条件支付确定金额给收款人或持票人的一种票据。商业汇票的出票人是企事业单位或个人，付款人可以是企事业单位、个人或银行。

2. 按付款日期分类

按付款日期不同，汇票可分为即期汇票和远期汇票。汇票上付款日期有四种记载方式：见票即付、见票日后定期付款、出票日后定期付款及定日付款。若汇票上未记载付款日期，即为见票即付。见票即付的汇票称为即期汇票，其他三种记载方式为远期汇票。

3. 按有无运输单据分类

按是否附有包括运输单据在内的商业单据，汇票可分为光票和跟单汇票。光票是指不附带商业单据的汇票。银行汇票多是光票。跟单汇票是指附有包括运输单据在内的商业单据的汇票。跟单汇票多是商业汇票。

4. 按承兑人分类

按承兑人不同，汇票可分成商业承兑汇票和银行承兑汇票。远期的商业汇票，由银行以外的企事业单位或个人承兑的称为商业承兑汇票。远期的商业汇票，由银行承兑的称为银行承兑汇票。银行在承兑后就成为该汇票的主债务人,所以银行承兑汇票是一种银行信用。

(二) 本票

本票是指由出票人签发的,承诺自己在见票时无条件支付确定的金额给收款人或者持票人的票据。本票按其出票人身份的不同,可以分为银行本票和商业本票。以银行或其他金融机构为出票人签发的本票,称为银行本票。由银行或其他金融机构以外的法人或自然人为出票人签发的本票,称为商业本票。本票的基本当事人包括出票人和收款人。我国《票据法》中所指的本票是银行本票,不包括商业本票。

我国现行的银行本票为消费者在进行交易支付时提供了方便。一方面,企事业单位、个体经营户或个人不管其是否在银行开户,他们之间在同城范围内的所有商品交易、劳务供应以及其他款项的结算都可以使用银行本票;另一方面,由于银行本票由银行签发,并于指定到期日由签发银行无条件支付,因而其信誉度较高,且支付能力强,一般不存在得不到正常支付的问题。

(三) 支票

支票是由出票人签发的,委托办理支票存款业务的银行或其他金融机构在见票时无条件支付确定的金额给收款人或持票人的票据。支票的重要特征是出票人的身份与付款人的身份不重合。它是出票人预先在银行存入资金,然后委托银行见票即付给持票人指定的金额。支票有三个基本当事人,即收款人、出票人和付款人。在同一城市范围内的商品交易、劳务供应、清偿债务等款项支付,均可使用支票。

支票分为普通支票、现金支票和转账支票三种。现金支票只能用于支取现金,它由存款人签发,用于到银行为本单位提取现金,也可以签发给其他单位和个人用来办理结算或者委托银行代为支付现金给收款人;转账支票只能用于转账,它适用于存款人给同一城市范围内的收款单位划转款项,以办理商品交易、劳务供应、清偿债务以及其他往来款项结算;普通支票可用于支取现金,也可用于转账,但在普通支票左上角划两条平行线的为划线支票,它只能用于转账、不能支取现金。

第三节　网上支付新工具

一、电子钱包

(一) 电子钱包概述

电子钱包是一种具有存储值的智能卡,是一种比较成熟的电子支付工具。电子钱包是指装入电子现金、电子零钱、安全零钱、电子信用卡、在线货币、数字货币等电子货币,集多种功能于一体的电子货币支付方式。它可以在网上直接进行小额或大额现金的支付,功能与现实生活中的钱包类似,可随时通过因特网从银行账号上取出现金,保证电子现金使用的便利性。

电子钱包是进行电子支付与存储交易记录的软件,且通常都是免费提供的,既可以是直接与银行账户相关的专用电子钱包,也可以是网络服务商开发的通用的电子钱包。使用电子钱包购物,通常需要在电子钱包服务系统中进行。消费者在使用电子钱包购物时,要先将电子钱包安装到电子商务服务器上,然后再利用电子钱包系统将电子现金或电子信用卡的数据输入进去。消费者使用电子钱包进行支付时,只需打开电子钱包并单击相应的项目即可。在一般的网上购物中,消费者需要在每次购物后输入很多个人信息,这些麻烦的操作经常会使消费者放弃购物。电子钱包减少了这类麻烦,消费者在选好商品后,只要单击自己的钱包就能完成付款过程,大大加快了购物的效率。

(二) 电子钱包的特点

1. 要使用电子钱包软件

用户可以直接使用与自己银行账户相连接的电子商务服务器上的电子钱包软件,也可以通过各种保密方式利用因特网上提供的电子钱包软件,但整个过程都需在电子钱包服务系统中进行。

2. 要在有关银行开设账户

在使用电子钱包时,首先要在有关银行开设账户,然后把电子钱包应用软件安装到电子商务服务器上,在电子钱包服务系统中输入各种电子货币或电子金融卡上的数据。在发生收付款时,用户只要单击相应的项目即可完成。

3. 电子钱包内只能装电子货币

电子钱包,顾名思义,只能装电子货币,即电子钱包只能装入电子现金、电子零钱、安全零钱、电子信用卡、在线货币等形式的"货币"。

(三) 电子钱包的类型

常见的电子钱包主要有以下几种类型:

1. Agile Wallet

Agile Wallet 可处理消费者的结算和购物信息,提供快速和安全的交易。消费者第一次使用 Agile Wallet 购物时需要输入姓名、地址和信用卡数据。而这些信息会被安全地存储在 Agile Wallet 服务器上,以后访问支持 Agile Wallet 的商户网站时,在商户结算页面上会弹出有消费者购物信息的 Agile Wallet 框。消费者在验证了框内信息后单击,就可完成购物交易。

2. E-Wallet

E-Wallet 是一个免费的电子钱包软件。用户可下载并将其安装到自己计算机上。E-Wallet 可将用户的个人信息和结算信息存在电子钱包里,甚至还专门为用户留出放照片的地方(就像真正的钱包一样)。当购物完成时,只需单击图标并输入口令,然后从 E-Wallet 中选定信用卡并拖到结账表中,就能把用户在安装软件时所提供的个人信息填写到表中。为保护用户的个人信息,E-Wallet 还有加密和口令保护等措施。

3. MSN Wallet

MSN Wallet 是微软公司 2002 年 9 月发布的免费电子钱包服务。通过该服务可以在购买商品时自动输入个人信息,从而提供一个稳定的网上购物环境,使消费者进行网上购物像发送电子邮件一样简单。MSN 服务用户可通过 Passport 账号登录 MSN Wallet;其他用户首先要获得免费的 Passport 账号,然后才能登录。MSN Wallet 将结算信息及地址信息经过电子加密后存放到服务器数据库里,服务器安放在限制登录的设施中。

(四)电子钱包的购物过程

电子钱包的购物流程可分为以下几个步骤:

(1)消费者在自己的计算机上,通过在线浏览,选择要购买的商品,输入购物订单。

(2)通过电子商务服务器与有关商店联系并立即得到应答,确定所购商品单价、应付款数以及送货等信息。

(3)消费者确认后,用电子钱包付款。将电子钱包装入系统,单击电子钱包图标,在打开的电子钱包中输入口令,消费者确认是自己的电子钱包并从电子钱包中取出其中的一张电子信用卡付款。

(4)电子商务服务器将消费者的信用卡号码经加密处理后,发送到相应的银行,同时将购物账单也进行加密处理并发往商店。销售商店将消费者编码加入电子购物账单后再返回给电子商务服务器。

(5)电子商务服务器确认消费者的合法性后,将信用卡信息和购物账单同时发往信用卡公司和银行,由信用卡公司和银行进行电子数据交换与结算。

(6)如果这张信用卡已透支,银行就拒绝授权。消费者可再打开电子钱包取出另一张信用卡,再重复以上操作。

(7)如果银行证明这张信用卡有效并授权,就可通知销售商店交货,并给消费者发送一份电子收据。

(8)上述交易成交后,销售商店就按照消费者提供的电子订货单将商品从发送地点交到消费者在电子订货单中指明的收货人手中。

使用电子钱包购物的步骤虽多,但完成上述过程只需很短的时间。

二、电子现金

(一)电子现金概述

电子现金是一种以数据形式存在的现金货币,是纸币现金的电子化,是虚拟货币的一种。它把现金数值转化为一系列的加密序列数,通过这些序列数来表示现实中各种金额的币值。用户在开展电子现金业务的银行开设账户,并在账户内存钱后,就可以在接受电子现金的商店购物。电子现金不同于银行卡,它具有手持现金的基本特点,尤其是在金额较小的交易中使用电子现金支付要比使用银行卡支付更方便、更节省。这种小额支付在网上交易时是大量存在的,如购买网上天气预报信息、网上股市行情、缴付文章的版权使用费、支付在线游戏的费用等。

电子现金将每个用户的钱都挂在自己货币系统的账号上,每笔交易的结果都是资金从一个持卡人账户到另一个持卡人账户的转移,比信用卡更方便。电子现金可以用于购买有形产品,如鲜花,也可用于支付无形产品的费用,如服务。企业可以储备一定量的电子货币,用于购买办公用品或用来直接进行交易，而不用经过银行及电子资金转账系统。

（二）电子现金的特点

电子现金兼具纸质现金和数字化货币的优势。其特点主要表现在以下几个方面：

（1）安全性。随着高性能彩色复印技术和伪造技术的发展，使伪造纸币变得更容易了，而电子现金作为高科技发展的产物，它融合了现代密码技术，提供了加密、认证、授权等机制，只限合法人使用，避免重复使用，防伪能力强。

（2）匿名性。电子现金不能提供用于跟踪持有者的信息。电子现金运用了数字签名、认证等技术，确保了它在实现支付交易时的匿名性和不可跟踪性，维护了交易双方的隐私权。

（3）成本低。电子现金的发行和交易成本都比较低，而且不需要运输成本。

（4）可分解性。电子现金可以使用若干种货币单位，并且可以像普通纸币一样，把大钱分成小钱。

（5）便利性。电子现金可以完全脱离实物载体，既不用纸张、磁卡，也不用智能卡，从而使用户在支付过程中不受时间、地点的限制，也不需要像电子信用卡那样的认证处理。因此，使用电子现金更加方便。

（三）电子现金的类型

电子现金的类型有很多种，不同类型的电子现金都有其自己的协议，用于消费者、销售商和发行者之间交换支付信息。常见的电子现金主要有以下几种类型：

1. E-Cash

E-Cash 是由 DigiCash 公司开发的在线交易用的数字货币。使用 E-Cash 客户软件，消费者可以从银行提取和在自己的计算机上存储 E-Cash。制造货币的银行验证现有货币的有效性并把真实的货币与 E-Cash 进行兑换。商家能够在提供信息或货物时接收支付的 E-Cash 货币。客户端软件称为计算机钱包（Cyber Wallet），负责到银行存/取款，以及支付或接收商家的货币。在这种支付方式下，支付者的身份是匿名的。

2. DigiCash

DigiCash 是由 DigiCash 公司于 1994 年 5 月开发的一种电子现金系统。该系统允许消费者使用电子现金进行在线交易。DigiCash 是一种无条件匿名系统，当消费者使用此支付工具时，商家所能看到的只是银行的签字，而不是消费者本人的签名。

3. NetCash

NetCash 是一种可记录的匿名电子现金系统。其主要特点是设置分级货币服务器来验证和管理电子现金，从而保证了电子交易的安全性。

4. Worldpay

Worldpay 是一种通过因特网的、安全的、多币制的电子支付系统。消费者经过申请可以拥有信用卡或借记卡授权的 Worldpay 多币制账户。该账户处理是集中式的，可以在世界上的任何地方、任何计算机上存取资金。

5. 微支付

微支付(MicroPayment)是目前电子现金支付发展的一个新方向,它可以很好地满足各种需求。微支付的含义是在满足安全性的前提下,使支付过程简单、高效,且每笔交易的费用非常低。

(四) 电子现金的交易过程

电子现金的交易过程可分为以下几个步骤:

(1)购买电子现金。买方在电子现金开户银行开设电子现金账户并购买电子现金。用户要从网上的服务器或银行购买电子现金时,首先要在该银行建立一个账户,将足够资金存入该账户用于未来的支付。

(2)存储电子现金。用户可以使用 PC E-Cash 等类似的终端软件从电子现金银行取出一定数量的电子现金存在硬盘上。一旦账户建立,买方就可以使用电子现金软件产生一个随机数。银行使用私钥产生随机数并进行数字签名,然后把随机数发回给买方,随机数就生效了。

(3)用电子现金购买商品和服务。当卖方同意接收电子现金方式的买方订货,买方就可以用公钥加密电子现金,然后传送给卖方。

(4)资金清算。接收电子现金的卖方和电子现金发行银行之间进行清算,电子现金银行将买方购买商品的钱支付给卖方。在交易中,卖方用银行的公共密钥检验电子现金的数字签名,如果对支付满意,卖方就将电子货币存入它的计算机,随后再通过电子现金银行将相应面值的金额转入账户。

(5)确认订单。卖方获得付款后,立即向买方发送订单确认信息,从而完成整个电子现金的支付过程。

电子现金的交易流程如图 2-2 所示。

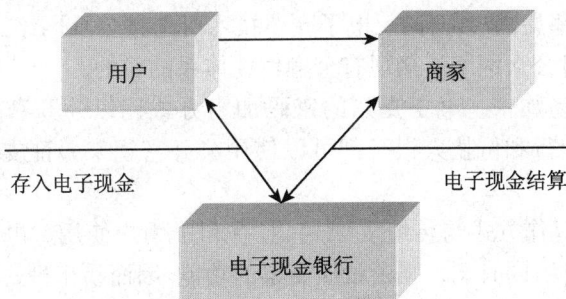

图 2-2　电子现金的交易流程图

三、电子支票

(一) 电子支票概述

电子支票作为纸质支票的电子替代物,与纸质支票一样是用于支付的一种合法方式。电子支票是利用数字化网络将资金从一个账户转移到另一个账户的电子付款形式。电子支票是用于发出支付和处理支付的网上服务,这种电子支票的支付是在与商户及银行相连的网络上以密码方式传递的,使用数字签名和自动验证技术来确定其合法性。通过电子支票可以实现支付的保密性、真实性、完整性和不可否认性,从而在很大程度上解决了传统支票中大量存在的伪造问题。

电子支票和传统支票工作方式相同,易于理解和接受,并且电子支票和传统的支票几乎有着同样的功能。一个账户的开户人可以在网络上生成一个电子支票,其内容包含支票支付人的姓名、支付人金融机构名称、支付人账户名、被支付人姓名、支票金额等。不同于传统支票的人为签名,电子支票需要经过数字签名,被支付人数字签名背书,使用数字凭证确认支付者/被支付者身份、支付银行以及账户等信息后,金融机构才可以使用签过名和认证过的电子支票进行账户存储。

电子支票系统包含三个实体,即购买方、销售方以及金融机构。在购买方和销售方完成一笔交易后,销售方要求付款。购买方从金融机构那里获得一个唯一凭证(即电子支票),这个电子形式的付款证明表示购买方账户欠金融机构钱。购买方在购买时把这个付款证明交给销售方,销售方再交给金融机构,整个交易过程就完成了。

在我国,电子支票是以因特网为基础,通过信息传递来完成资金转移的。它既可通过电话线直接传输、银行等金融机构的专用网络传输,也可通过公共网络来传送。电子支票款项可以通过银行收取,通过现有银行渠道进行结算。银行的基础设施与公共网络的集成是电子支票的基础。在线的电子支票支付与结算系统可以使卖方在收到支票的同时验证支票的签名、资金状况等信息,从而有效地避免了传统支票使用中发生的无效支票或空头支票。

(二)电子支票的优点

使用电子支票交易有以下优点:

(1)电子支票可以完成多种在线服务。可通过跨省市的电子汇兑、清算,实现全国范围内的资金传输;通过银行自动柜员机网络系统进行普通费用的支付;每月从银行账户中扣除水电费等日常费用;也可完成大额资金在海外银行间的资金传输等。

(2)电子支票效率高,节省时间。电子支票技术可连接公众网络、金融机构和银行票据交换网络,以达到通过公众网络连接现有金融付款体系的目的。

(3)电子支票容易加密。电子支票的密码加密方式比以公开密钥加密的系统容易处理。收款人、收款人银行和付款人银行都可以使用公开密钥来验证支票。电子签名可自动验证。

(4)电子支票的运作方式与传统支票相同,有利于用户使用。电子支票保留了纸质支票的基本特征和灵活性,同时又加强了纸质支票的功能,因而易于理解,能得到迅速采用。

(5)电子支票也适宜做小额的清算。

(6)电子支票成本低,事务处理费用也较低。企业可以将其作为内部资源管理工具使用,就像企业内部现金的一种形式,通过网络以更省钱的方式完成支付。此外,由于电子支票内容可以附在贸易对方的汇票资料上,从而使电子支票更容易与电子数据交换(EDI)应用的应收账款相整合。

(7)电子支票支付时,银行能为参与电子交易的商户提供标准化的资金信息。

(三)电子支票的交易过程

电子支票的交易过程可分为以下几个步骤:

1. 消费者从银行获得电子支票

如果消费者想取得可以使用的电子支票,就需要到提供电子支票业务的银行开立账户,并提供能够证明自己身份的证件。然后,消费者就可以要求银行开具一张电子支票,其中包括支付人姓名、金融机构名、账户名、被支付人姓名、支票金额等。这张电子支票应有银行的数字签名。

2. 消费者使用电子支票进行网上购物

消费者只有在支持电子支票的网站上购物,才能用电子支票进行支付。消费者将购买的商品装入购物车后,在结账时选择使用电子支票支付。消费者用自己的私钥对电子支票进行数字签名,使用商家的公钥对电子支票进行加密;然后通过网络将电子支票发送给商家,并向提供电子支票的银行发出付款通知单。商家对收到的电子支票验证无误后,将消费者所订购的商品发送给消费者。

3. 商家与银行进行资金结算

商家收到消费者发送的加密电子支票后,使用自己的私钥对收到的电子支票进行解密,并用消费者的公钥验证电子支票的数字签名。商家定期将收到的电子支票发送到银行,由银行验证电子支票并进行货款结算。

电子支票的交易流程如图 2-3 所示。

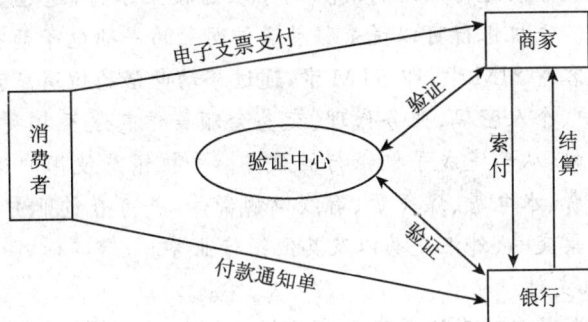

图 2-3　电子支票的交易流程

四、手机支付

伴随通信产业的快速发展,手机用户急剧增长。面对庞大的手机用户市场,手机支付将成为小额支付的主要工具之一,也成为我国支付领域金融科技发展的战略选择。

(一)手机支付的概念

手机支付也称移动支付,是指以手机作为支付工具和媒介,以智能卡和数字签名技术为安全保障,以移动通信网络和银行金融服务系统为依托,以电子信息作为货币形态,对所消费的商品或服务进行账务支付,实现货币从付款人向收款人转移的一种服务方式。其应用领域一般包括充值、缴费、小商品购买以及网上服务等。

一般来说,手机支付按照支付金额的大小,可分为微支付、小额支付和大额支付三类。目前,绝大多数使用手机完成支付业务的范围都仅限于微支付和小额支付。而采用手机支付一般有两种方式:一种是从用户手机账单中直接扣除相应的金额完成支付,这种仅适用于微支付和小额支付的情况;另一种则需要将手机号码和用户的银行账户或信用卡账户绑定,支付金额从用户的银行账户或信用卡账户中扣除,在这种方式中,手机只是一个简单的信息通道,将用户的银行账号或信用卡号与其手机号连接起来。目前,采用手机支付仍以第一种方式为主,其主要支付的内容包括短信、彩铃、小额彩票等。

🖱 资料链接 2-3

手机支付的几种方式①

手机支付是一项跨行业的业务,是电子货币与移动通信业务相结合的产物。手机支付方式通常有以下几种:

1. 手机钱包

手机钱包又称小额移动支付。该方式实施较容易,是目前国外较普遍采用的方式。手机钱包的特点是通过客户的话费账户或关联客户的银行卡账户进行消费购物。例如,用户可以通过拨打可口可乐机或地铁售票机上的特定号码,根据提示信息,按键选货,自动购买所需商品,购货成功后,用户可收到一条确认信息,所购货款会自动从话费中扣除。

2. 手机银行

手机银行是通过移动通信网络将客户的手机连接至银行,通过手机界面直接完成各种金融理财业务。手机银行可以说是移动通信网上的一项电子商务业务。客户使用装有银行密钥的大容量 SIM 卡,即 STM 卡,通过移动电话的短消息系统(SMS)进行操作,将有关银行账户、个人密码、业务代理、交易金额等信息送至相关银行,由银行处理后将结果返回至手机,从而完成手机银行的服务。手机银行使用户通过手机就能完成由银行代收的电话费、水电费、煤气费、有线电视费等,并可查询账户余额和股票、外汇信息,完成转账、股票交易、外汇交易以及其他银行业务。

3. 第三方手机支付

第三方手机支付是在移动运营商和商业银行间加入了第三方,如中国银联。这种通过第三方构筑的转接平台和上述两种点对点的业务模式不同,它可以实施"一点接入,多点服务"的功能。第三方手机支付有查询、缴费、消费、转账等主要业务项目。由于有第三方的介入,银行和电信运营商间在技术、业务等方面更易协调,因此,第三方手机支付被认为是比前两种方式更具有发展前途的支付方式。

(二) 手机支付的特点

作为一种新兴的网上支付方式,手机支付具有以下特点:

1. 不受地域、时间限制,简便易行

手机支付只需有一部手机,通过拨打相应的电话或发送短消息,即可购买急需的物品或完成其他金融服务,为用户提供便利,大大节省了购买时间。

---

① 手机支付的几种方式[J].中国新通信,2009(08):49.

2. 支付成本低

利用手机支付,移动运营商可以只收很低的电话费或短消息费用,甚至可以免费。移动运营商可以通过与商家利润分成或广告来实现业务收入。

3. 兼容性好

以银行卡为例,目前我国的银行卡种类繁多,要让 POS 兼容所有的银行卡显然难度很大。而移动运营商数目很少,就很容易解决兼容性的问题,因此,广大手机用户可以很方便地使用手机支付业务。

(三) 手机支付的业务流程

手机支付的业务流程如下:

(1) 消费者选择商品,将购买指令通过无线运营商支付管理系统发送到商家商品交易管理系统。

(2) 商家将消费者的详细购买信息通过无线运营商支付管理系统发送到消费者手机终端进行确认,得到确认后再继续操作。如果没有得到确认信息,则拒绝交易,购买过程到此为止。

(3) 消费者确认购买指令后,无线运营商支付管理系统记录详细的交易记录,同时通知金融机构在商家和消费者的账户间进行支付和清算,并且通知商家交货或提供服务。

(4) 商家供货或提供服务。

(5) 交易完成。

资料链接 2-4

手机支付需要跨过安全这道坎儿[①]

近来,国内几大电信运营商大力推广手机支付新业务,用户只要办理一张具有无线射频识别技术的 SIM 卡就可以直接用手机刷卡消费,这给用户带来了很大的便利。但是安全保障不足,成为了阻碍手机支付大规模应用的一道坎。

数字 100 市场研究公司的在线调查显示,安全性、应用便利性和可购买商品有限,是目前影响手机支付应用的主要原因。其中 50.5% 的受访者对手机支付的安全性存在怀疑,41% 的人觉得能使用手机支付的地方太少,还有近四成人认为目前能通过手机支付购买的产品/服务不充足。

调查表明,对安全性的担忧中,"交易双方身份如何确认"是公众关注的焦点,另外还有 61% 的人担心个人隐私泄露,52% 的受访者担心病毒入侵。据央视《每周质量报告》报道,目前手机病毒的猖獗,也直接威胁到手机用户的安全,一种名为手机僵尸的病毒,在一周内就感染了全国近一百万部手机,用户手机感染后外发给其他联系人,将形成二次扩散。

另据了解,目前一旦手机被盗,手机钱包内的钱也无法挂失。运营商的工作人员解释称,手机钱包虽然是实名制,但是如果手机丢失,只有 SIM 卡可以补办,而手机钱包里的

---

① 手机支付需要跨过安全这道坎儿[EB/OL]. 2010-10-25[2011-1-27]. http://surveycool. blog. 163. com/blog/static/86420711201010257139980/.

钱没办法挂失。而且在这项新业务中,付费时并不需要输入密码,用户如同使用公交卡一样,将手机靠近收款机的指定部位,即可完成付款。这样虽然方便,但是也增加了安全隐患。本次调查的数据显示,27.9％的人更容易接受手机支付采用"近距离非接触"的方式,同时,也有22.5％的人希望采用短信、彩信以及客户端这种相对安全的消费模式。

随着3G时代的到来,手机支付将与人们的生活如影随形。然而这种我们曾经以为非常便捷的生活方式,正面临着严重的安全隐患。随着病毒侵害、账号窃取这样的恶性事件越来越多,如何在实现便利的同时,保障用户的安全,是手机支付产业必然面对的挑战。数字100市场研究公司分析师认为,中国是拥有手机最多的国家,手机支付在国内市场前景非常广阔,在线调查显示,59.8％的人希望将手机支付用在生活缴费方面,这说明手机支付在公众消费意识中占有一席之地,只要加以引导,会形成很强的客户依赖。但是只有在解决了安全性的前提下,这种新的应用才能得到普及。这也为中国的安全软件厂商提供了商机。

引例解析

支付宝网上支付的优势主要有三个方面:安全、简单、快捷。其中最主要的优势是使用买家收到货、感觉满意后,卖家才能收到钱的支付规则,因而保证整个交易过程的顺利完成。其次支付宝和国内外主要的银行都建立了合作关系,只要用户有一张各大银行的银行卡,就可以顺利地利用支付宝实现支付。最后,支付宝可以把商品信息发布到各个网站、论坛等,以便能找到更多的买家,商户也可以把支付宝嵌入自己的网站之中,更加方便用户的使用。

本章小结

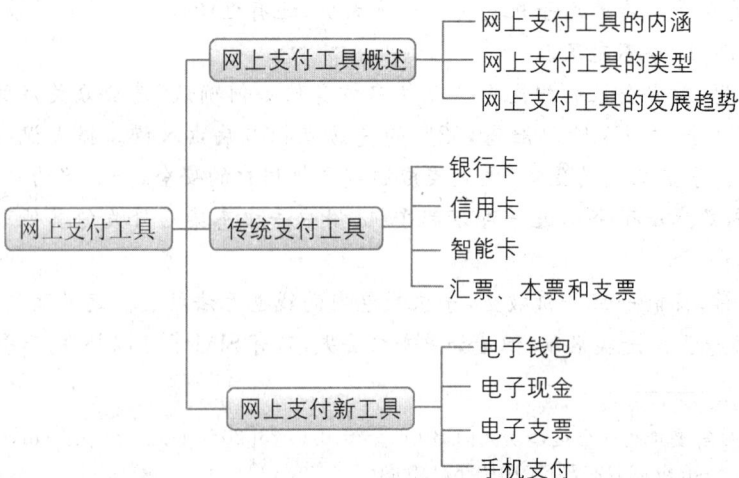

综合训练

一、思考练习

1. 简述网上支付工具的类型。
2. 简述信用卡的功能。
3. 概述电子现金的特点。
4. 简述电子钱包的购物流程。
5. 电子支票有哪些优点？

二、案例分析

手机支付方便生活①

2009年年底,中国电信江苏公司推出了公交翼机通,用户可以刷手机坐地铁、坐公交车、在超市、加油站小额消费。校园翼机通是公交翼机通之后,天翼在移动支付领域的进一步拓宽和最新应用,同样借助了最新的物联网技术。据中国电信江苏公司的工作人员介绍,校园翼机通还会陆续实现更多的服务。比如,今后在校园里会放置自助迎新机,新生入学时刷一下手机,就能知道自己的学号、宿舍号以及辅导员电话,还能立即打印下来。在使用校园翼机通时,用户通常无须更换手机,只需要更换一张手机卡就行,因为翼机通采用的是叠加CPU功能的新型手机UIM卡,并采用了最新的加密计算方式,相对更加安全。

据记者在南京的众多高校了解到,随着2010年新学期的开学,校园翼机通的适用领域更加广泛,已经覆盖到了宿舍门禁、图书馆等更多场所,学生刷手机就可以实现课堂考勤、图书馆借阅、课程选择等,并可查询消费账单、余额,了解校园资讯等。

另据中国电信江苏公司的工作人员介绍,"智慧校园"包括翼机通平台、资讯平台,以及教学管理、综合管理、信息化管理三个模块。对于远在另一个城市的学生家长来说,可通过手机更方便地了解孩子的一些基本信息,每个学期的学费和生活费,父母们也可以直接汇到孩子的手机上。学生们则通过手机在学校里交纳各种费用,更为安全、便捷。

通信业内人士认为,今后,类似翼机通这样的物联网更多应用,将拓展传统的教育模式,利用信息化技术、物联网技术打造智慧校园,并推动新的低碳生活模式。

问题

通过对本案例的分析,思考手机支付在给我们生活带来方便的同时还存在哪些问题。

---

① 手机支付方便生活［EB/OL］. 2010-09-01［2011-1-28］. http://www. rfidhuaxia. com/2010/0901/3913. html.

实训设计

网上支付工具

【实训目的】

熟悉网上支付工具的使用方法。

【实训内容与要求】

根据自己的实际情况,试着用手机支付来完成一次网上购物的过程,学会使用网上支付工具完成交易过程。

【成果与检验】

组织学生在课堂上讨论在使用网上支付工具结算时遇到的一些问题,并着重讨论利用手机支付完成网上支付的经验。

第三章

网上支付系统

知识目标

>> 了解网上支付系统的概念；

>> 了解网上支付系统的功能；

>> 熟悉网上支付系统的构成；

>> 掌握银行卡支付系统的业务流程；

>> 掌握网上银行系统的优势；

>> 理解全国电子联行系统的基本概念。

技能目标

>> 熟悉多种网上支付系统的业务流程。

引例

新兴的网上支付平台：汇付天下

　　汇付天下于2006年7月正式成立，是一个以拓展新兴支付渠道为主，提供专业化支付服务的网上支付公司。其总部设在上海，并在北京、深圳、成都等地设立分公司。公司核心团队由中国金融行业资深管理人士组成，拥有雄厚的资金实力。汇付天下自成立以来一直保持快速发展，已成为中国网上支付行业中的领先者。汇付天下与国内商业银行紧密合作并设计推出的新型金融支付交易产品，可以满足企业和个人在全国范围内跨地区、跨银行的汇款需求，更特别的是，汇付天下不仅能提供标准的电子支付产品，还可为每位客户量身定制个性化的服务。其2008年交易量比2007年增长17倍。尽管受到全球金融危机的冲击，2009年交易量仍比2008年增长4倍多，现以交易量超过亿元的业务量处于中国网上支付行业的领先地位。在短短几年时间内能够在国内的第三方支付平台占据相当重要的地位，其原因和它的经营模式是分不开的。

　　汇付天下利用领先的技术为企业和个人用户提供了科学的、快捷安全的解决方案，推出了网上支付、跨行汇款、个人理财等产品及应用。汇付天下不同于其他基于特定行业应用而实施的虚拟账户支付业务的支付公司，它提供的支付服务主要体现在网上支付接入业务、跨行汇款业务和个人理财业务，其成熟的支付接入业务和跨行汇款业务可以向虚拟账户提供充值和取款服务，它的个人理财业务实际上是互联网支付的一项基于金融理财产品的支付应用。因此，汇付天下与其他支付公司在业务定位上有着较为显著的区别，体现着互联网支付市场的不同细分。

　　汇付天下最新研发的产品是"天天盈"。"天天盈"是目前国内首家监管层批准的、专门用于基金交易的资金账户，于2010年4月完成证监会备案。基金公司只需在自身网上销售系统中嵌入"天天盈"账户系统，即可为网上投资者实现与多家银行进行支付结算，降低与各家银行单独接入的成本和后续维护成本。"天天盈"账户系统的账务管理功能方便基金公司实施对账、结算工作，如账户信息查询、账户余额查询、交易查询等。基金公司直销和第三方基金销售机构提供低费率、多银行支持的便利支付结算工具，可以满足个人投资者"持任意银行卡，购买各基金公司直销产品"的需求。

　　目前，汇付天下已服务于航空票务、数字娱乐、基金理财等千余家行业客户，并和各行业内主要的领先公司达成战略合作关系，如中国国际航空、中国南方航空、中国东方航空、网易、搜狐、巨人、新东方、中国平安保险集团、华夏基金管理公司等。

　　通过上述案例，请思考汇付天下成功的关键主要在哪些方面。

第一节　网上支付系统概述

随着经济的不断发展与信息技术的不断进步,人们对支付系统的运行效率和服务质量的要求也越来越高,促使支付系统逐渐从手工操作走向电子化、网络化。

一、网上支付系统的概念

网上支付系统是指消费者、商家和金融机构之间使用安全电子工具将支付信息通过信息网络安全地传送到银行或相应的处理机构,以实现货币支付或资金流转的支付系统,即把新型支付手段的支付信息通过网络安全传送到银行或相应的处理机构,以实现网上支付。网上支付系统主要是用来解决电子商务中各交易实体(消费者、商家、银行等)之间资金流和信息流在因特网上的即时传递及其安全性问题。电子商务中的网上支付系统是电子商务活动的重要系统,也是网上购物和网上支付的重要保证。

一个安全可靠的网上支付系统要涉及环境、技术等许多方面的问题。这些问题主要包括以下几个方面:

(1)要有供交易和参与支付的各方使用的良好网络环境,其中包括网络结构、网络干线与出口带宽、网络运行质量以及用宽带连接的网络转换中心等,也包括一般顾客能接受的上网费用。

(2)要有良好的共用电子商务基础设施。

(3)要有可靠、便捷的后台支付处理系统,并能对不同的支付方式进行正确处理。例如,在处理小额支付时可使用信用卡、电话购物等多种方法,在处理大额支付时可使用转账、电子支票以及网上信用证等方法。

(4)要有可靠的网络安全措施,即除采用高强度加密算法外,还要对网络系统的核心软件配备高强度的交易安全协议,要有防止黑客攻击的有效措施和完善的网上支付的法律保障等。

(5)要有安全、快速、可靠的认证机制,能取得交易各方的信任。

因此,满足上述诸方面需求的网上支付系统,必须是一个公共互连网络环境,其中包括在线网上支付系统、网上支付工具、网上交易安全认证体系、网上信息流安全传输与通信系统等。

网上支付系统对传统支付系统有很大的影响。传统的支付系统主要是以手工操作为主,以银行的金融专用网络为核心,通过传统的信道(邮递、传真等)进行凭证的传递,从而实现货币的支付结算。其中使用的支付工具,无论是现金还是票据、传单,都是有形的,在安全性、完整性、认证性以及不可否认性上有较高的保障,但传统支付系统的效率较低,成本较高。而在网上支付系统中,由于电子商务带来的网络化能将有形的事物无形化,因此,无论是将现有的支付结构转化为电子形式,还是创新出网络环境下的新支付工具,它们都具有无形化的特征。货币可以是智能卡芯片中的一组数据、硬盘中的一个文件,在一次网上支付中,甚至不会产生任何实体的东西,而只是生成若干数据而已。

二、网上支付系统的功能

对一个网上支付系统来说,安全、高效、便捷是各种支付工具所追求的目标。因此,它应具备以下几方面的功能:

1. 安全保密功能

网上支付系统在提供服务时,必须确保在支付过程中,消费者、商家、银行各交易实体间信息的保密性、完整性、可认证性以及交易行为的不可抵赖性。可以使用数字签名和数字证书实现对交易各方的认证和交易的不可抵赖;使用现代密码技术,保证消费者、商家的信息的保密性;使用数字摘要算法确认支付信息的完整性,防止伪造、假冒、篡改等欺骗行为。

🖱 资料链接 3-1

网上支付系统中常见的安全威胁

由于交易各方的交易活动都在互联网上完成的,因此,网上支付通常会遇到如下一些安全威胁:

(1)对机密性的安全威胁。在网上支付系统中,公司的敏感信息或个人信息(包括信用卡号、密码、名字、地址及个人喜好方面的信息等)在公共网络上的传递,通常会面临被窃取而泄露的威胁。这种威胁很容易发生在用户填写表格、提交信用卡信息的时候,恶意者通过截取网络上的数据包来获取机密信息。

(2)完整性被破坏的威胁。网上支付简化了交易过程,减少了人为的干预,同时也带来维护交易各方商业信息的是否完整、统一的问题。由于数据输入时的意外差错或欺诈行为,可能导致交易各方信息的差异。此外,数据传输过程中信息丢失、信息重复或信息传送的次序差异也会导致交易各方信息的不同。更为严重的是,恶意者通过非法手段破坏互联网上信息的完整性。例如,在未经保护的银行交易过程中,恶意者截获一条向银行贷款100万元的信息,然后将"贷"改成"借",或者直接将资金转到他的个人账户中。

(3)对有效性的安全威胁。对有效性的安全威胁又称延迟安全威胁或拒绝安全威胁,其目的就是延迟计算机的正常处理或完全拒绝处理。在电子商务活动中,恶意竞争者通过降低对方网站的服务速度,将顾客"逼迫"到自己的网站上来。

(4)身份假冒的安全威胁。在传统业务中,交易双方现场交易,可以确认购买双方的身份,即对客户而言,商家的商场就是要购物的地方;对商家而言,购买者在现场,无须担心假冒。而电子商务活动是在虚拟的网络环境中进行的,进行交易的用户互不相识,未被授权的用户通常假冒合法用户做违法的事情。

具体来说,网上支付双方所面临的威胁如下:

(1)对商家的威胁。具体包括商家服务器的安全性被破坏,消费者发送虚假订单,客户资料被竞争对手悉,消费者提交订单后不付款;恶意竞争者获取商品的递交状况和货物的库存情况等机密数据,消费者否认事先的交易行为。

(2)对消费者的威胁。具体包括假冒者以客户的名字发虚假订单;通过拒绝服务攻击,使合法用户不能使用正常的服务;客户机密信息(如信用卡信息、PIN、口令等)被截取;商家抵赖,消费者付款后不能收到商品。

2. 实时在线支付功能

实时在线支付是网上支付系统最基本的功能。通过消费者、商家以及银行之间的业务联系,实时实现三者间的在线支付业务。消费者在商家网站购物完毕,商家网站为消费者生成一个订单,如果消费者选择银行支付,消费者就把订单从商家网站上提交至网上银行支付系统,消费者在网上银行的支付页面输入自己的支付账号和支付密码,即可完成订单支付。

3. 处理网上业务的多边支付功能

由于网上业务的支付要牵涉到消费者、商家和银行等多方,其中传送的购物信息与支付信息必须连接在一起,因为商家只有确认了支付信息后才会继续交易,银行也只有确认了支付信息后才会提供支付。但商家不能读取消费者的支付信息,银行也不能读取商家的订单信息,这种多边支付的关系可以通过双联签字等技术来实现。

4. 支持多种金融业务功能

网上支付系统不仅能满足网上购物时支付的需要,还可支持其他金融服务业务,如水电费代缴、网上证券以及手机银行等业务。

5. 支付接口功能

网上支付系统应为商家提供安全方便、开放性的支付接口,提供接口组件,主要包括数字签名、数字签名验证、证书验证、加密解密等处理,支持商家网站将消费者浏览器定向到银行支付系统,指导消费者完成支付过程。

6. 消费者和商家管理功能

网上支付系统为消费者提供开通支付服务、颁发消费者证书、查询交易明细、修改密码等功能,并为商家提供开通 B2C 支付服务、颁发商家证书、退货、查询交易明细、查询退货交易明细、修改密码等功能。

资料链接 3-2

易购 365 的网上支付系统①

上海富尔网络销售有限公司经营的易购 365 是一家以食品百货为经营特色的专业购物电子商务网站。在成立之后的短短几年间,易购已具备完整、快捷、智能的网络配送体系和强大的物流系统的支持。

对于消费者的不同支付请求,易购 365 提供了三种不同的支付方式:现金支付、电子支付和易购 365 联名卡支付,其中易购 365 联名卡主要为中小零售商业业主(B2B)和易购 365 会员客户(B2C)提供会员、消费、结算、转账、存取现金、网上支付、授信贷款等

---

① 电子支付的案例分析[EB/OL]. 2009-4-17[2011-3-3]. http://jwc. hnisc. com/jxzy/jjmy/zyjs/dzsw/ds07/kcjs/alfx/200904/20090417132908. html.

服务,实现网上销售的 32 大类商品、5 000 个品种的完备、快捷、智能的网络配送。

易购 365 已和上海市 11 家大银行合作实现了电子支付。易购 365 通过招商银行的电子支付结构涉及以下几个参与方:客户、易购 365(商家)、China Pay 支付网关、上海银行卡网络服务中心、上海银行卡网络服务中心、招商银行。

China Pay 是由上海市银行卡网络服务中心、上海实业(集团)有限公司和上海华腾软件系统有限公司共同参与、筹划的电子支付专业服务公司,它提供的支付网关成了客户、上海银行卡网络服务中心和招商银行共同完成电子支付的接口。上海银行卡网络服务中心是传统银行专网与 China Pay 支付网关相连的唯一的对外接口,提供了中国国内 11 家商业银行进行电子支付的业务支持,它以上海地区各银行现有的网络为基础,构筑了一个连接市内各银行的计算机网络系统。易购 365 接受主要银行卡的电子支付,并且提供每种卡的使用指南。

易购 365 既采用传统的现金结算,又和上海市 11 家大银行、上海银行卡网络服务中心合作实现了全方位的网上电子支付系统。其网上交易量的日益壮大,预示着网络购物时代的强大生命力和美好未来。

三、网上支付系统的发展趋势

随着电子商务的广泛应用,通过因特网实现的商品销售额迅速增长,网上资金的大量流动严重阻碍了电子商务发展,这就迫切需要金融业提供完善的网上支付中介服务。同时,金融业介入电子商务也能提升金融业本身的竞争能力,为其带来新的利润增长点。网上支付的实现是金融体系原有电子化支付工具应用范围的扩大,并给金融业中不同专业分工的众多企业带来业务上的深刻变化或转型。由于网上支付工具的广泛应用,交易的物品或服务的转移过程和交易支付过程的分离变得更加清晰,支付过程在交易主体的后台进行,不同的交易主体跨银行使用不同的交易工具,银行间的清算业务联系大大上升。金融中介的内部结构也重新调整,形成两层市场结构:下层是金融机构联合体,它是由众多银行组成的非营利性联合体,并管理全社会的支付系统;上层是直接为企业和个人提供中介服务的各种金融企业,这些企业主要是通过提供综合性服务来扩大市场份额。

随着电子商务的发展,网上支付系统的安全性问题成为电子商务安全的核心问题之一,它需要采用一些特殊的安全措施来加以保障。随着网络和安全技术的迅猛发展,电子商务和网上支付技术得到了快速发展和应用。针对因特网的特殊应用环境,人们开发出了许多网上支付工具和支付协议。其中主要的支付工具有信用卡、电子支票和电子现金等,而相应的典型的支付协议有 SET、SSL 等。安全协议在网上支付系统中用于架构服务器和客户之间的安全通道,主要提供三种服务:客户机和服务器之间的相互信任;以加密的方式保证所传输信息的可靠性;保证所传输信息的完整性。

总之,对于网上支付,银行的参与是必需的,网上支付系统必须借助银行的支付工具、支付系统以及金融专用网络才能最终得以实现。支付结算环节是由支付网关、收单行、发卡行以及金融专用网络共同完成的,离开了哪个环节,都无法完成网上支付。电子商务中的网上支付系统是融购物流程、支付工具、安全技术、认证体系、信用体系以及金融体系为一体的综合大系统。由此可知,网上支付系统的建立要受到很多因素的影响,并与这些因素相互促进、动态发展,共同走向成熟。随着市场经济、网络安全技术的迅速发展,会建立一套更加完善的网上支付系统,使之与其他因素相互作用、相互促进,推动电子商务的发展。

第二节　网上支付系统的构成、设计与加密技术

一、网上支付系统的构成

网上支付系统是由参与者及其相互之间的交互协议组成的,目的是在参与者之间进行有效的金融交易。网上支付系统主要由客户、商家、银行等实体组成,商家和客户生成订单支付信息并提交给银行,银行负责处理支付信息并完成交易。从支付的方式看,网上支付系统由三方面决定:支付工具、支付模式和支付范围。其中:支付工具是支付者采用的支付媒介;支付模式是消费者何时进行支付,即预支付或后支付,以及账户的设置等;支付范围是网上支付系统所应用的领域。一个完整的网上支付系统主要由参与者、网络、软件和硬件四大部分组成。网上支付系统的基本构成如图 3-1 所示。

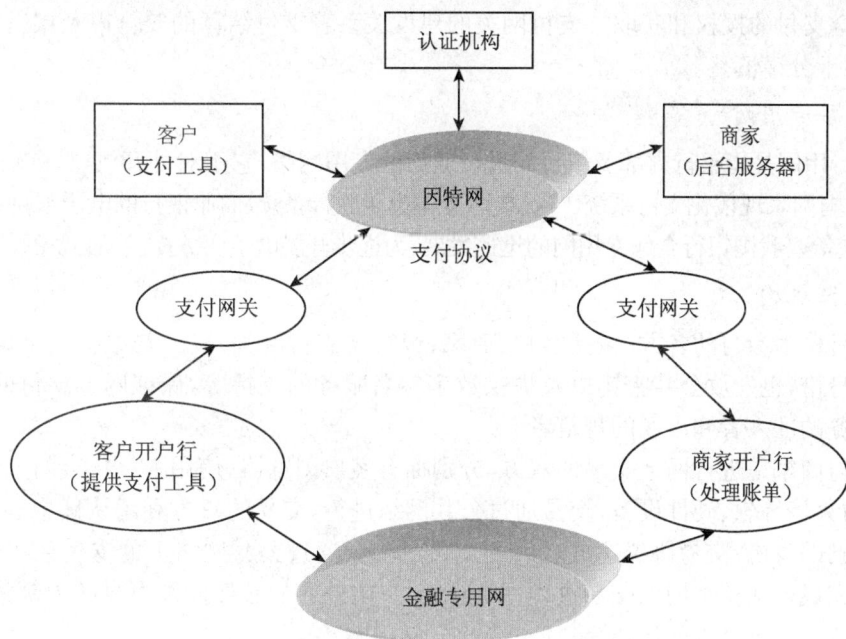

图 3-1　网上支付系统的基本构成

1. 客户

客户一般是指利用电子交易手段与企业或商家进行电子交易活动的单位或个人,是在因特网上与某商家有交易关系并存在未清偿的债权债务关系(一般是债务)的一方。客户用自己已拥有的支付工具(如信用卡、电子钱包等)进行支付,是支付体系运作的原因和起点。

2. 商家

商家是指为客户提供商品或服务的单位或个人,即拥有债权的商品交易的另一方,它可以根据客户发出的支付指令向金融机构请求结算。商家一般设置专门的后台服务器来处理这一过程,包括认证以及不同支付工具的处理。

3. 客户开户行

客户开户行是指客户在其中拥有资金账户的银行。客户所拥有的网上支付工具主要是由开户银行提供的。客户开户行在提供网上支付工具的同时也提供了一种银行信用,即保证支付工具的真实并可兑付。

4. 商家开户行

商家开户行是指商家在其中开设资金账户的银行,其账户是整个支付结算过程中资金流向的目的地。商家将收到的客户支付指令提交其开户行后,就由其开户行进行支付授权的请求,以及进行商家开户行与客户开户行之间的资金清算等工作。

5. 支付网关

支付网关是因特网上公用网络平台和银行内部的金融专用网络平台之间的安全接口。网上支付的电子信息必须通过支付网关处理后才能进入安全的银行内部支付结算系统,进而完成安全支付的授权和获取。支付网关的建设关系着支付结算的安全以及银行自身的安全,因此要十分谨慎。

6. 金融专用网

金融专用网是指银行内部及银行间进行通信的专用网络,它不对外开放,具有较高的安全性,包括中国国家现代化支付系统(CNAPS)、全国电子联行系统、商业银行的电子汇兑系统、银行卡授权系统等。我国银行金融专用网的迅速发展,为逐步开展电子商务提供了必要的条件。

7. 认证机构

认证机构为参与的各方(包括客户、商家、银行与支付网关)发放与维护数字证书,以确认各方的身份,也发放公共密钥以及提供数字签名服务的支持等,保证网上支付的安全性,是电子商务的准入者和市场的规范者。

客户与商家是进行网上交易的双方,分别拥有客户浏览器、信用卡、电子钱包、电子商务服务器、防火墙等软、硬件设备;交易通过公共网络进行,交易的双方利用认证中心颁发的证书证明自己的身份;交易协议达成之后的支付过程则通过公共网络上的支付系统和金融体系网络来完成。在整个网上交易过程中,应随时提防外界的破坏以及自身的内部故障,保护交易的安全。

除以上七大构成要素外,网上支付系统的构成还包括在网上支付时使用的网上支付工具以及遵循的支付协议。

二、网上支付系统的设计

(一)网上支付系统的安全性要求

网上支付系统的安全性是电子商务安全问题的核心和关键。因特网本身的开放性及网络技术发展的局限性使电子商务面临着种种安全性威胁。网上支付系统安全性要求主要包括以下几个方面：

1. 身份认证要求

网上支付的首要安全要求就是保证身份的可认证性。在双方交易前，必须对交易双方的身份进行检验，确认其身份是真实合法和可承担责任的，不能被假冒或伪装。身份认证采用口令技术、公开密钥技术，或数字签名技术和数字证书技术来实现。

2. 信息保密性要求

网上支付另一个重要的安全要求就是支付信息的保密性。要充分保证在一个开放的网络环境上所传递的敏感信息，如账户、密码、商业机密信息等不被非授权的第三方窃取，就要对敏感信息进行加密，即使别人截获或窃取了数据，也无法识别信息的真实内容，从而保证信息不被泄露。

3. 信息的有效性要求

网上支付系统中信息的有效性将直接关系交易各方的经济利益和声誉，因此要对网络故障、操作错误、应用程序错误、硬件故障、交易软件错误以及计算机病毒所产生的潜在威胁加以控制和预防，保证网上支付所传输的数据在确定的时间和确定的地点的有效性。这些安全要求可以通过数据加密技术来实现。

4. 信息完整性要求

网上交易各方信息的完整性是电子商务的基础，要确保交易各方能够验证收到的信息是否完整。必须防止恶意者对信息的随意生成、修改和删除，同时也要防止数据传送过程中信息的丢失和重复，并保证信息传送次序的统一。

5. 不可抵赖性要求

网上支付系统应具备审查能力，以杜绝交易任何一方的抵赖行为，确保网上支付过程的各个环节都是不可抵赖的，即交易一旦达成，发送方不能否认他发送的信息，接收方也不能否认他所收到的信息，同时由各方都信任的权威机构对交易过程进行记录，从而防止任何一方出现抵赖行为。这可以通过数字签名技术和数字证书技术来实现。

（二）安全的网上支付系统需要考虑的主要因素

虽然在不同的环境与目标下，网上支付系统设计强调的重点各不相同，但每个安全的网上支付系统都必须考虑以下因素：

1. 确定支付系统的参与方

一个支付系统基本的参与方是客户（包括商家和消费者）和银行，也可以根据需要引入第三方，如果引入第三方就需要考虑第三方的可信度及其地位与作用。

2. 支付时间的确定

根据支付时间的不同有预支付、即时支付和后支付三种支付方式，国外很多网上支付系统中都采用预支付的方式。因此，在网上支付系统设计时必须根据使用环境选择合理的支付时间。

3. 支付工具的确定

根据系统目标以及使用环境选择恰当的支付工具。

4. 密码技术的选择

目前可提供安全性的密码技术众多,例如,保护匿名性可以采用盲签名或半盲签名技术,实现不可信任的身份认证可以采用零知识证明技术,实现传输信息的保密性可以采用单钥或双钥加密技术等。然而,采用不同的密码技术,会有不同的安全特性以及不同的执行效率,这将直接影响到系统的实用性,因此密码技术的选择也是一个关键因素。

5. 在线或离线系统

在线与离线系统在实际的应用中各有优缺点。例如,在线系统虽然实时性好,但容易存在通信的瓶颈问题;离线系统虽然可以提高交易的效率,但容易引发透支等不安全因素。因此,必须要综合考虑众多因素并最终确定合适的处理方式。

(三)网上支付系统的设计原则

设计网上支付系统时,在功用性、可用性和可靠性等方面应遵循以下原则:

1. 即时支付性

网上支付系统的目的是实现网上交易的即时支付,从而使客户与商家的关系如同正常购物交易关系一样。

2. 易操作性

简便、易操作是由电子商务自身的特点所决定的,它不要求客户和商家掌握很多技巧,因为复杂的支付操作程序将会丧失网上支付的优势。

3. 开放性

由于互联网本身具有开放性的特点,使得建立在其上的网上支付系统也要具有开放性的特点。

4. 兼容性

网上支付系统应能够完全兼容现有的国际标准 SET 1.0 和异种平台运行环境。

此外,网上支付系统还应具有全天候服务、异地交易以及交易费用低廉等特点。

(四)网上支付系统的流程设计

网上支付系统的流程如下:

(1)用户浏览商家网站,选择合适的商品,并向商家发送购买请求。

(2)商家的后台服务器将经用户核对后的订单进行数字签名,提交到网上支付系统。

(3)支付网关调用支付界面,要求用户填写账户信息。

(4)用户用支付网关的公开密钥对账户信息进行加密后,再传递给网上支付系统的支付网关。

(5)网上支付系统支付网关核对用户提供的账户信息并进行数据转换,再通过金融专用网或专线发给金融机构,要求核对用户账户信息。

(6)金融机构将核对的结果和用户用于支付确认的信息传递给支付系统。

（7）支付系统将金融机构传递来的用户支付确认信息传递给支付确认系统，要求进行支付确认。

（8）支付确认系统接收到要求确认的信息后，进行支付确认预处理，然后按事先选择好的确认方式通知用户进行确认。

（9）用户进行确认，然后提交给支付确认系统。

（10）支付确认系统比较金融机构和用户提交的支付确认信息，如果一致则进行下一步的确认，否则返回错误，最后支付确认系统将确认结果返回给网上支付系统支付网关。

（11）确认成功，金融机构告知用户其支付请求被认可，资金已从他的账户上划出；否则告知用户，他的支付请求不被认可。

（12）确认成功，金融机构将返回结果发送给商家，并通知商家发货；否则通知商家交易失败。

（13）确认成功，要求金融机构划款，最后商家开户行返回数字签名的划款信息，交易完成。

（五）网上支付系统所涉及的费用

网上支付系统中涉及的费用主要包括以下几个部分：

（1）电子信用卡费用。这部分费用由存/取款人支付，代替以前的电话费用与有关信用卡操作的花费等。

（2）客户、企业、销售商店或销售商给为自己开设账户的商业银行和信用卡公司支付少量的服务费用，以便自己的商务活动或企业活动完全成为网上支付活动。

（3）使用网上银行支付系统的各方，需要支付网络入网费和网络服务费。

（4）网上支付系统中广泛使用的网上支付服务器、网上交易记录器、电子钱包管理器、电子钱包软件等通常都是免费提供的，可以直接使用与自己银行账号相连接的网上银行支付系统服务器上的相关软件，也可以从因特网上直接调出来使用。

三、网上支付系统的加密技术

网上支付信息的保密性是网上信息安全性的一个重要方面。保密的目的就是防止对手破译信息系统中的机密信息。加密技术就是一种用来防止信息泄露的技术。在网上支付系统中，采用加密技术将信息隐蔽起来，再将隐蔽后的信息传输出去，使信息在传输过程中即使被窃取或截获，窃取者也不能了解信息的内容，从而保证信息传输的安全。加密是实现信息保密性的一种重要手段，任何一个加密系统至少包括四部分，即未加密的报文（也称明文）、加密后的报文（也称密文）、加密/解密设备或算法以及加密解密的密钥。发送方用加密密钥，通过加密设备或算法，将信息加密后发送出去；接收方在收到密文后，用解密密钥将密文解密，恢复为明文。如果传输中有人窃取，窃取信息者只能得到无法理解的密文，从而对信息起到保密作用。因此，如果一些重要数据存储在一台不安全的计算机上，或在一个不安全的信道上传送，使用加密技术就可以保证只有持有合法密钥的一方才能获得明文。按照密钥使用方式的不同，可将加密技术分为对称加密和非对称加密两类。

1. 对称加密

对称加密也称密钥加密或专用密钥加密，是指对信息的加密和解密都使用相同的密钥，发送和接收数据的双方都使用相同的密钥对明文进行加密和解密运算。如果进行网上交易的双方能够确保专用密钥在密钥交换阶段未发生泄露，就可以通过对称加密技术加密机密信息，并随报文一起发送报文摘要或报文散列值，从而保证报文的机密性和完整性。

对称加密技术最大的优势是速度快，它是目前信息加密的主要技术。它的缺点是：密钥本身必须进行安全交换，以使接收者能解密数据；密钥的分发和管理也非常复杂，如果某一交易方有几个交易关系，它就要维护几个专用密钥；它无法鉴别交易发起方或交易最终方，因为交易双方的密钥相同；此外，对称加密系统仅能对数据进行加密/解密处理，不能用于数字签名。

2. 非对称加密

非对称加密也称公开密钥算法。非对称加密需要两个密钥，即公开密钥和私有密钥。公开密钥与私有密钥是一对，公开密钥用于对机密信息的加密，私有密钥则用于对加密信息的解密。任何人都可以使用公开密钥给信息加密，但只有与该公开密钥相配的私有密钥的拥有者才能对信息解密。公开密钥（即加密密钥）通过非保密方式向他人公开，而私有密钥（即解密密钥）则用于保存。

非对称密钥很好地解决了对称加密中密钥数量过多而难以管理以及费用高等问题，并且也无须担心传输中私有密钥的泄露，保密性能要优于对称加密技术。但非对称加密算法复杂，加密及解密数据的速度较慢。

第三节 我国目前的支付系统

我国的金融系统是以国有商业银行为主体、多种金融机构并存的现代银行系统。经过多年的努力，我国已初步建立了与银行体制相适应的网络基础结构和支付系统。下面重点介绍几种应用比较广泛的支付系统。

一、银行卡支付系统

我国目前的银行卡支付系统是以转账卡为基础，以信用卡为核心，借记卡和准贷记卡并行发展的。银行卡在我国目前的支付系统中扮演着越来越重要的角色，并已经形成了一定的市场规模，但整体普及程度与欧美、日本甚至东南亚国家和地区相比都有较大差距。全国金卡工程的实施，促进了我国信用卡业务的联营和发展。

（一）银行卡支付系统的总体结构

银行卡支付系统主要由三层组成，即银行卡终端、银行卡终端管理系统和银行卡交换中心系统。银行卡交换中心又可分为一级交换中心和二级交换中心。一级交换中心是整个银行卡支付系统的核心，是行内银行卡的交换中心，它上连中国人民银行全国银行卡中心（交换总中心），下连银行所在省市交换中心（二级交换中心）。

1. 银行卡终端

银行卡终端包括自动柜员机（ATM）、销售终端（POS）、银行营业柜台终端，它们提供银行卡服务的客户接口,是整个系统的基础,也是防范系统入侵的第一个重要保护点。银行卡终端通过配置银行服务器证书,用于与客户和商家之间的信息加密、身份识别、数字签名,同时为客户和商家提供注册服务、支付服务和查询、对账服务等。

2. 银行卡终端管理系统

银行卡终端管理系统用于连接和监控一个地区的多台银行卡终端,银行卡终端管理系统运行在二级交换中心的前置机上,控制管理 ATM、POS 和其他银行终端设备,与终端系统和后台系统一起承担业务任务和安全控制任务,降低资金风险,提高服务水平。

3. 银行卡交换中心

银行卡一级交换中心是用于连接不同地区、不同银行的银行卡系统的信息交换和管理中心。它不需要管理 ATM、POS 等银行卡终端这些复杂的机械设备,但它是商业银行内部的网络管理中心、系统安全控制中心、清分中心、银行卡系统网络交换的控制中心以及通往中国人民银行银行卡中心的行内唯一出口。银行卡一级交换中心是银行卡系统的核心系统,在工程启动和设计阶段,交换中心负责银行卡系统的需求分析、功能设计、通信网络体系结构设计以及各种接口规格、交易报文的控制流程的设计、银行卡系统安全策略的设计;在开发实施和联调阶段,交换中心是工程实施的组织指挥者;系统投产后,交换中心是网络的管理中心,负责通信网络的监控、交易权限监控、网络安全管理、日终对账与资金清算。银行卡二级交换中心的作用如银行卡终端管理系统中所述。

银行卡支付系统总体结构如图 3-2 所示,图中的清算银行是指直接参加票据交换、进行票据清算的银行。

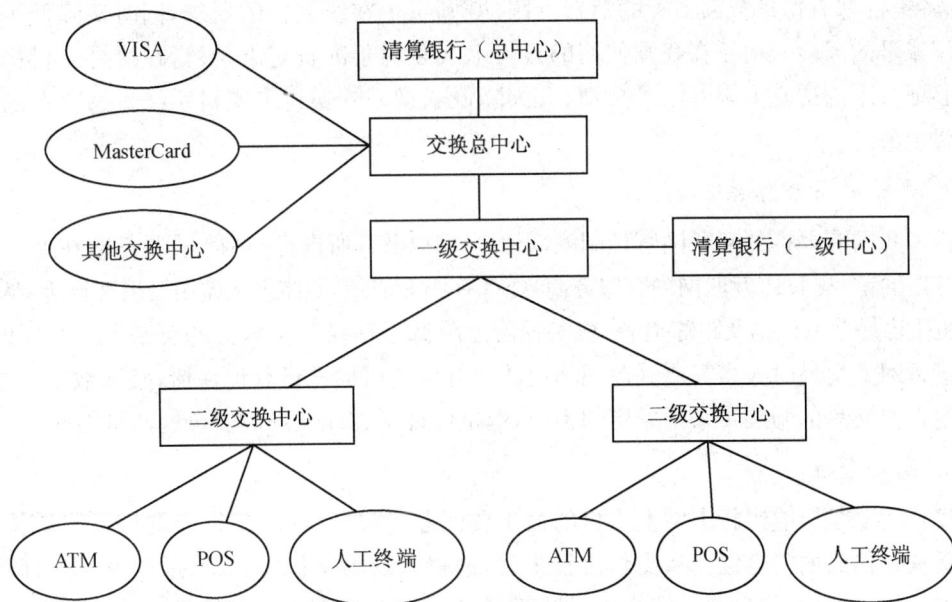

图 3-2　银行卡支付系统总体结构图

(二) 银行卡支付系统的参与者

银行卡支付系统主要包括以下几个参与者:

(1) 发卡行。发卡行是指发行可以在支付系统中使用的银行卡的银行,由发卡行将银行卡签发给持卡人或单位。

(2) 收单行。收单行包括两种类型:一种是与商户签约的银行,持卡人在商户消费、购物,商户会把收到的签账单交到此行;另一种是利用银行本身的自动柜员机或柜台,向发卡行的持卡人提供提取现金服务的银行。

(3) 商户。商户是和收单行签有协议、接受银行卡消费的购物店铺或提供服务的服务机构(如酒店、美容院等)。

(4) 持卡人。持卡人是持有发卡行所发行的银行卡,并可在授权交换系统中心使用银行卡的个人或单位。

(5) 银行卡信息交换中心。银行卡信息交换中心是向网络内发卡行及收单行提供授权转接、清分结算等交易处理功能的机构,同时也向清算银行提供资金清算的净差额数据。

(6) 清算银行。清算银行负责定期向各参与银行报告其账户情况。

(三) 银行卡支付系统的特点

现阶段,我国银行卡支付系统具有以下几个方面的特点:

1. 低风险的借记卡支付系统

银行可根据支付指令实现即时扣款或冻结,不存在透支或拒付的风险。对于每个借记账户,各银行都有每日金额不等的消费上限,既满足了在线支付的要求,同时又降低了欺诈和盗用账号的风险。由于在我国使用的银行卡大多属于准贷记卡,银行在接受支付指令时实时验证有限的透支上限并给予反馈,大大降低了像国外银行卡支付系统普遍存在的盗用与拒付现象。

2. 严格的管理体系

由于我国有严格的互联网管理制度,居民上网以及其所进行的网上交易活动在 ISP(互联网服务提供者)及 ICP(互联网内容服务商)处都有详细记录,即使出现盗用及黑客行为,从技术角度也很容易获取证据及跟踪追查,很大程度上降低了在线买卖双方的交易风险。同时,在我国进行网上交易时大多需要网民到当地的银行分支机构进行登记注册,获取数字证书,这虽然给在线交易的开展带来了一定的不便,但也保证了在线交易的安全性和可靠性。

3. 高安全性

安全问题是影响银行卡网上支付的最主要问题,我国目前的银行卡支付系统从技术角度来看具有很高的安全性。从支付流程来看,消费者发出支付指令,通过商家、支付服务商到达银行的过程中,信息通过安全协议加密,在普通的浏览器上便可实现。虽然理论上存在被截获和破译的可能性,但其安全性已经达到国际通用的标准。同时,消费者输入敏感信息(如账户及密码)的页面一般是由支付网关或银行产生的,具有更高的可信度,商家将无法得到敏感信息,从而也就没有了卖方欺诈的可能性。

（四）银行卡支付系统的业务流程

传统的银行卡支付是在商家、持卡人以及其各自的开户银行间进行的，整个支付是在银行内部网络中完成的。利用银行卡进行网上支付，与现实生活中传统的银行卡购物过程基本相似。使用银行卡进行网上支付的业务过程可以分为以下三个阶段：

(1) 客户完成购物。客户利用浏览器浏览因特网上各商家的主页，得到商家货物明细单；客户挑选所需的货物，并将选择的商品放入虚拟购物车或虚拟购物篮内，客户用银行卡向商家支付；商家服务器访问客户的发卡银行，由客户的开户行对客户的银行卡账号及所购货物的数量进行认证，银行完成认证后，通知商家购物过程是否向下继续进行；商家通知客户业务是否已经完成；客户验收货物并签收。

(2) 从客户账户向商家账户转账。商家服务器访问商家的开户银行，并向银行提供购物的收据；商家开户银行访问发卡机构，以取得商家销售货物所应得到的款额。

(3) 发卡机构通知客户应付款额，并为客户下账单。发卡机构根据一段时间内（可能一个月）客户购物时应向各商家支付的款额，为客户下账单，并通知客户。

具体来说，银行卡支付系统的业务流程如下：

(1) 客户访问商家网站主页，浏览商品，验证商家 CA 证书，申请空白订货单。

(2) 客户挑选商品、填写订单，同时输入银行卡卡号，并输入身份识别码，由浏览器扩展部分进行验证，如果符合就打开银行卡，读取卡中数据，并由用户形成支付指令，与订单同时发往商家。

(3) 商家服务器中的支付处理模块在收到订单信息和支付信息后，初步确认客户的交易目的，并在对客户身份认证完成后，将两种信息发往银行卡信息中心进行确认并申请授权。

(4) 经支付网关检查过的合法支付指令被传送到银行卡信息中心进行联机实时处理，经过对银行卡的真实性、持卡人身份合法性以及信用额度的确认后，银行卡信息中心决定是否授权，并将产生的结果传回商家服务器。

(5) 在接到银行卡授权之后，商家就可继续交易，向客户发送货物，并向客户索取交易完成的标志。

(6) 银行卡信息中心将银行卡授权产生的转账结算数据传往收单行进行账务处理。

(7) 收单行将转账数据及相关信息传往发卡行进行认证。这种在银行卡信息中心认证基础上的再认证，充分保证了银行卡支付系统的安全性。转账业务经发卡行认证后再传回收单行；发卡行将客户的消费金额记入其消费信贷账户中，并开始计息；收单行则把商家的货款记入其存款账户中。至此，转账过程结束。

银行卡网上支付系统的这种结构和业务模式非常适合 B2C 模式，小额的 B2B 模式也比较适用。银行卡信息中心的建立既可提高整个系统的处理效率，而且国际性的银行卡信息中心还可进行国际间的认证业务，使银行卡能跨国使用，给电子商务跨国界交易带来了便利。

五大国际信用卡组织①

VISA:VISA 是目前世界上最大的信用卡国际组织。VISA 是一个开放的银行卡组织,是由 200 多个国家和地区、22 000 多家会员银行或其他金融机构参与的非股份、非营利的国际性组织。美洲银行在 1966 年成立了专营信用卡业务的美洲银行卡公司,吸收了美国多家中小银行加盟联营。为了扩大美洲银行卡的势力范围,美洲银行卡公司在立足于美国市场的基础上,开始向国际市场进军。20 世纪 70 年代,美洲银行卡公司与一些西方国家的商业银行开展业务合作,势力范围迅速扩展到国际领域。1974 年,在美洲银行卡公司的基础上成立了国际信用卡服务公司(IBANCO),同年采用 VISA 作为该组织的标志,VISA 国际组织正式成立。作为一个非营利性的会员组织,VISA 的资金来自两个渠道:会员根据信用卡消费额每季度支付的服务费;会员向 VISA 国际组织交付的 VISA 通信网络(VISA Net)的使用费。VISA 国际组织并不直接向持卡人发卡,也不与特约商户直接发生业务关系,而是为会员提供一个经营框架。在框架范围内,会员可根据既定的章程和规则向持卡人和特约商户提供在全球范围内的 VISA 产品与服务项目,自行决定经营模式、经营规则及收费标准,旨在激发会员的竞争意识和市场开拓能力。

MasterCard:富兰克林国民银行在 1966 年联合 16 家银行成立银行同业信用卡协会 Interbank Card Association,并在 1976 年更名为 MasterCard(万事达)国际组织。MasterCard 是 VISA 的战略合作伙伴,也是一个开放的银行卡组织,本身并不发卡,而是由其会员银行发行带有"MasterCard"标志的银行卡。它们的组织结构、运作机制非常相似。它们通过商户网络、结算清算交易资源的共享,解决了中小发卡机构自行投资建设网络成本高、效率低、效益差的问题,并且吸引了大量中小银行发卡,提高了对两大组织数据转接、授权处理能力的利用率,获得了显著的规模经济效益,进而发展成为全球性的垄断机构。

运通卡:美国运通公司是一家独立的股份制有限公司,创立于 1850 年,初期主要经营速递货运业务。此后,美国运通公司不断扩展业务领域,推出了一些与金融服务有关的新业务。1958 年美国运通卡正式发行;1962 年美国运通卡的国际银行卡业务与旅行支票业务的不断增长促成并发展了美国运通公司第一个全球计算机系统,运通将信用卡与旅游服务两类业务很好地结合起来,在美国及全球市场份额中占有重要位置。与 VISA 和万事达国际组织不同,运通是全球信用卡领域中最大的一家独立经营信用卡业务的跨国公司,是一家封闭的银行卡组织,同时做发卡业务和收单业务。1966 年运通向美国中高收入阶层推出了运通金卡,1970 年运通公司推出了运通公司卡,1984 年又向高收入阶层推出了运通白金卡。可以说,运通服务于高端客户的历史长达百年,积累了丰富的服务经验和庞大的优质客户群体。

JCB:JCB 信用卡是 JCB 信用卡公司推出的信用卡品牌。JCB 公司是日本最大的信

---

① 王学斌.银行卡市场研究:一个网络经济学视角[J].中国博士学位论文全文数据库,2006(4):14-15.

用卡公司,也是唯一独立于美国信用卡体系的信用卡集团。它与 VISA 和 MasterCard 一样,也是开放的银行卡组织,也是一家非营利机构。1961 年,JCB 作为日本第一个专门的信用卡公司宣告成立。JCB 的国际战略主要瞄准了工作、生活在国外的日本实业家和女性。为确立国际地位,JCB 也对日本、美国和欧洲的商户实现优先服务计划,使其包括在 JCB 持卡人的特殊旅游指南中。

Diners Club:Diners Club(大莱卡)于 1950 年由创业者 Mc Mamaca 创办,是第一张塑料付款卡,最终发展成为一个国际通用的信用卡。1981 年花旗银行接受了 Diners Club International 卡。大莱卡公司的主要优势在于它在尚未被开发的地区增加其销售额,并且巩固该公司在信用卡市场中所保持的强有力的位置。大莱卡公司通过大莱现金兑换网络与 ATM 网络之间所形成的互惠协议集中加强了其在国际市场上的地位。大莱卡公司也是一家封闭的、独立的银行卡组织,它的运作机理跟运通很相似。

二、ATM 系统和 POS 系统

(一) ATM 系统

1. ATM 系统的概念

ATM 系统即自动柜员机系统,是利用银行发行的银行卡,在自动柜员机(ATM)上,执行存/取款和转账等功能的一种自助银行系统。ATM 系统主要包括以下几个部分:持卡人、自动存/取款机(ATM)、发卡行、清算银行和交换中心。由于 ATM 系统可在广泛的场所为客户提供全天候的日常银行业务服务,同时又具有快捷、安全的特点,因此大大方便了客户,深受客户的欢迎。ATM 系统的应用,有效地提高了银行的效率,降低了银行的运行成本,是客户与金融机构层次最典型的银行卡授权支付系统的代表,也是最早获得成功的电子资金转账系统。

ATM 系统是无人管理的自动、自助的出纳装置,是一种为方便银行卡持卡人进行自我服务的设备。客户可以直接在自动柜员机上以联机或脱机方式,自行完成存/取款和转账等金融交易,可以通过 ATM 系统完成自我服务,如自助办理存款、取款、转账、查询及修改密码等业务,既减轻了银行柜台服务的压力,又缩短了客户办理银行业务的等待时间,给银行带来了巨大的经济效益。随着银行计算机网络的不断完善,ATM 系统还可以提供一些特定的非金融业务,如代售邮票、自助账单打印等。利用 ATM 系统,银行可以把对客户的服务扩大到银行柜台以外的地方。ATM 系统是银行柜台存/取款系统的延伸。

2. ATM 系统的分类

ATM 系统按网络性质的不同,可分为专有系统和共享系统。专有系统服务的对象是本行客户,共享系统的服务对象除了本行客户以外还包括其他银行的客户。根据作用范围的大小,还可将共享系统区分为地区性的共享系统、全国性的共享系统和全球性的共享系统。

(1) 专有系统。专有系统是一个金融机构独自购置网络硬件和软件,并独自发行其银行卡的系统。该系统的优点是金融机构可完全控制整个系统及其所有的装置,其产品仅为该金融机构所识别。其缺点是投资大,交易额受该金融机构的持卡人规模所限制,偿还期长。

（2）共享系统。共享系统是一个或多个金融机构的客户，在由发卡行或非发卡行所在的金融机构控制的 ATM 上进行存/取款交易的系统。从技术上看，在一个专有的 ATM 网络中，当业主银行将其多余的 ATM 服务销售给往来银行时，这个网络系统就是一个共享系统。但由于网络的控制权仍归业主银行所有，从性质上讲，依然是专有系统。

一个共享的 ATM 系统要求所有成员银行都要放弃独立对系统作出决定和鉴别网上产品的特权。共享系统的参与者，都可以通过系统中的所有 ATM 为客户提供本行的 ATM 服务，而每个成员行只需承担一部分的开发和运行费用。一个共享系统的某些方面可以是专有的，但所有的共享系统都必须具有分享存/取款和协作控制这两项最关键的公共特点。

共享 ATM 网络进一步发展，就会形成全国性共享的 ATM 系统。这种全国性共享的 ATM 系统，既可使各金融机构平摊新产品的开发费用和风险，又能大大降低支付产品的运行管理费用，同时还能克服地理限制，使地区银行能经营跨地区的银行业务。全国性共享的 ATM 交换网络的建立，将对未来的网上支付系统产生重大的影响。

3. ATM 系统的功能

ATM 系统可通过自动柜员机提供以下功能：

（1）存款功能。即可以存款到支票账户或存款账户。

（2）取现功能。即可以从支票账户、存款账户或信用卡账户提取现金。

（3）转账功能。即可实现从支票账户到存款账户、从存款账户到支票账户以及从信用卡账户到支票账户的转账等。

（4）非现金交易功能。即可实现如修改个人密码、支票确认、支票保证、验证现钞及缴付各种公共事业账单等服务。

（5）账户余额查询功能。即当客户提出查询请求后，系统就检索该特定账户的余额，并将结果显示在屏幕上或打印出来。

（6）管理性功能。即可实现如查询终端机现金余额，终端机子项统计，支票确认结果汇总，营业过程中现金耗用、填补及调整后的数据，安全保护等功能。

4. ATM 系统的工作方式

依据 ATM 系统工作时是否与银行主机相连，可分为脱机和联机两种工作方式。

（1）脱机工作方式。脱机工作方式是指 ATM 与银行主机从物理上是相分离的，ATM 依靠其控制机的软件独立运行，它与银行主机之间通过定时交换软件来传递"黑名单"、ATM 流水账、交易日志等重要信息。在这种脱机工作方式下，对银行卡的认证由 ATM 内部的控制机完成，账务记载由银行主机在日终处理时一次性完成。脱机方式适用于在计算机应用的初期，银行网络尚不完善的情况下，或在通信条件不好的特定环境下使用。这种方式我国已不再采用。

（2）联机工作方式。联机工作方式是 ATM 通过通信线路与银行主机直接相连，每笔银行卡的交易均由 ATM 实时传输到银行主机进行认证，同时进行账务记载的方式。与脱机工作方式相比，联机操作需要完备的通信系统，成本较高，但对银行来说，它有保证资金安全、及时更新主机文件和有效监控交易处理等方面的优点。联机工作方式还可以实现查询账户余额、实时转账等功能。

5. ATM 系统的安全性问题

ATM 系统的安全性问题主要包括 ATM 系统的数据保密、消费者身份确认、纸币的确认和 ATM 机身保护等几个方面。

（1）ATM 系统的数据保密。ATM 系统的数据保密就是要确保 ATM 端与银行的中央计算机处理系统端进行数据传送、核对资料过程中的数据不被泄露和盗取。目前比较安全的加密方法是利用三种加密标准，同时还必须经常转换解码密钥，以确保数据信息核对过程中的安全。

（2）消费者身份确认。消费者身份确认除了以往的个人密码认证的方法以外，还可以采用一系列先进的生物测定技术，如利用虹膜识别技术，通过识别用户特定的虹膜图像来确认消费者的身份。

（3）纸币的确认。ATM 的存款确认部分要有较强的纸币验证功能，从而能有效地拒绝一切不符合确认条件的纸币。

（4）ATM 机身保护。对于 ATM 机身保护的方法有：推广使用装置体积更大及更重的保管箱，提供更安全可靠的保安锁、警钟及更完备的闭路监控装置。

（二）POS 系统

POS 系统是随着计算机与通信技术的发展而逐渐产生和发展起来的。持卡人在消费点消费时，可以通过 POS 系统直接进行电子资金转账，从而使银行业务扩展到商品流通领域，不仅大大加强了银行的金融中介作用，给银行带来了经济利益，更重要的是扩大了银行的职能，并为银行从交易领域进入信息领域奠定了重要的基础。

1. POS 系统的概念

POS 系统即销售终端系统，是通过自动读取设备（如收银机）在销售商品时直接读取商品销售信息（如商品名、单价、销售数量、销售时间、销售店铺、购买顾客等），并与通信网络和计算机系统连接，对销售点的商品零售进行实时管理的系统。其主要任务是对商品交易提供数据服务和管理功能。POS 系统主要由以下几个部分组成：POS 终端、集线器或终端控制器、通信网、交换中心、各银行主机系统和其他银行卡授权系统。

POS 终端是一种多功能终端，把它安放在银行卡的特约商户和受理网点中并与计算机联网，就能实现电子资金自动转账，它具有支持消费、预授权、余额查询和转账等功能，使用起来比较安全、便捷和可靠。消费者在特约商店购买商品或接受服务后，需要支付款项时，将银行卡插入 POS 终端，输入的数据就会通过通信线路传送到银行，银行从消费者的账户中支出款项，并存入特约商户的账户中。

2. POS 系统的优势

POS 系统的应用，使消费者与商品之间的现金及支票交易、商业与服务业之间的业务结算，以及各家银行之间的业务处理，都由烦杂的处理变成轻松简便、安全有序的运作过程。随着 POS 系统的推广应用，在加快货币电子化进程的同时，也提高了社会整体的工作效率，获得了较高的经济效益和社会效益。其优势主要表现在以下几个方面：

（1）操作简单，服务方便。POS 系统的使用，实际上是变相地增加了银行柜台业务的网点,延长了银行的营业时间。而且 POS 终端直接设置在特约商户销售点,可免去客户到银行柜台等候的时间,银行则可降低服务成本,使人员安排更合理,从科学管理中赢得经济效益。

(2) 减少现金流通量。使用 POS 系统后,客户在商业服务网点购物消费,只需以银行卡记账支付,全过程不用现金即可完成资金清算,大大减少了现金流通量,从而也大大减少了货币的印制,纸张的消耗,钞票的清点、运送和保管等许多既消耗资源又是重复性的劳动,为社会节约大量的人力、物力和财力,提高了整个社会的经济效益。

(3) 加速资金周转。随着 POS 系统的广泛应用,消费者的购物、娱乐等消费活动的支付过程只需几秒就可实现,账户间的资金转换只需在银行内部进行。对银行而言,存款总额不变,实现了资金的快速清算,资金的周转期缩短,周转费用降低,提高了资金周转率。

(4) 确保资金安全。社会上伪造货币及随身携带大量现金被偷抢的事件时有发生,而使用 POS 系统就能有效地防止这些情况的发生。这是因为:一方面,我国的银行卡都有一套严密的防范措施,一旦丢失或被盗,通过挂失仍能保证资金安全;另一方面,只要立即挂失,止付名单马上传到 POS 机上,POS 系统只要几秒就能自动判断是否为"黑卡",而且银行还设有个人密码,且电子资金转账系统的安全措施更加严密,为持卡人、特约商户和银行提供了资金的安全保障。

(5) 促进社会电子信息化的进程。大力发展 POS 系统,实现货币电子化,使银行与商业、服务业等部门的结算和支付方式发生彻底变革。银行在电子信息化的进程中既可提高自己的经营实力,又可提高市场竞争力;而商业与服务业等特约商户可通过 POS 系统吸引更多的客户,这在一定程度上促进了整个社会的进步。

3. POS 系统的功能

POS 系统实施的目的就是使银行电子化业务扩展到商品流通领域,加快银行电子化建设的步伐,改善银行卡的用卡环境。因此,POS 系统有以下几个方面的功能:

(1) 管理功能。以联网联机处理为主的 POS 系统,能实现储蓄网点和特约商户中银行卡的联机账务处理和确认处理,具有相应的 POS 管理功能。

(2) 自动授权功能。POS 系统具有银行卡的自动授权功能,如自动查询银行卡止付黑名单,自动检测银行卡是否有效或过期,自动检查银行卡余额、透支额度等,从而使商家在安全可靠的前提下迅速为客户办理银行卡交易。

(3) 信息管理功能。信息管理功能是指在 POS 系统上完成一笔交易后,POS 系统还具有为客户和商家自动更新在银行的档案功能,以便今后查询。同时也可为商家更新存货资料及相关的数据库文件,以提供进一步的库存、进货信息,协助商家的决策管理。

(4) 自动转账功能。POS 系统可自动完成客户的转账结算,即依据交易信息将客户在银行开立的银行卡账户中的部分资金自动划转到商家在银行开立的账户上。具体来说,POS 系统具有消费付款、退货收款、账户间转账、修改/查询交易进程、查询余额、核查密码并打印输出账单等功能。

4. POS 系统的安全性问题

POS 系统的安全性是指保证正确、安全使用系统的能力,对未经授权使用的人、卡以及

POS 设备访问系统的可禁止程度。POS 系统的安全性问题主要包括 POS 交易的完整性、交易的隐秘性和交易的认证性等。

（1）完整性。交易的完整性是指 POS 系统应确保系统中各部分交易数据正确和真实可靠，防止对系统交换信息的非法更改和重复使用。POS 系统的完整性措施一般应包括数据库的完整性和一致性设计、交换信息有效性和正确性的校验以及交易完整性的实现。因此，交易数据和相关重要数据要经过加密后以密码的方式在 POS 系统中传输，并且在电文后还要加送电文识别码，从而使接收方通过电文识别码来检验电文在传输过程中是否被篡改。

（2）隐秘性。交易的隐秘性是指 POS 系统应确保系统中各项敏感数据不被非法暴露及外泄，以保护用户数据的完整性和保密性。POS 系统的隐秘性措施最常用的是数据加密，交易类型限制和对 POS 终端、系统用户的合法性进行有效管理。现阶段一般采用个人识别码（即 PIN）来识别持卡人的身份。

（3）认证性。交易的认证性是指在处理每笔 POS 交易前，系统要事先确认该笔 POS 交易是由有权单位发送的，严防伪造的非法交易发生。为确保交易的安全性，每个终端用户和每台 POS 终端机都要有一个密码，这个密码可由终端用户自设，且一旦设定，就会存入系统的密码文件中。除极少数有权限的人能读写该文件外，其他人都无法查看。

三、网上银行系统

网上银行系统是现代信息技术在银行管理及其金融服务中的拓展，随着因特网的快速发展和电子商务的兴起，我国的商业银行从 20 世纪 90 年代中后期开始建立网上银行系统，为客户提供网上支付和网上银行服务。进入 21 世纪以后，网上支付和网上银行服务随着电子商务的发展而得到了更好的发展机会。网上银行系统通过互联网这一公共资源及其相关技术实现银行与客户之间安全、方便、友好的连接，并为客户提供多种金融服务。

（一）网上银行系统的构成

网上银行系统要在客户端安装特殊的服务支持软件，如为商家提供网上支付服务的商家服务器软件。网上银行系统主要包括以下子系统：防火墙等安全系统、前端客户服务子系统、后端业务处理子系统以及内部办公自动化子系统等。

1. 防火墙等安全系统

防火墙是一个由硬件设备和软件系统组合而成的安全系统，是开放性的互联网与银行内部网络间的接口。所有来自银行内部网络之外的访问都必须经过这个接口。

2. 前端客户服务子系统

网上银行的前端客户服务子系统是指网上银行的 Web 服务器和 WWW 网页。该子系统负责接收客户通过互联网传来的服务请求，并将请求传送到后端业务处理子系统，经处理后再将结果经前端客户服务子系统返回给客户。

3. 后端业务处理子系统

后端业务处理子系统是网上银行的核心部分，它将整个网上银行的所有业务有机地整合在一起，同时也是网上银行系统最复杂的部分。该子系统负责处理前端客户服务子系统转来的服务请求，最终将处理结果经前端客户服务子系统返回给客户。

4. 内部办公自动化子系统

为提高银行工作效率和质量,许多网上银行系统还包括一个内部办公自动化子系统。该子系统负责网上银行的日常管理和维护、内部业务的监控和稽核等工作。

(二)网上银行系统的优势

网上银行系统作为一种高科技的银行服务系统,具有传统银行服务系统无可比拟的优越性。具体表现在以下几个方面:

1. 提高银行服务效率

在网上银行系统中,客户每笔业务的操作均在客户的计算机与银行之间自动进行,不需要在柜台前等待人工操作。这样分流了一批拥有计算机的客户,缓解了现有银行营业厅的营业压力,减少了银行业务的中间环节,使银行可以实现全天 24 小时、异地联网、实时交易服务等,提高了银行的服务效率。

2. 降低银行运营成本

银行建立网上银行系统,只需要安装相应的计算机软、硬件,所需的投资要比新建一个传统的营业厅少得多,节约了银行大量的人力、物力和财力。并且建立一个网上银行系统所获得的经济效益远大于一个传统的营业厅。因此,网上银行系统大大地减少了银行的相对投入,提高了银行投资的收益,提升了银行的业务能力。

3. 拓展银行新兴业务

网上银行系统不仅是现有银行服务的重要手段,而且为银行在未来拓展新兴业务打下了良好的基础。网上银行系统是一套基于因特网技术的完整的、安全的分布式多平台计算机信息网络系统。有了这套系统,就可以方便地与其他网络交易,进行网络金融系统连接,并派生出许多新兴的银行业务,如网上证券、网上购物、网上缴费等。

资料链接 3-4

招商银行的网上支付系统①

招商银行的网上支付系统在同业中具有很大的竞争优势。要使用招商银行的网上支付系统,商家须在招商银行开立账户用以接受消费者付款,消费者也须申请网上专用账户。在网上消费时,消费者只需输入专用账户的号码和密码即可实现在线付款。该系统对安全性作了较多的考虑。其特点有:

(1)使用专用账户交易。网上支付专用账户有自己的号码和密码,且密码与"一卡通"的查询密码及转账密码都不相同。消费者可以在任何时间通过因特网或电话把"一卡通"中的资金转入网上支付专用账户中。

(2)网上消费金额限制。每次网上支付金额最高为 2 000 元,每日累计交易额最高为 5 000 元。

(3)持卡支付信息直达银行。消费者在招商银行网页中输入支付卡信息直接传到

① 李洪心,马刚.银行电子商务与网络支付[M].北京:机械工业出版社,2007:62.

银行,不经商家转发,确保了持卡人账户信息的安全保密。

（4）网上传输采用 SSL 加密。所有交易数据均加密后传输,确保传输信息不会被窃取。

（5）错误登录次数限制。消费者在一天内登录错误次数达到一定值后,银行当天拒绝为之服务。

（6）商家只从银行接受客户的订货信息,避免消费者篡改已被银行确认的订单。

（三）网上银行系统建设的目标和原则

1. 网上银行系统建设的目标

一个完善的网上银行系统建设的目标主要有以下几个方面的内容:

（1）准确可靠。网上银行系统要采取先进的技术和手段,采用自动化的处理方法,减少人工干预,避免因各种人为因素造成的不安全。高精度的运算工具能充分避免人工计算所造成的差错,自动化的通信线路能更快速、更准确地将信息传递到目的地,各种加密防伪技术也能避免各种干扰和破坏,使数据的采集、录入、加工、处理、存储、传输的全过程准确可靠。

（2）安全保密。网上银行系统要对客户信息、资金信息以及其他各类银行信息采取多种加密手段和授权措施,以确保这些信息的安全保密,维护银行的信誉。

（3）及时有效。现代计算机技术、通信技术和网络技术能提供高精度、高速度、高容量的技术支持。运用这些先进技术建立的网上银行系统能为客户提供及时、准确的各项资金融通服务,不仅能实现本行内部资金的及时融通,而且还能实现跨行甚至是跨国界的及时、有效的资金融通。

（4）连续可扩。网上银行系统采用先进的技术手段,使其从手工系统转向自动化系统、从低级的处理系统转向高级的处理系统,保持了银行业务的连续性。同时,随着新技术的运用,新的金融工具、金融产品的不断涌现,网上银行系统采用新的结构化、模块化设计方法,使其在功能上的拓展更简便且易于实现。

（5）开放多功能。网上银行系统不仅能处理传统方式所能处理的一切银行业务,而且还能为客户办理各种新颖的银行业务,如开办自助银行、实现证券的自动交易、实施资金的瞬时清算等。网上银行系统不仅能满足业务部门的要求,而且能为管理部门提供各种有效的信息服务,并进一步为社会其他部门、政府部门等提供所需要的信息帮助。

2. 网上银行系统建设的原则

网上银行系统建设应遵循以下原则:

（1）系统的安全性。系统的安全性涉及加/解密、安全和认证,防止非法侵入和病毒干扰等,主要包括业务数据的安全管理、结算处理的安全控制、数据传输的加/解密、数据完整性控制和交易过程中的安全认证等。

（2）系统的可扩展性。随着银行业务的发展,网上银行系统应具有调整和扩充系统功能的能力,同时保持应用和数据的一致性,以适应不同应用环境和应用水平的需要。

（3）系统的可管理性。网上银行系统的建设,要能对结构复杂、分布广泛、计算机应用水平各异的所有用户和所有系统进行统一、安全的管理,确保业务的正常运行和网上银行系统的安全稳定。

(4)集成性原则。网上银行系统应确保同已有的电子银行业务信息系统有机集成,以便为客户提供全天候、全方位和个性化的综合业务服务。集成性原则还应体现业务服务、经营管理和客户服务三者的集成。

(四)网上银行系统交易流程

网上银行系统的交易流程可分为以下几个步骤:

(1)客户到银行网点进行注册,开通网上银行功能,得到银行的网上支付授权,获得银行颁发的客户证书。

(2)客户登录网上商城,选择商品后,与商家服务器建立连接,并自动验证商家服务器的数字证书。

(3)客户确认资金金额等信息,商家产生一个包括订单号、订单金额、数字签名、商家证书等信息在内的支付订单。

(4)客户选择银行网上支付,系统将上述信息传送给银行。客户机浏览器弹出新窗口页面,提示将与银行端网络服务器直接建立安全连接。

(5)客户端自动验证银行端网络服务器的数字证书,银行的网上银行系统对请求数据中的商家证书、签名信息进行验证。

(6)网上银行系统验证通过后,客户端出现银行在线支付页面,显示从商家发来的订单号及支付金额信息,客户输入支付银行卡卡号和支付密码,确认支付。

(7)银行验证客户的银行卡卡号、密码(即签名信息)。验证通过后,业务处理系统处理支付请求,进行记账处理,把资金从客户账号划转至商家银行账号上。

(8)订单支付成功,银行用自己的私钥签名订单信息和支付成功信息,并将信息传送给商家。

(9)商家对接收到的签名信息用银行的证书进行验证。

(10)商家验证成功后,根据需要进行记账处理、向客户发送取货通知等。

🖱 资料链接 3-5

网上银行系统的业务平台建设[①]

网上银行的业务目标是实现网上支付服务(B2B 和 B2C)和网上银行服务(对个人、企业提供金融交易服务和金融信息增值服务),主要包括结算中心、业务代理、业务调度、客户服务、综合统计与查询和决策支持等。业务平台是网上银行系统的核心,应着重规划、设计好业务系统的功能和体系结构。

系统开发商的选择对业务平台建设的影响很大。为保证业务系统能满足银行的业务需要,并具有灵活性、系统可扩展性和系统先进性,系统开发商必须充分了解银行的业务现状及未来的发展需求,了解并能跟踪电子商务和高新技术的发展方向。

采用 Java 语言开发应用系统,可使系统具有平台无关性,可跨平台运行,减少对特

---

① 张卓其,史明坤.网上支付与网上金融服务[M].大连:东北财经大学出版社,2006:241.

定软、硬件设备的依赖性。这样能保护用户投资，允许用户有更大的选择设备的余地。

采用纯面向对象的开发模式，对关键业务数据进行封装，以组件的方式向二次开发人员提供可继承和重用的业务逻辑模块。程序模块可重用性将有效提高开发效率和最终应用系统的质量。

应用服务器的应用体系架构应能为今后顺利扩展系统应用业务，为统一构造网上金融服务、电子柜员系统、自助银行服务、移动金融业务、呼叫中心、电子汇兑系统、金融信息增值服务及金融监控和预警系统等，为提供多渠道的业务服务打下坚实的基础。

系统体系结构应具有横向扩展和纵向扩展能力，使系统具有良好的可伸缩性。横向扩展是指允许增加新的应用服务器，通过采用负载平衡技术获得横向扩展能力，而无须重写代码；纵向扩展是指允许增加新的业务功能。

四、全国电子联行系统

（一）全国电子联行系统简介

电子联行是电子联行往来的简称，是发有电子联行行号的行与行之间通过计算机网络和卫星通信技术进行资金划拨的账户往来。全国电子联行系统是运用计算机技术、通信技术等处理全国联行往来业务的计算机网络系统。全国电子联行系统是中国人民银行在支付系统现代化建设中的第一次尝试，其主要设计思想是减少由于纸质票据传递迟缓和清算过程过分烦琐造成的大量在途资金，从而加速资金周转，减少支付风险。

全国电子联行系统是一个分散式处理系统，所有账务活动包括账户的贷记和借记活动都发生在中国人民银行分/支行，即发报行和收报行，全国总中心主要作为报文信息交换站。在支付指令发往全国总中心之前，已经借记汇出行账户，中国人民银行收报行在接到全国总中心发来的支付指令之后立即贷记汇入行账户。如果汇出行账户余额不足，就会将支付指令排队以等待可用资金。系统的参与者主要包括所有在中国人民银行分/支行开设有账户的商业银行分行，以及人民银行各分/支行。全国电子联行系统的所有参与者都可以参加电子联行系统，办理自己或代表其客户发出的支付指令。目前，全国电子联行系统只办理该系统参与者之间的贷记转账，包括全部异地跨行支付、商业银行行内大额支付以及人民银行各分支机构之间资金划拨等。一旦收款人账户被贷记，支付便最终完成。

（二）全国电子联行系统的特点

全国电子联行系统的网络基础是中国金融卫星通信网。现行的电子联行应用软件是中国人民银行经过多年开发逐步完善的，在运行和维护上已积累了数年的经验，运行稳定，安全可靠。全国电子联行系统具有以下五个方面的特点：

1. 准确性

全国电子联行系统由于采用了卫星通信和计算机联网技术，对汇划款项可以进行逐笔核对，每天业务终结时还会对所传输的总金额、总笔数进行对账，以确保不出现漏账和重账现象。

2. 平衡性

全国电子联行系统能够保证每天平衡表中的往来账笔数和金额合计始终平衡。

3. 快速性

通过全国电子联行系统进行异地资金汇划的速度要比手工快得多,城市间的通信只需几秒即可完成,汇划资金在当天或次日上午即可全部解付。

4. 清算及时性

在全国电子联行系统中,中国人民银行与商业银行之间的资金清算,总中心与各分中心之间的资金清算,在当日便能完成。

5. 安全性

全国电子联行系统由于可以在金融专用网上运行,资金汇划和清算的速度比较快,并且采用了多项安全保密的电子技术,从而保证了数据和资金的安全。

(三) 全国电子联行系统的组成

全国电子联行系统是一个集中式星型信息处理系统,主要包括主站系统、小站系统和卫星通信系统三个部分。主站系统设在总行清算总中心,清算总中心又称电子联行转发行;小站系统设在清算分中心,清算分中心又称电子联行发报行和收报行。

主站系统的应用主要是接收往账、形成来账并转发,对业务进行核对清算,起转发行作用,主要是实现全国各小站之间的异地资金支付、汇兑的划转和清算等。

小站系统的应用主要是发送往账、接收来账、发送及接收联络信息包,起发报行和收报行的作用,主要实现多种形式的往账输入、输出,以及往账发送、来账接收等工作。

卫星通信系统主要由一个卫星主站与多个卫星小站组成,卫星主站安装于总行清算总中心所在地,卫星小站安装于各清算分中心所在地。

全国电子联行系统的主站和小站采用客户端/服务器模式,统一采用“小站主动请求,主站自动响应”的模式,即往账处理过程为“小站主动发送,主站自动接收”,来账处理过程为“小站主动索取,主站自动发送”。每笔业务自动对账,每个小站可随时入网,与主站及其他小站进行业务往来。当某个小站没有入网或退出网络时,其来账业务自动在主站中暂存。

除此之外,全国电子联行系统的小站与主站之间通过卫星通信将卫星网络和同城网络相连接,进行“天地对接”。天地对接是全国电子联行的延伸和扩展,主要解决金融卫星通信网(天网)和同城清算网络(地网)的对接,从而使全部网络延伸到各金融机构。天地对接也解决了电子联行系统和账务处理系统的对接,实现电子联行系统和账务处理系统之间的账务传送。通过使用该系统,客户到开户银行提出汇款申请后,只要十几分钟即可将款项汇到全国任意一个电子联行的通汇点。

全国电子联行系统是信息技术革命的产物,其基本任务是使中国人民银行能迅速、准确、安全、方便地处理全国异地资金支付汇总的划转和清算,实现资金流动的及时监测调度,进一步实现资金的全面高效率运转,并为中央银行监测宏观经济提供有力的工具,为把中国人民银行建成一个现代化、世界性的银行奠定基础。

（四）全国电子联行系统的业务处理流程

全国电子联行系统的业务处理流程包括以下几个环节：

（1）商业银行分/支行（即汇出行）把支付指令以纸质凭证或电子报文的方式提交到当地的中国人民银行分/支行（即发报行）。

（2）发报行将支付指令经账务处理（即借记汇出行账户）后将支付信息送入系统，经卫星通信线路传输到总行清算总中心。

（3）总行清算总中心（即信息交换中心）将支付指令按收报行清分后，经卫星通信线路发送到相应的收报行。

（4）收报行接收到支付指令后，按汇入行分类。

（5）收报行对汇入账户贷记后，为每家汇入行生成支付凭证和清单并送交汇入行。

（五）全国电子联行系统建设和发展的意义

在不断总结经验的基础上，中国人民银行积极稳步地推进全国电子联行系统的建设和发展，逐步在全国大中城市及经济较发达的县（市）开通电子联行。全国电子联行系统的建设和发展，对加快资金周转、提高社会资金使用效率、促进经济金融发展具有重要的意义。

（1）全国电子联行系统的发展，改变了过去完全依靠邮路传递支付清算信息的局面，实现了资金汇划信息电子化传输的质的飞跃，加快了资金汇划速度。

（2）全国电子联行系统的发展，充分发挥了资金汇划主渠道的作用。随着全国电子联行的发展，诸如覆盖面不广、资金汇划速度慢等问题也逐步暴露出来。中国人民银行及时部署了在大中城市实现"天地对接"和电子联行业务到县等措施，并统一开发了电子联行小站系统与中央银行会计核算系统的接口程序，以及小站系统与商业银行业务处理系统的接口程序。这在一定程度上畅通了汇路，加快了资金汇划速度，促进了城市经济发展。随着全国电子联行系统的运行，商业银行跨系统贷记支付、系统内大额贷记支付和行内资金调拨、外汇交易、证券交易、同业拆借市场等资金的汇划与清算，逐步纳入了电子联行系统，电子联行业务量大幅度增长。全国电子联行系统的主渠道作用也得到了充分发挥。

（3）全国电子联行系统的发展，为金融监管与宏观调控提供了支持和服务。在改进支付清算手段的同时，针对商业银行普遍存在的占用汇差发放贷款、支付风险隐患大的情况，中国人民银行将商业银行跨系统贷记支付和系统内大额贷记支付纳入了全国电子联行处理，并实现款项汇划与资金清算同步，有效地防止了商业银行超负荷经营和占用联行汇差发放贷款，促进了金融宏观调控措施的实施。全国电子联行系统包含着丰富的资金汇划信息，通过对这些信息的采集和分析，可以为制定货币政策、加强金融监管提供服务。

（4）全国电子联行系统的发展，强化了联行运行和业务管理。为保障全国电子联行系统的稳定运行，规范电子联行业务处理，中国人民银行总行制定了多项规章制度，逐步建立和完善了电子联行内部制约机制，保障了电子联行业务的畅通。

资料链接 3-6

全国电子联行系统的风险

在全国电子联行系统业务快速发展的过程中，由于种种原因，还存在许多风险。对于这样一个庞大的网络资金系统,充分保障系统与资金的安全就显得极为重要与迫切。全国电子联行系统的风险是指在通过全国电子联行系统办理联行业务过程中产生资金损失的可能性。其主要表现在以下几个方面:

一是电子联行日常业务操作中的风险。这种风险主要是由于电子联行工作人员操作失误造成联行资金差错事故,致使收款人资金被冒领、收款人不能及时收款而引发经济纠纷,造成银行对客户支付赔偿以及垫付资金,包括往账差错风险、来账差错风险以及信息包风险等。

二是电子联行管理工作中的风险。即不法人员利用工作之便,采用伪造转汇清单、更改收款人名称、伪造来账报单等办法盗用联行资金,具体包括电子联行人员管理潜在的风险和电子联行制度执行与建设方面的风险等。

三是电子联行技术风险。一旦全国电子联行系统的应用软件、计算机设备、计算机网络系统等出现问题,造成全系统技术故障,会引发系统瘫痪、数据信息丢失、数据差错等技术风险,进而引发支付风险。全国电子联行系统的技术风险主要包括电子联行系统应用软件引发的风险、计算机硬件系统引发的风险和计算机网络的应用引发的风险等。

五、同城清算系统

(一)同城清算系统概述

同城清算系统是由一个地区内需要进行票据交换的各个银行所组成,并由中国人民银行拥有和运行的系统。其主要负责同城支付交易的资金清算,通常以批量处理方式实现支付命令的处理,通过同城清算系统集中的电子贷记和借记方式实现资金清算,并通过多方净额结算定时进账的方法控制支付风险。全部的同城跨行支付和大部分的同城行内支付,都是通过同城清算系统进行票据交换,并完成资金结算的。

中国人民银行分/支行对当地的同城清算系统成员行进行监管并为其提供结算服务。清算系统的成员行把接收行清分好的票据提交给清算系统,票据在成员行之间进行交换后,各成员行按发出和收到的所有贷记、借记支付项目,计算出一个净结算金额,再提交给中国人民银行分/支行,以便当日过账到结算账户中。

(二)同城清算系统的类型

我国同城清算系统主要有以下三种:

1. 手工同城清算方式

手工同城清算方式即对同城票据交换和资金清算实行人工处理,每场交换需有交换员在场。在这种清算方式中,无论分发票据还是计算收付差额都难免发生错误。人工清算错误的发生不但延长了票据在途时间,还影响了资金的周转速度。随着银行业务的发展,参加票据清算的银行机构也越来越多,清算中出现差错的数量也随之上升,而且由于场地等原因,也使同城清算范围的扩展受限。

2. 网络化同城清算方式

网络化同城清算方式即由中国人民银行组建网络,将参加同城清算的机构的计算机连接起来,进行票据信息的实时记账、清分和汇总等处理,定时进行资金清算。采用这种清算方式,加快了票据清算差额的计算速度,减少了计算的差错。

3. 自动化同城清算方式

自动化同城清算方式即在计算机系统的控制下,由同城清算系统使用票据清分机对参加清算的各机构提出的票据按机构进行自动输入、清分,同时自动计算清算差额。使用票据清分机,加速了票据分发和清算的自动化,促进了票据的统一化。这种清算方式效率高,劳动强度低,适合于票据量大的城市使用。

(三) 同城清算系统的建设目标

随着全国电子联行系统的开通运行,异地汇划业务量日益增多,这就需要有现代化的同城清算系统与之相适应。同城清算系统的建设目标主要体现在以下几个方面:

(1) 应用现代化的电子技术,改造甚至取代传统的手工作业方式,利用计算机网络实现同城资金的实时划转与清算,变异地清算为同城清算,将票据信息流转化为电子信息流,加快同城资金汇划速度,从而达到加速资金周转,提高资金使用效率,实现业务电子化、自动化的目的。

(2) 从实现技术上看,应广泛采用计算机、清分机及计算机网络等先进技术,以使清算质量和处理效率得到显著提高。

(3) 从系统业务上看,在同城清算的基础上,应纳入大额资金的实时清算和小额资金的批量清算,并实现同城清算与联行清算的"天地对接",改变异地资金汇划"天上三秒,地下三天"的局面。

(4) 从覆盖区域上看,同城清算的覆盖面不仅要包括城市的城区、郊区,还要包括市辖各县,并进一步扩展到邻近的城市和地区。

(四) 同城清算系统的业务流程

同城清算系统的业务流程一般分为同城贷记业务流程和同城借记业务流程两种。

1. 同城贷记业务流程

同城贷记业务流程可分为以下几个步骤:

(1) 提出行会计业务系统收到客户提交的贷记业务凭证,按规定审核无误后,进行账务处理。录入员录入往账后,复核员再次录入进行复核,机器自动加押,存入往账,此时该提出行成为发报行,并将该业务发给中国人民银行清算中心。

(2) 中国人民银行清算中心收到发报行发来的贷记往账,先解押以便确认账户等内容的合法性,并返回响应,将合法业务写入暂存文件,并将该交易记入清算中心台账。同时自动加押,将该业务转发至收报行(即接收行),清算中心得到收报行正确收妥信息后,将暂存文件交易状态设为交易成功。

(3) 收报行收到实时处理的贷记业务后,机器自动核押,并自动进行合法性检查。如果检查有错,进行错账处理;如果检查正确,则向中国人民银行清算中心发出确认信息,打印同城电划贷方补充报单,提入行进行会计账务处理。至此,同城贷记业务完成。

2. 同城借记业务处理流程

同城借记业务处理流程如下:

(1) 提出行提出票据。提出行对于借记业务,按规定程序审核无误后,向票据交换管理模块输入该笔业务的相关内容(包括提入行、提出行、凭证号码、金额、收付款单位账号等关键信息),并按场次打印出提出票据汇总表及提入票据汇总表,并提交给中国人民银行清算中心。

(2)中国人民银行清算中心处理。中国人民银行清算中心根据每场提出票据汇总表及提入票据汇总表,在集中清算的时间内,清分签收票据,由清算人员送达提入行,并办理签收手续。

(3)提入行处理。提入行对提入的票据按规定审核无误后,即作为发报行通过往账录入发送,作为贷记业务上网清算资金。如发现票据有误,则通过票据清算退票功能向提出行退票,打印退票理由书,下场清算时再办理退票手续。至此,同城借记业务完成。

资料链接 3-7

同城清算系统软件开发的要求

对同城清算系统的开发在安全性、可靠性、综合性、统一性和方便性上提出以下要求:

(1)安全性要求。同城清算系统用电子印鉴代替传统的印章,从根本上改变了纸质票据的传递形式,为实现快速、准确、高效的金融交易、现代化的管理和决策奠定了基础。但在这样的系统中,票据、签名、文件、资料等都是以数字化信号流通于网络中,必须考虑采用合理、有效的机制避免出现数据非法复制、丢失和恶意篡改等现象,防止因外部干扰和软、硬件故障而导致信息畸变和系统瘫痪。同城清算系统中信息的传输代表着资金的流动,因而必须确保信息流在完整、真实的基础上的机密性。

(2)可靠性要求。当由于不可抗力或其他原因造成系统瘫痪时,同城清算系统应具备降级处理模式,如当通信无法进行时,可以利用软盘进行信息传输,用原始凭证代替电子凭证等办法来解决,确保同城清算的连续性,同时应加强数据库系统恢复功能。

(3)综合性要求。同城清算系统要充分发挥计算机处理信息的优势,对程序进行深化开发,由简单的手工移植转变成监管型、分析型模式。

(4)统一性要求。一个完善的系统必须具有统一性,同城清算系统必须留有和人民银行、各商业银行对公核算系统、全国电子联行、区辖联行、省辖联行等的接口。这样才能达到数据共享、提高清算效率的目的,最终实现同城、区域和全国联行三级资金清算一体化。

(5)方便性要求。方便性也是同城清算系统的一个基本要求。同城清算具有劳动强度大、凭证种类多的特点,因而在系统的开发上要注重方便性的设计,减少人工干预,实现操作的自动化,提高工作效率,提高清算质量。

同城清算系统的建立在目前金融系统运行中已经逐步显示了它的可行性和必要性。一方面,运用计算机处理同城清算业务在我国有了显著的发展,已具备了一定的物质基础;另一方面,金融系统已有了一支具备一定水平的科技人员队伍,从人员上解决了建立同城清算系统的后顾之忧。但是,我们也应该意识到建立同城清算系统是一项投入大、技术难度高的系统工程,只有齐心协力、完善制度、加大投入,才能建立起全新的同城清算系统。

引例解析

　　汇付天下通过与银行的商业合作,以银行的支付结算功能为基础,向企业与个人提供中立的、公正的、面向其用户的个性化支付结算与增值服务,并在短暂的时间内取得骄人成绩。其成功的关键表现在:

　　(1) 成本优势。网上支付平台降低了企业与个人直连银行的成本,满足了企业专注发展在线业务的要求。中国有许多企业,但能与银行直连的企业平台与商务平台少之又少,大量的企业开发电子商务后,还需要选择像汇付天下提供的这种第三方支付服务。

　　(2) 竞争优势。利益中立避免了与被服务企业在业务上的竞争,汇付天下在第三方支付平台上,不会出现其业务与其他类型支付平台的业务直接、间接竞争,也避免了用户推广、网上渠道直接、间接被其他支付平台操纵的情况。

　　(3) 创新优势。汇付天下的个性化服务,使其可以根据被服务企业与个人的业务发展所创新的商业模式,同步定制个性化的支付结算服务。

　　(4) 人才优势。汇付天下吸引了来自银行、保险、证券、银行卡系统、互联网支付系统等领域的各类资深人才,共同组建成最具效率的管理团队、技术团队、运营团队和业务团队,为汇付天下的客户提供了与国际接轨的更人性化的专业服务。

本章小结

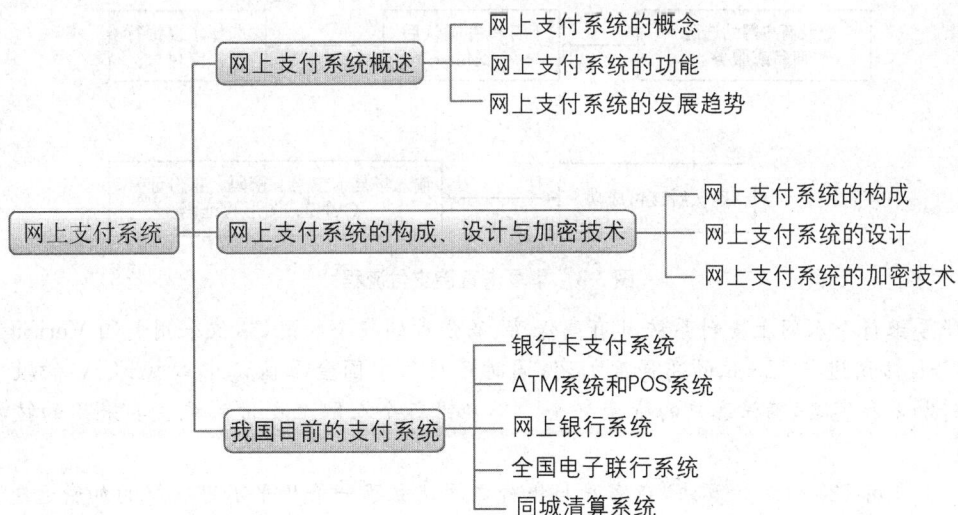

网上支付系统
- 网上支付系统概述
  - 网上支付系统的概念
  - 网上支付系统的功能
  - 网上支付系统的发展趋势
- 网上支付系统的构成、设计与加密技术
  - 网上支付系统的构成
  - 网上支付系统的设计
  - 网上支付系统的加密技术
- 我国目前的支付系统
  - 银行卡支付系统
  - ATM系统和POS系统
  - 网上银行系统
  - 全国电子联行系统
  - 同城清算系统

综合训练

一、思考练习

1. 概述网上支付系统的功能。
2. 简述安全的网上支付系统需要考虑的主要因素。
3. 简述银行卡支付系统的总体结构及其特点。
4. ATM 系统和 POS 系统主要包括哪些功能?
5. 简述网上银行系统的构成及其优势。

二、案例分析

华夏银行的网上支付系统①

华夏银行的个人网上支付包括华夏卡直接支付和电子钱包支付两种方式。其中,华夏卡直接支付方式是指用户只要拥有华夏卡,即可网上支付,无须办理其他手续。华夏卡直接支付单笔不得超过 300 元,当日累计不得超过 1 000 元。其主要特点是适合快速、便利、小金额的支付。华夏卡直接支付的流程如图 3-3 所示。电子钱包支付是指华夏银行专为个人网银证书版客户提供的虚拟钱包支付方式,与人们日常使用的钱包类似。使用电子钱包支付时,只需从电子钱包内选择进行支付的华夏卡,并用华夏盾(数字证书 USB-Key)签名加密即可支付。电子钱包支付暂无金额限制。其主要特点是适合金额较大、安全性要求较高的网上支付。电子钱包支付的流程如图 3-4 所示。

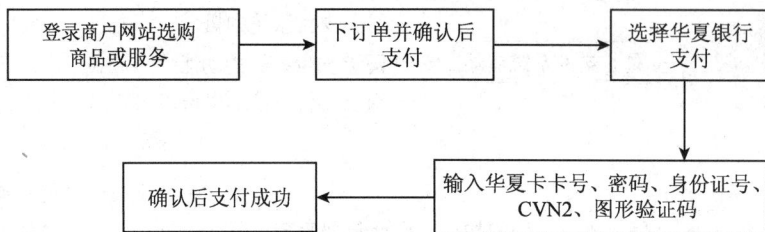

图 3-3　华夏卡直接支付流程

华夏银行个人网上支付系统具有高保密、高强度的安全功能,不仅采用美国 VeriSign 公司的 SSL 协议进行 128 位的高强度加密,同时还应用中国金融认证中心(CFCA)的数字证书进行加密和签名,确保客户的资金安全。华夏银行个人网上支付系统主要采用的技术措施有:

(1) 采用 128 位加密算法,在客户与银行之间建立了一条几乎不可破解的加密通道。

(2) 应用具有权威的 CFCA 认证系统,利用数字签名技术,实现了有效的用户身份识

---

① 华夏银行网上支付系统帮助说明[EB/OL].[2011-3-15]. http://www. hxb. com. cn/chinese/wallet/b2c_help. htm.

别、交易的保密性和不可抵赖性,同时保证了系统的通用性。

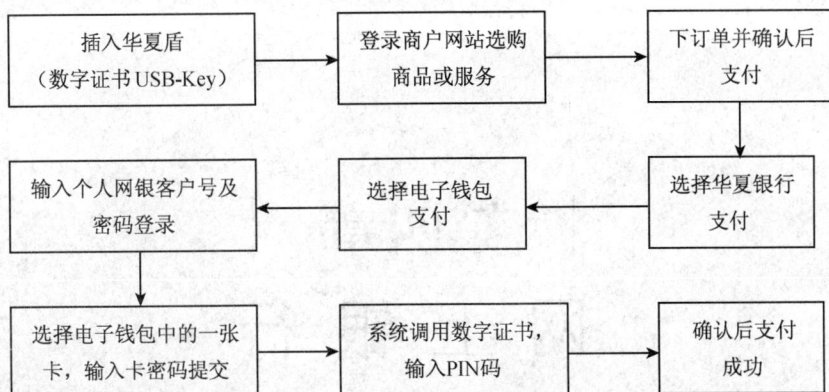

```
┌─────────────────┐      ┌─────────────────┐      ┌─────────────────┐
│    插入华夏盾     │ ───→ │  登录商户网站选购  │ ───→ │   下订单并确认后   │
│(数字证书USB-Key) │      │   商品或服务      │      │      支付        │
└─────────────────┘      └─────────────────┘      └─────────────────┘
                                                            │
                                                            ↓
┌─────────────────┐      ┌─────────────────┐      ┌─────────────────┐
│ 输入个人网银客户号及 │ ←── │   选择电子钱包    │ ←── │    选择华夏银行    │
│     密码登录      │      │      支付        │      │      支付        │
└─────────────────┘      └─────────────────┘      └─────────────────┘
        │
        ↓
┌─────────────────┐      ┌─────────────────┐      ┌─────────────────┐
│ 选择电子钱包中的一张 │ ───→ │  系统调用数字证书,  │ ───→ │    确认后支付     │
│  卡,输入卡密码提交  │      │   输入PIN码       │      │      成功        │
└─────────────────┘      └─────────────────┘      └─────────────────┘
```

图3-4 电子钱包支付流程

(3)卡号输入框采用安全控件,密码输入采用防盗图形小键盘,并增加图形验证码,做到安全有保障。

(4)安装了防黑客网络扫描软件,可以实时监控网上的非法攻击,并能够随时扫描系统内部的漏洞,及时做到查漏补缺。

(5)采用不同的产品,设置了三道不同的防火墙,只开放合法的主机之间的合法端口,其他非法侵入都被拒之门外。

(6)除重要设备实时热备份以外,还单独建立了备份服务器,定期备份整个系统的应用系统、数据、日志等。

问题

通过对华夏银行网上支付系统案例的分析,思考华夏银行网上支付系统的主要功能和优势所在。

实训设计

网上支付系统的业务流程

【实训目的】

了解网上支付系统的业务流程。

【实训内容与要求】

在掌握某类网上支付系统相关知识的基础上,了解该系统的基本业务流程,并试着根据流程介绍,进行网上支付的相关操作。

【成果与检验】

在课堂上交流进行网上支付操作过程中容易出现的问题和注意事项,并由老师总结、评判同学们的发言。

第四章
网 上 银 行

知识目标

» 了解网上银行的基本概念与特点；

» 理解网上银行与传统银行的区别，以及网上银行相对于传统银行所具有的优点；

» 了解目前国内外网上银行的发展现状和趋势，特别是四大国有商业银行及交通银行的业务开展情况；

» 了解网上银行对电子商务活动的影响。

技能目标

» 掌握个人网上银行业务的申请、证书的管理和使用方法，能够熟练利用个人网上银行进行基本的网上交易；

» 了解网上银行的增值服务项目，掌握部分增值业务的使用方法。

引例

网上购物带来的疑虑和惊喜

郭女士在网上看中一款戴尔笔记本电脑,遂前往电脑城购买。无奈花费半天的时间,走遍整个电脑城,都没有找到那款笔记本电脑。经同事介绍,她才知道原来可以开通网上银行,采用网上订购的方式购买。郭女士心存疑虑,但还是决定试一试。在同事的指导下,郭女士顺利地开通了网上银行,在戴尔公司的官方网站上找到了自己中意的那款笔记本电脑。郭女士惊奇地发现,通过网上订购的方式,戴尔公司不仅能够提供 800 元的折扣,还能随意选择计算机的颜色,改变计算机的配置。于是,郭女士毫不犹豫地购买了自己看中的那款笔记本电脑,并使用网上银行进行支付。五天以后,戴尔笔记本电脑被快递人员送到家,郭女士对自己当初的决定非常满意,并慢慢接受了利用网上银行进行购物的方式。

请分析案例,并思考下面的问题:

1. 利用网上银行进行交易有什么优点?

2. 为何郭女士当初会对网上购物心存疑虑?

3. 网上银行在交易中所起的作用及其地位是什么?

4. 除了网上购物,网上银行还具有什么功能?

第一节 网上银行概述

当今世界正经历着一场以互联网为核心的信息技术革命,人们的生产、生活和社会关系都发生了巨大的改变。其中,金融产业的发展尤其突出,网上银行的出现就是这场革命的产物。将来的网上银行将不再局限于以单一的分支机构作为服务渠道,它可以通过互联网为不同的客户提供各种不同的服务,并且不受时间、空间限制,能够在任何时间(anytime)、任何地点(anywhere),以任何方式(anyhow)为客户提供 3A 级金融服务。网上银行采用信息技术扩大服务渠道,使得成本十分低廉,客户可以随时随地利用互联网处理银行金融业务和获得服务。

一、网上银行的概念

网上银行(Internet bank)又称在线银行,是指利用互联网技术,向客户提供传统银行业务、业务咨询、其他金融业务等服务,使客户足不出户就能够安全、便捷地管理活期存款和定期存款、支票、信用卡及个人投资等。

网上银行包含两个层次的含义:第一层是机构概念,是指利用互连网络提供服务的银行,如四大国有商业银行的网上银行及其他提供网上业务的银行;第二层是业务概念,是指银行通过信息网络提供的金融服务,包括传统银行业务和因信息技术应用带来的新兴业务。在日常生活和工作中所提及的网上银行,更多的是第二层的概念,即网上银行服务的概念。

网上银行利用方便、快捷的网络渠道,能够为客户提供多种类型的业务,主要包括以下三类:

(1) 传统银行服务。传统银行服务包括银行卡及账户管理、人民币业务、外汇业务、转账、汇款等。

(2) 网上支付功能。网上支付功能是指交易双方通过互联网上的电子商务网站进行交易时,网上银行为其提供网上资金结算服务的一种业务。网上银行为企业和个人提供了安全、快捷、方便的电子商务应用环境和网上资金结算工具。

(3) 网上金融服务。网上金融服务包括网上银行提供的网上投资、个人理财、企业银行及其他金融服务。

二、网上银行的特点

网上银行改变了传统银行业务的处理模式,能为客户提供全方位、全天候的便捷服务,具有传统银行无法比拟的优势。其主要特点有以下几个方面:

1. 银行的虚拟化

网上银行是虚拟化的金融服务机构,银行网络从物理网络转向虚拟数字网络。在网络环境支持下,客户只需在家中或办公室登录银行的主页,单击所需的服务项目即可完成开户、存/取款和转账等业务。相比之下,传统银行提供的服务则受时空的限制。

2. 服务的个性化

网上银行可以突破地域和时间的限制,为客户提供个性化的金融服务。传统银行的营销目标一般只能细分到某一类客户群,难以进行一对一的客户服务。而网上银行从金融服务价值链中获取价值,同时对银行的内部管理体制进行改造,建立并完善一个将市场信息和管理决策迅速而准确地在市场人员和管理部门之间互相传递的机制,将"以客户为中心"的理念融入银行经营的全过程,在低成本条件下实现高质量的个性化服务。

3. 低成本运行

传统银行的销售渠道是分行及其广泛分布的营业网点,网上银行的主要销售渠道是计算机网络系统和基于计算机网络系统的代理商制度。这种直接的营销方式与传统银行有着本质上的区别,传统模式中大量的分支机构及其营业网点将逐渐被计算机网络、基于计算机网络的前端代理商及作为网络终端的个人计算机所取代,可以节省场地租金、室内装修、物业及水电等费用。而且网上银行只需雇用少量工作人员,人工成本也随之迅速下降。

4. 服务的强适应性

传统银行服务的差异集中反映在实力、资金和服务质量等方面;而网上银行服务的差异主要体现在营销观念和营销方法的创新,以及为客户提供的各种理财咨询技能上,具有鲜明的需求导向。网上银行的整体实力将主要体现在前台业务受理和后台数据处理的集成化能力上。

5. 盈利结构的多元化

传统商业银行发展的动力来自获取资金利差的盈利,这种单一结构随着网上银行的出现而发生根本改变。网上银行将为商业银行通过信息服务拓展盈利机会提供一条重要的渠道。在网上银行时代,商业银行的信息既是为客户带来利益的重要保障,也是商业银行自身盈利的重要资源。

三、网上银行的分类

网上银行的分类标准很多，按照服务对象的不同，可将网上银行分为企业网上银行和个人网上银行。企业网上银行是银行为企业开发的电子账务管理系统。通过网上银行，企业可以实现商品买卖、库存管理、财务控制、查询分公司账户余额、批量划收、批量支付、对外转账支付等多项功能。个人网上银行是指个人向银行申请的网上银行服务，利用个人网上银行可以对账户进行管理，进行 B2C 电子商务活动等。

按照网上银行主体是否现实存在，也可将其分为以下两类：

一类是完全依赖互联网的无形的电子银行，也称虚拟银行。所谓虚拟银行，是指没有实际的物理柜台作为支持的网上银行。这种网上银行一般只有一个办公地址，没有分支机构，也没有营业网点，采用国际互联网等高科技服务手段与客户建立密切的联系，提供全方位的金融服务。这类网上银行的主要代表有美国安全第一网络银行（Security First Network Bank）、美国银行和德国的 Gries & Heissel 银行等。

资料链接 4-1

美国安全第一网络银行

美国安全第一网络银行成立于 1995 年 10 月，是在美国成立的第一家无营业网点的虚拟银行。其前台业务在互联网上进行，其后台处理只集中在一个地点进行。该银行可以保证用户安全可靠地开办网上银行业务，且业务处理速度快、服务质量高、服务范围极广。开业后的短短几个月，就有近千万人次上网浏览，给金融界带来极大震撼。

1996 年年初，美国安全第一网络银行在互联网上正式营业并开展银行金融服务，用户可以采用电子方式开出支票和支付账单，可以上网了解当前货币汇率和升值信息等。在快速发展中，该行完成了对 Newark 银行和费城 First Fidelity 银行的兼并，从而成为美国第六大银行，拥有 1 260 亿美元资产，有近 2 000 家分行、1 100 万用户，分布在美国佛罗里达州、康涅狄格州及华盛顿州等 12 个州和地区内。

美国安全第一网络银行面向美国的中低收入家庭，提供多种服务，其中包括低现付抵押和无低现额支票账户服务等。从 1998 年 1 月份起，美国安全第一网络银行通过互联网为用户提供一种称为环球网（Web）Invision 的服务。环球网（Web）Invision 系统是建立在美国安全第一网络银行 PC Invision 系统之上的一种金融管理系统。利用该系统，用户能够通过互联网访问自己最新的账目信息，获取最近的商业报告或通过直接拨号实时访问资金状况和投资进展情况，不需要安装特殊的软件。

另一类是在现有的传统银行的基础上，利用互联网开展传统的银行业务交易服务。即传统银行利用互联网作为新的服务手段为客户提供在线服务，实际上是传统银行服务在互联网上的延伸。这是目前网上银行存在的主要形式，也是绝大多数商业银行采取的网上银行发展模式。事实上，国内现在的网上银行基本都属于这一种模式，我国还没有出现真正意义上的网上银行。

在我国，自中国银行在 1997 年率先在互联网上建立了第一家网上银行——网上银行服务系统（online banking services system，OBSS）至今，国内几乎所有大的商业银行都推出了自己的网上银行或在互联网上建立了自己的主页和网站。从总体上看,我国网上银行业务规模还比较小,但发展势头迅猛。以招商银行为代表的股份制银行借助网上银行抢占阵地,以工商银行为代表的国有商业银行凭借庞大的客户基础,利用"后发优势"开展网上银行业务,近几年也取得了不俗的成绩。1999 年以来,中国网上银行的发展主要体现在四大国有商业银行紧随招商银行之后,逐步涉及虚拟金融服务市场,拉开了中国网上银行市场竞争的序幕。近年来,招商银行的"一网通",工商银行的"金融 e 通道"、"金融@家"和建设银行的"e 路通"等网上银行品牌也逐渐为人们所熟悉;东亚银行、汇丰银行、恒生银行、花旗银行、德意志银行、渣打银行也先后在我国开办网上银行业务。

四、网上银行与传统银行的区别

网上银行与传统银行的最大区别在于,网上银行并不是简单的银行"上网"。地理位置、交通状况、工作时间等,这些对传统银行来说十分重要的条件发生了改变。网上银行的运行环境从有形转向了无形,它利用网络将业务发展到了实时结算、投资咨询、专业理财等方面;经营服务包括直接或间接控制网上商店,提供商品交易服务,也包括发行电子货币、提供电子钱包等。网上银行与传统银行的区别主要表现在以下几点:

1. 经营管理模式不同

多年来,传统银行一直将"大众营销"和"市场占领"作为其经营的重点。传统银行设计出某种新产品后,首先要做的工作就是将新产品标准化,使其适合一般大众购买。由于标准化的产品很容易被其他银行效仿,因此新产品的推出一般需要大量的广告宣传。网上银行的经营一改传统银行以业务或市场为核心的模式,强调以客户为中心,按照每个客户的不同需求量身定做,设计相应的产品,致力于开拓市场。这大大扩充了银行业的增值能力。服务方式、服务品种和服务范围的变化,使网上银行的经营管理模式较传统银行有了明显的变化,其资产负债结构和信用评价标准也与传统银行有明显的不同。

2. 业务组织方式不同

传统银行的业务,从客户角度可以分为个人业务和公司业务;从资产负债角度可以分为资产业务、负债业务和中间业务;根据业务发生地不同可以分为国内业务、国外业务和离岸业务。无论从哪种角度来看,存/贷款、支付结算和投资理财都是一般商业银行为客户提供的主要服务。但是网上银行个人业务和公司业务的具体管理方式与传统银行有明显的不同,尤其是网上银行个人业务所包含的内容比传统银行丰富得多。同时,由于银行整体性的提高和网络在地理位置方面的自然延伸能力等因素的影响,资产负债业务与中间业务的区别、国内业务与国外业务的区别,在实际运营过程中已不重要了。

随着经营模式的改变,网上银行的管理模式也在发生变化,将从传统银行以业务分部门的管理机构设置改为以客户分部门的机构设置。网上银行将客户细分为不同的类型,成立不同的客户服务中心,为客户提供"一对一"的全程服务。也就是说,客户的储蓄存款、贷款、投资和其他金融服务完全由一个部门负责。

3. 资产负债结构不同

贷款和存款始终是传统银行的主要资产与负债,其利差也是传统银行经营利润的主要来源,一般占利润总额的85%以上。在网上银行中,银行的资产负债结构发生了较大的变化。非存/贷款性资产负债在银行资产负债结构中所占的比重越来越大。由于对网上银行的安全性还存在较大疑虑,因而客户在选择网上银行存款时还需要一段适应期,这使得网上银行在吸收储蓄存款时不具有相对优势;在贷款方面,由于网上银行在发展初期,发放贷款仍需要对借款对象的资信进行人工评估或委托其他信用评估机构评估,费用较高。因此,发展扩大存/贷款规模是网上银行的长期目标,而短期内主要靠提供高效的支付清算服务,提供企业和个人财务综合管理服务,通过一些代收业务,如代收电话费、学费等增加短期资金的来源。非利差收入占网上银行总收入的比例逐渐增大。网上银行业务的多样化,使网上银行的收入渠道也多样化。目前,网上银行的收入来源包括利差收入、代理收入、支付结算收入、咨询收入、广告收入、信息处理与出售收入等。由于存贷款服务在实现上存在一定难度,使得利差收入在整个网上银行收入中的比重相对减小,非利差收入所占比例与传统银行相比偏高。

第二节　网上银行与电子支付

一、网上银行系统

图 4-1 所示就是一个典型的网上银行系统。消费者利用网络访问电子商务网站购买商品;电子商务网站则根据消费者所购买的商品,向网上银行支付平台发送支付请求;此时,网上银行支付平台需要消费者选择相应的网上银行并提供支付密码;银行支付网关获得消费者的支付密码后,通过认证机构(CA)对密码进行认证,一旦通过,即向电子商务网站发送支付成功的消息;电子商务网站接到消息后,立即组织发货。

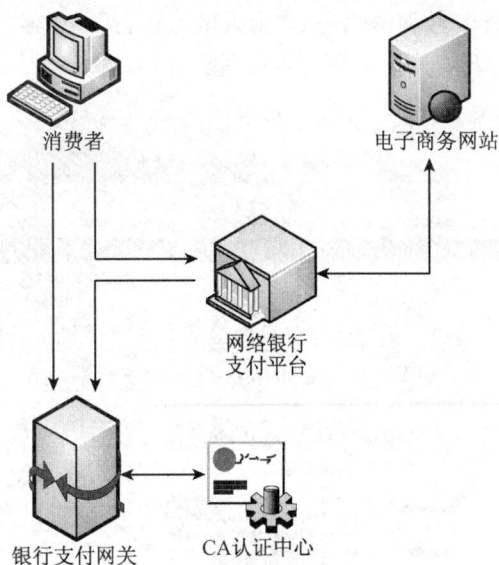

消费者　　　　电子商务网站

网络银行
支付平台

银行支付网关　　CA认证中心

图 4-1　网上银行系统

通过网上银行购物与电子支付的基本过程如下：

（1）客户接入互联网，通过浏览器在网上浏览销售中心的商品，选择商品，填写订单，交给销售中心。

（2）销售中心接收到订单后，经过审批，向配送中心发出发货请求，由配送中心向客户送货。

（3）客户收到商品后，进行商品的清点核对，并在验收单上签字验收，再对收货单进行数字签名后，发送给销售中心进行挂账处理。

（4）当需要付款时，由客户根据订货以及接货验收情况，在结款信息上签名，并生成付方密码，传送给销售中心。

（5）销售中心接收到客户的结款请求时，将自身的银行账号以及收款金额等信息生成收方密码，发送给商家的开户银行。

（6）商家的开户银行将该笔交易信息通过中国人民银行金融区域网及其网上的电子实时支付与清算系统与客户的开户银行进行清算，将货款从客户的账号上划拨到商家的银行账户中。

（7）双方的开户银行将交易成功信息发送给各自的客户，电子支付全部完成。

（8）商家向客户发送电子发票，网上交易全部完成。

二、网上银行的申请

国内的网上银行必须先申请，申请通过后才能使用。下面以中国农业银行为例，说明网上银行申请业务的基本流程。

中国农业银行网上银行的申请方式有网上申请和网点申请两种。

（1）网上申请：登录中国农业银行网上银行首页（www.abchina.com 或 www.95599.cn），如图 4-2 所示，凭银行卡号和密码进入"个人网上银行"→"客户号申请"，填写并提交信息。随后到中国农业银行营业网点办理注册手续。

图 4-2　中国农业银行首页

（2）网点申请：直接前往中国农业银行营业网点办理申请注册，流程如图 4-3 所示。

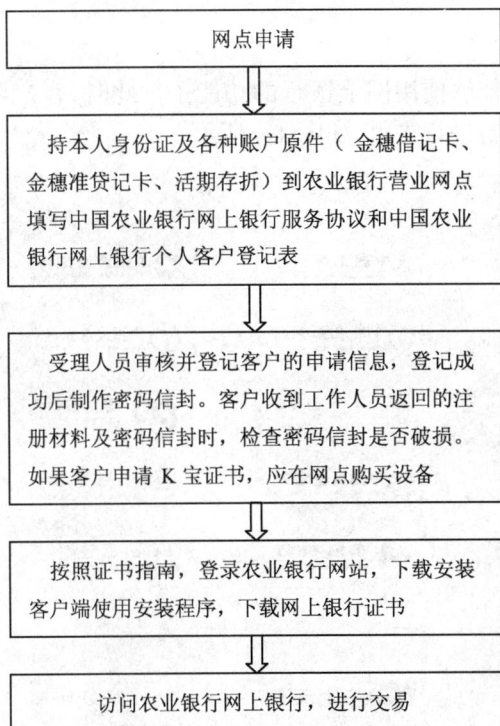

図 4-3 中国农业银行网点申请网上银行的流程

三、网上银行证书管理

网上银行证书即数字证书，它像生活中的身份证件一样用于证实身份的真实性。其与传统证书的区别在于：它以数字信息为介质，用在网络环境中证明某个网络实体的身份。由于自身的优势，它可以参与数据存储加密、数据传输加密、数据传输完整性保护等过程。总之，涉及网络安全的操作大都和数字证书有着密切的关系。

以网上银行服务为例，虽然网上银行可以提供便捷、高效、贴身的服务，但和传统银行服务相比，它本身存在着一些安全风险。

网上银行客户证书主要用于识别客户的身份。一张完整的客户证书包括公钥证书和私钥部分。公钥证书经可信机构（银行认证中心）签名来保证其真实可靠，可以被其他人获取；私钥只能由证书持有人拥有，它主要用做签名信息，从而声明客户的身份。网上银行对客户进行身份识别以后，可以确保在使用网上银行过程中的安全性。

客户证书可以存储在 IE 浏览器、IC 卡和 USB-Key 等多种介质中。

IE 浏览器证书（包含私钥）能够被导出进行备份，备份证书也可以重新导入 IE 浏览器中使用。因为证书私钥可以被复制，所以必须谨慎保管，避免证书私钥被别人复制。

USB-Key 中内置了智能芯片，并有专用安全区来保存证书私钥。USB-Key 证书私钥不能导出，因此备份的文件无法使用，其安全性高于浏览器证书。客户使用时需要安装 USB-

Key 驱动程序,USB-Key 证书需要证书成本,但易于随身携带。

四、网上银行的支付

安装好证书以后,就能够使用网上银行的功能了。此时,客户可以访问感兴趣的网站,挑选商品,并选择网上银行进行支付,如图 4-4 所示。

图 4-4 选择支付方式

第三节 网上银行的金融服务

网上银行与传统商业银行提供的金融服务有相同的地方,也有不同的地方。网上银行提供的金融服务主要包括两方面:一是基础网上服务;二是网上增值服务。

一、基础网上服务

基础网上服务是指网上银行向客户提供的基础性电子商务服务。它由以下两部分组成:一方面,银行电子化提供的金融服务主要有:银行零售业务电子化形成的金融服务品种,如 ATM 和 POS 的发展使银行零售业务摆脱了时空的限制;银行批发业务电子化,它提高了其服务的规模经济效益;银行同业清算转账电子化,如电子资金转账(EFT)系统、自动付费系统(APS)和全球电子资金转账系统。转账系统的建立,也为网上银行的金融服务提供了重要条件。基础网上服务的另一方面是网上支付系统。网上支付系统主要是向客户提供安全可靠的网上支付系统服务,这一服务是构成电子商务的核心服务项目。网上进行的交易都需要通过网络支付系统来完成,它既是吸引网上客户的基本手段,也是网上金融服务的重要内容。

二、网上增值服务

网上银行提供的第二项金融服务是网上增值服务。网上增值服务主要体现在金融服务品种的在线多元化和品牌化两个方面。品种多元化是网上银行金融服务的优势。

一般来说，网上银行提供的网上增值服务主要有以下几种：

1. 网上投资

由于金融服务市场发达，可以投资的金融产品种类众多，所以国外的网上银行一般提供股票、期权、基金投资等多种金融产品服务。网络证券就是网上金融服务的一种。1997年3月，中国华融信托投资公司湛江营业部推出了视聆通公众多媒体信息网网上交易系统，标志着中国证券网上交易的开始。在经历了2002年全行业亏损之后，推广网络证券业务成为证券公司压缩成本的最主要手段。

2. 个人理财助理

个人理财助理是国外网上银行重点发展的一个服务业务。各大银行将传统银行业务中的理财助理转移到网上进行，通过网络为客户提供理财的各种解决方案，提供咨询建议，或者提供金融服务技术的援助，从而极大地扩大了商业银行的服务范围，并降低了相关的服务成本。

3. 企业银行

企业银行服务是网上银行服务中最重要的部分之一。其服务品种比个人银行客户的服务品种要多，也更为复杂，对相关技术的要求也更高。所以能够为企业提供网上银行服务是商业银行实力的一种体现，一般中小网上银行或纯网上银行只能部分提供、甚至完全不能提供这方面的服务。

企业银行服务一般提供账户余额查询、交易记录查询、总账户与分账户管理、转账、在线支付各种费用、透支保护、储蓄账户与支票账户资金自动划拨、商业信用卡等服务。此外，还包括投资服务等。部分网上银行还为企业提供网上贷款业务。

4. 其他金融服务

除了银行服务外，大型商业银行的网上银行均通过自身或与其他金融服务网站联合的方式，为客户提供多种金融服务产品，如网络保险、抵押和按揭等，以扩大网上银行的服务范围。

在我国，网络保险还是新鲜事物，多数保险公司对网络保险的认识还处于摸索阶段。1997年12月，新华人寿保险股份有限公司在互联网上完成了国内首份网络保险业务。目前，我国已经基本形成以网站平台为基础的网络保险发展框架。

5．网络信息服务

网上银行提供的增值服务还体现在金融服务品种的在线品牌化上。现在的人们越来越重视品牌的选择，因为它有信誉，值得信赖。同样，在选择网上银行时，人们也对传统的老牌银行情有独钟，因为它们比新创立的银行更具深厚的企业文化基础和更高超的市场营销策划能力，也有实力提供更方便、更快捷的金融服务。

典型案例 4-1

网上理财

王先生是某公司经理，与妻子共有资金 20 万元，月收入 1 万元左右，家有一个 5 岁的男孩。对于这笔 20 万元的资金，王先生计划进行投资，使其保值。但王先生和妻子平时空闲时间较少，因此，想找到一种方便、快捷的资金管理方式。经过一段时间的调查，王先生选择了中国银行的网上银行业务。根据中国银行工作人员的分析与建议，王先生将资金分为三个部分：

第一部分是现金及流动资金。银行方面建议王先生将 4 万元现金作为流动资金，可以使用网上银行进行管理，如果流动资金超过 4 万元，则可以委托银行进行投资，获得比活期更高的收益率。

第二部分是保险。王先生为自己及妻子投保了健康和人寿保险，同时出于对今后子女上学问题的考虑，还为小孩购买了教育险和健康保险。

第三部分是股票及债券。王先生使用 10 万元现金购买了股票、期权和债券。

中国银行为王先生的所有资金都提供了网上银行的管理方式。这样，王先生就不必为没有时间而发愁了。平时他可以通过网上银行进行消费，也可以在网上进行委托交易，管理自己的资金。网上投资理财的方式，为王先生提供了非常大的便利。

第四节　国内网上银行的发展现状

《2009 中国网上银行调查报告》显示：尽管受到全球金融危机的冲击，中国网上银行总体上保持了向上发展的态势，尤其是个人网上银行业务。在行业监管部门、各商业银行以及中国金融认证中心（CFCA）等相关机构的大力推动下，个人网银市场逆市而上，展现了强劲的发展势头。数据显示：2009 年，全国城镇人口中，个人网银用户的比例为 20.9%，比 2008年增长了 2%。未来一年的潜在用户比例为 13.9%。同时分析发现，其中 35～44 岁的"社会核心"人群和女性市场，网银用户增幅较大，网银正进一步渗透到各类人群中。企业网银方面，2009 年，全国企业网银用户的比例为 40.5%，比 2008 年略有下降，其主要原因是受金融危机冲击较大的、百万元以下规模的中小型企业的网银用户比例比 2008 年下降了 4%，而这部分企业在总体企业数量中占 50% 以上。尽管如此，企业网银交易用户比例仍然高达70.3%，比 2008 年上升了 5.9%。

2010年1月15日,中国互联网络信息中心(CNNIC)在北京发布了《第25次中国互联网络发展状况统计报告》(以下简称《报告》)。《报告》中的数据显示,截至2009年12月,我国网民规模已达3.84亿,互联网普及率进一步提升,达到28.9%。2009年网络应用使用率排名前三甲的分别是网络音乐(83.5%)、网络新闻(80.1%)和搜索引擎(73.3%)。但是商务交易类应用增幅"异军突起",《报告》调查显示,商务交易类应用的用户规模增长最快,平均年增幅达到了68%。其中,网上支付用户年增幅80.9%,在所有应用中排名第一,旅游预订、网络炒股、网上银行和网络购物用户规模分别增长了77.9%、67.0%、62.3%和45.9%。

根据艾瑞咨询(iResearch)推出的《2009—2010年中国网络购物行业发展报告》显示:2010年至少一次网络购物的用户总数达到14 500万,相比2009年增长率为33%,增速非常快;2009年网络购物交易额规模突破千亿元大关,达2 630亿元,相比2007年增长105.2%。艾瑞研究认为:网络购物正在成为网民常态的网络行为,网购已步入快速上升期,其增长势头受地震灾害、金融危机等突发事件的影响很小。预计随着网络购物的快速增长,网购将在更多网民中普及,到2012年网购用户占互联网用户规模的比例有望达到40%以上。

图4-5为艾瑞咨询对中国网上银行交易规模的统计和预测图。

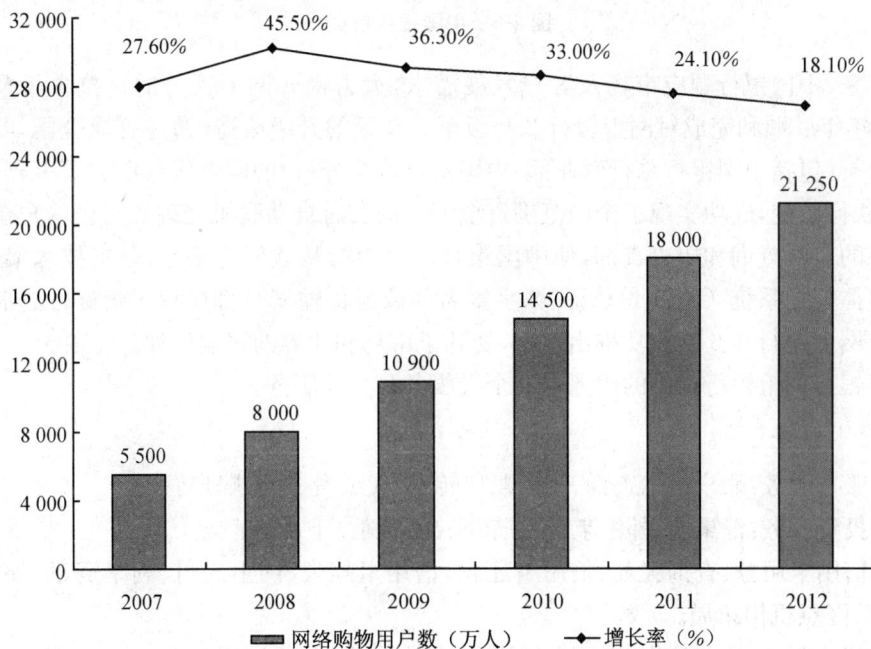

图 4-5 艾瑞咨询对中国网上银行交易规模的统计和预测

一、中国银行

中国银行(首页网址为http://www.boc.cn/,如图4-6所示)是较早提出"科技兴行"发展思路的银行,国内第一张信用卡就是该行在1985年发行的,国内第一笔网上支付业务也是该行在1998年3月16日经办的。同时中国银行作为原来的外贸专业银行,海外分行网点多、经营规范,在国际金融市场中获得不少经验。因此该行在开发网上银行时,一开始就高投入、高起点,在网上支付系统中采用了先进的 SET 标准。

图 4-6　中国银行首页

近年来,中国银行顺应市场及客户发展需求,大力提升网上银行的科技含量及服务水平,2002 年年底顺利完成对网上银行 2.0 版至 3.0 版的升级改造,通过打通全国 38 家分行及直属分行(包括中国银行总行营业部、中国银行西藏分行)的网上银行前置服务器、会计系统、电子联行系统,成功实现了全国范围资金汇划的实时自动联机处理和对公账户余额及其交易信息的实时查询和历史查询,使中国银行网上银行从软硬件平台、基本技术架构、编码技术到整体安全系统、CA 身份认证、数字签名和数据传输安全都取得了突破性进展。中国银行对公网上银行 3.0 版成功推出以来,受到了市场和业界的普遍好评。

中国银行网上银行提供的服务包括个人服务和企业服务。

1. 个人服务

(1) 账户服务:账户信息查询、个人账户转账、代缴费、个人账户管理。

(2) 投资服务:汇聚宝、外汇宝、银证转账、银券通、开放式基金。

(3) 信用卡服务:查询服务、信用卡还款、信用卡挂失、网上支付、利率资讯、外汇资讯、市场行情、网点机构布局。

(4) 其他服务:消费信贷、出国金融服务、理财计算器、便利服务等。

2. 企业服务

企业服务包括银企对接、集团理财、代发工资/代理报销、国内国际支付结算、境外账户管理、期货 e 支付、定向账户支付、报关即时通、汇划即时通、账户查询等。

二、中国工商银行

中国工商银行(首页网址为 http://www.icbc.com.cn/icbc/,如图 4-7 所示)于 2002 年 5 月对网上银行、电话银行、手机银行等产品进行全面整合,推出"金融 e 通道"电子银行新品牌。这一品牌可以针对客户不同需求,提供不同产品组合,满足客户的个性化需求。

中国工商银行自 2000 年 2 月推出企业网上银行业务以来,已经先后进行了 4 次版本升级工作,除企业网上银行外,还推出了个人网上银行、集团理财、银证通、外汇买卖、个人汇款、代缴学费、代理行、网上个人质押贷款等一系列网上银行新业务,较好地满足了企业及个人客户多层次的服务需求。中国工商银行网上银行已发展个人客户 180 多万户、企业客户 1 万多户。据不完全统计,中国工商银行有 50 家左右特约网站客户,特别是许多大型集团客户都已利用该行的网上银行对其几十个、甚至几百个分支机构的资金账户进行集中管理,实现了集团内资金的快速调拨,极大地提高了资金的使用效率和财务管理能力。

2009 年 6 月末,中国工商银行的个人网上银行客户和企业网上银行客户分别达 6 621 万户和 174 万户。2009 年上半年中国工商银行的电子银行交易额达 70 万亿元,交易笔数占整体业务量的 46.2%。

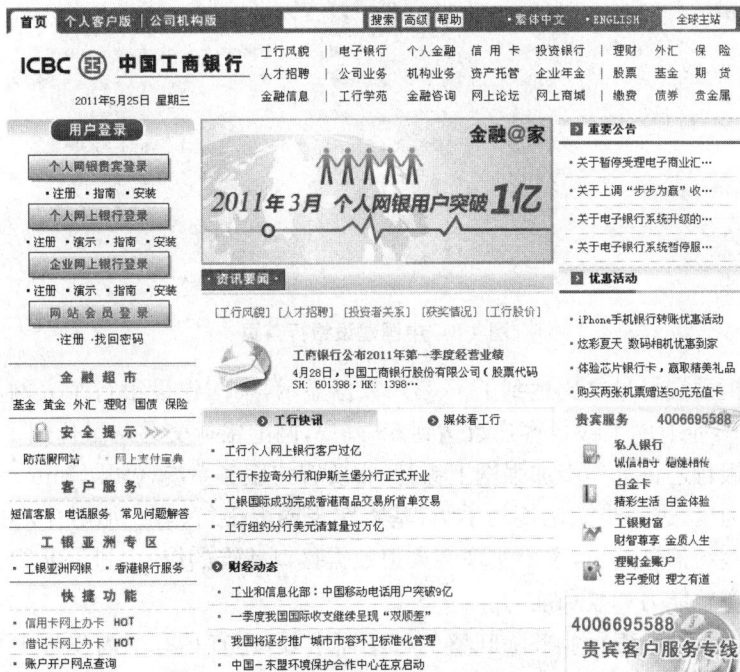

图 4-7 中国工商银行首页

在美国《环球金融》杂志 2009 年度全球各地区最佳网上银行评选中,中国工商银行作为唯一获奖的中国内地银行,一举囊括了该杂志 2009 年"中国最佳个人网上银行"、"亚洲最佳综合个人银行网站"和"亚洲最佳综合企业银行网站"三大奖项。

三、中国建设银行

中国建设银行网上银行(首页网址为 http://www.ccb.com/,如图 4-8 所示)业务自 1999 年 8 月开通以来得到迅速发展,目前该行网上银行服务已基本覆盖了全国一级分行、200 多个大中城市,形成了一定的市场规模,业务交易量迅猛增长。

中国建设银行网上银行业务跳跃式增长,截至 2009 年 11 月底,中国建设银行全国网上

图 4-8　中国建设银行首页

银行交易量与柜面交易量之比达到了 77%。数据显示,中国建设银行个人网上银行客户数超过 3 800 万户,企业网上银行客户数达到 68 万户,网上银行交易总量达到 16 亿笔。

中国建设银行还将进一步加强网上银行、重要客户服务系统、Call Center 三大核心产品的建设与推广力度,进一步简化签约手续,基本实现网上银行、客户服务中心以及手机银行等渠道的客户签约信息共享,逐步实现各渠道数据接口标准的统一,进一步提升该行电子银行产品的市场竞争能力和盈利能力。

中国建设银行网上银行业务除旺盛的市场需求外,还有具有国内先进水平的网上银行系统,为开展网上银行业务打下了良好基础。建设银行推出的个人网银安全保护策略"E 路护航网银安全组件"包括网银安全检测工具、网银安全控件等一系列安全增值服务,能够极好地保障网银的安全性。

四、交通银行

交通银行(首页网址为 http://www.bankcomm.com/,如图 4-9 所示)始终坚持继承与创新并重,以诚信立行,以服务取胜,在金融产品、金融工具和金融制度领域不断开拓,锐意进取,形成了产品覆盖全面、科技手段先进的业务体系,通过将传统网点"一对一"服务和全方位的现代化电子服务渠道相结合,为客户在公司金融、私人金融、国际金融和中间业务等领域提供全面周到的专业化服务。交通银行拥有以"外汇宝"、"太平洋卡"、"基金超市"等为代表的、在市场享有盛誉的一批品牌产品,市场份额在业内名列前茅。2006 年,交通银行在产品开发方面继续提速,先后推出了"沃德财富账户"、"盈通账户"、"满金宝"、"展业通"等一系列金融新品,使得全行产品线更趋丰富,客户服务功能继续提升,市场竞争力进一步加强。

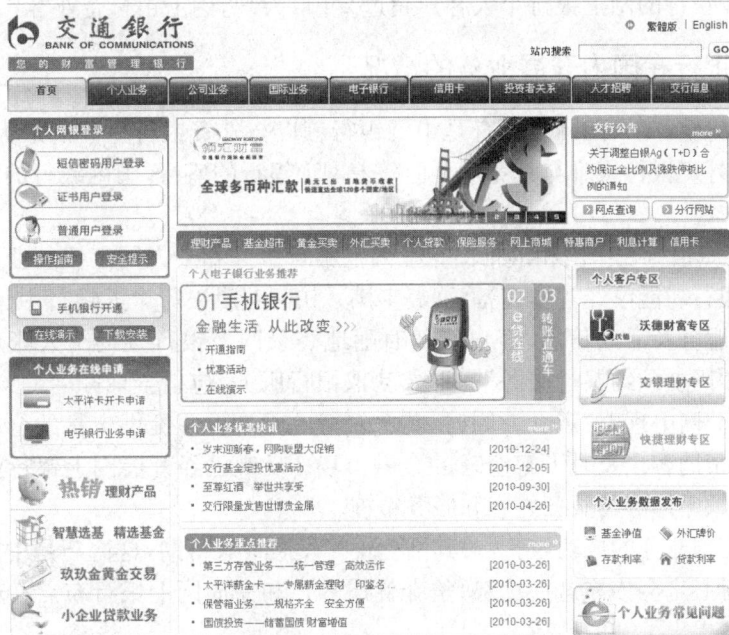

图 4-9　交通银行首页

交通银行具有良好的财务状况。由于抓住了境外成功上市后品牌和市场形象提升的有利时机,交通银行加快业务拓展步伐,经营活力充分显现,各项业务实现健康快速协调发展,综合实力日益增强,财务状况居于国内同业领先水平。按国际财务报告准则审计口径,截至2010 年 9 月 30 日,交通银行资产总额达到人民币 38 027.05 亿元,比年初增长 14.92%;实现净利润人民币 295.37 亿元,同比增长 28.23%;平均资产回报率(年度化)和平均股东权益报酬率(年度化)分别为 1.11% 和 20.78%,分别较 2009 年同期提高了 0.08 个和 0.45 个百分点;净利差和净利息收益率分别为 2.37% 和 2.44%,比 2009 年同期分别提高 25 个和 22个基点;减值贷款比率为 1.22%,比 2010 年年初下降 0.14 个百分点;拨备覆盖率达到167.95%,比年初提高 16.90 个百分点。根据英国《银行家》杂志公布的 2009 年全球 1 000家银行排名,交通银行以 193.36 亿美元的一级资本位列第 49 位,比 2008 年上升 5 位,首次跻身全球银行 50 强。同时,交通银行市值(根据 2009 年 7 月 8 日市值计算)和税前利润分列第 11 位和第 16 位。

五、中国农业银行

中国农业银行客户通过网上银行自助办理业务,突破了时间和空间的限制,不论居家、办公还是出门旅行,只要登录中国农业银行首页,就可进入网上银行客户交易系统,享受网上银行的便利。"金穗卡"以先进的电子化手段为依托,形成了以城市为中心覆盖全国的服务网络,走进了百姓的日常生活,成为不可或缺的手段和理财工具。2009 年,中国农业银行的银行卡业务实现跨越式发展,市场份额显著增加,产品功能日趋完善,各项业务指标增势良好,经营效益成倍增长,银行卡发卡量、存款余额、跨行交易量均居同行业第一。截至2009年10月底,农业银行的网上银行个人客户超过2 100万户,网上银行企业客户超过45万户。

六、外资银行在国内开展业务的情况

长期以来,完整、庞大的网点一直是中资银行赖以与外资银行竞争的最大优势,在传统银行业务方面,外资银行很难与其竞争。但随着网上银行的盛行,国内银行的竞争优势正在逐渐丧失。

2002年,花旗银行在中国相继推出企业网上银行服务和个人网上银行业务。花旗银行在中国的网上银行功能已经基本完备,羽翼丰满。访问花旗银行个人银行中国网站,可以看到丰富的产品、服务及活动信息,客户能随时随地登录网上银行查询个人账户余额和明细账,并可以通过"网上预约银行服务"的形式获取银行服务,包括全球知名的"花旗人生理财规划"服务,提倡"网上理财"观念。同时,花旗银行的网站上还提供丰富的全球财经信息和权威专家评论,帮助客户及时了解全球的金融市场。反观已经开展网上银行业务的绝大多数中资银行,则缺乏足够的服务内容和服务精神。

外资银行跨国业务的成功经验,对其网上银行发展很有帮助,这恰巧是中资银行的薄弱环节。外资银行必定会依靠这一优势,争夺优质客户和完成网上银行布点。这无疑对国内网上银行的发展提出了新的挑战。

🖱 资料链接 4-2

各商业银行网上支付业务开通的有关情况

一、中国工商银行

银行客服电话:95588。

支付说明:首次进行网上支付,须在银行网站申请开通个人网上银行。

支付限额:网上支付单笔限额1 000元,日累计5 000元。证书用户无限额。如需大额支付,须到银行柜台办理电子口令卡或者申请成为U盾用户。

支持卡种:牡丹灵通卡/理财金账户卡/信用卡/贷记卡/国际卡/商务卡。

中国工商银行注册网址:https://mybank.icbc.com.cn/icbc/perbank/regagree.jsp。

二、中国建设银行

银行客服电话:95533。

支付说明:首次进行网上支付时,在银行网站申请开通个人网上银行后,再到建设银行柜台办理手续和取得支付卡号、密码、网银证书。在银行的支付界面上输入卡号、提交密码即可。

支付限额:如需大额支付,需下载个人证书并到银行柜台签约,升级为签约客户。普通用户网上支付限额每日500元。

支持卡种:龙卡借记卡/龙卡贷记卡/万事达彩照卡/VISA彩照卡/龙卡金卡。

中国建设银行注册网址:https://ibsbjstar.ccb.com.cn/app/V5/CN/STY1/login.jsp。

三、中国银行

银行客服电话:95566。

支付说明:凭卡信息即可登录个人网上银行,无须注册。

支付限额:支付限额需要到银行柜台办理。

支持卡种:长城借记卡/长城信用卡/长城国际卡。

中国银行注册网址:https://ebs. boc. cn/BocnetClient/LoginFrame1. do? _locale＝zh_CN。

四、中国农业银行

银行客服电话:95599。

支付说明:首次进行网上支付,需在银行网站申请开通网上个人银行。

支付限额:网上购物单笔最高5万元限额,开通网上支付时设定。

支持卡种:金穗借记卡/金穗信用卡/金穗储蓄卡。

中国农业银行注册网址:http://www. abchina. com/cn/EBanking/Ebanklogin/PCustomerLogin/default. htm。

五、中国招商银行

银行客服电话:95555。

支付说明:首次进行网上支付,需在银行网站申请开通网上个人银行。

支付限额:大众版每日购物支付限额5 000元。

支持卡种:专业卡/信用卡/一卡通/支付卡。

中国招商银行注册网址:http://www. cmbchina. com/personal。

六、交通银行

银行客服电话:95559。

支付说明:登录个人网上银行,无须另外开通网上支付功能。

支付限额:当日累计5 000元以下。

支持卡种:太平洋借记卡/太平洋信用卡/太平洋专用卡/太平洋智能卡/太平洋彩照卡/太平洋万事顺借记卡/太平洋互联借记卡/太平洋万事达信用卡。

交通银行注册网址:http://pbank. 95559. com. cn/personbank/index. jsp。

七、广东发展银行

银行客服电话:95508。

支付说明:凭卡信息即可登录个人网上银行,无须注册。

支付限额:网上支付限额10万元以下。

支持卡种:广发理财通卡/广发信用卡/外汇卡/商旅卡。

广东发展银行注册网址:https://ebanks. cgbchina. com. cn/perbank/。

八、深圳发展银行

银行客服电话:95501。

支付说明:首次进行网上支付,需在银行网站申请开通网上个人银行。

支付限额:无限额。

支持卡种:发展借记卡/发展信用卡。

深圳发展银行注册网址:https://ebank. sdb. com. cn/perbank/declaration. do。

九、中国光大银行

银行客服电话:95595。

支付说明:凭卡信息即可登录个人网上银行,无须另外开通网上支付功能。

支付限额:无限额。

支持卡种:阳光卡。

中国光大银行注册网址:https://www.cebbank.com/per/FP990101.do?_locale=zh_CN。

十、中信银行

银行客服电话:95558。

支付说明:首次进行网上支付,须到柜台办理个人网银业务开通手续,第一次登录时需进行系统设置,并安装相应程序。

支付限额:无限额。

支持卡种:中信借记卡/中信信用卡/中信储蓄卡/中信理财宝。

中信银行注册网址:http://bank.ecitic.com/。

十一、中国民生银行

银行客服电话:95568。

支付说明:凭卡信息即可登录个人网上银行,无须另外开通网上支付功能。

支付限额:单笔最高限额1 000元,当日累计最高限额5 000元。

支持卡种:民生卡。

中国民生银行注册网址:https://ebank.cmbc.com.cn/index_NonPrivate.html。

十二、浦发银行

银行客服电话:95528。

支付说明:凭卡信息即可登录个人网上银行,无须另外开通网上支付功能。

支付限额:无限额。

支持卡种:东方借记卡。

浦发银行注册网址:https://ebank.spdb.com.cn/login/perlogin.html。

十三、兴业银行

银行客服电话:95561 0591-87839338。

支付说明:凭卡信息即可登录个人网上银行,无须另外开通网上支付功能。

支付限额:普通卡提供的网上支付试用额度为500元,兴业E卡日限额5 000元。

支持卡种:兴业银行顺通卡。

兴业银行注册网址:https://www.cib.com.cn/index.jsp。

十四、华夏银行

银行客服电话:95577。

支付说明:凭卡信息即可登录个人网上银行,无须另外开通网上支付功能。

支付限额:无限额。

支持卡种:华夏银联卡/华夏银行借记卡。

华夏银行注册网址:http://www.hxb.com.cn/chinese/index.html。

第五节　网上银行对电子商务的影响及发展趋势

一、网上银行与电子商务的关系

1. 电子商务为网上银行提供商业基础

随着国际互联网的广泛应用和日益完善,一种新兴的商业运作模式——电子商务应运而生并以惊人的速度发展。电子商务的发展,推动了网上银行的诞生。电子商务是网上银行产生的商业基础,可以说没有电子商务的发展,就不会有网上银行的兴起。电子商务是一种伴随互联网的普及而产生的新型贸易方式,它是当代信息技术和网络技术在商务领域广泛应用的结果。

2. 网上银行为电子商务提供支付平台

电子商务的最终目的是要实现网上商流、信息流、资金流三者的统一,而要实现这一目的,就必须首先解决资金流不够畅通这一难题。银行作为支付结算的最终执行者,在电子商务中起着联系买卖双方的重要作用,但电子商务活动需要的是新型网上支付手段,这一点,传统银行无能为力,必须依靠网上银行来完成。从另一角度看,互联网上流动的巨大交易款项也极大地吸引着银行来开展网上业务。所以,网上银行的诞生既是电子商务发展的客观要求,又是传统银行发展的必然结果。

通常来说,电子商务对银行的要求有两方面:一方面是要求银行为之提供相互配套的网上支付系统;另一方面是要求银行提供与之相适应的虚拟金融服务。电子商务是一种网上交易方式,所有的网上交易都是由两个环节组成的:一个是交易环节;另一个是支付环节。前者在客户与销售商之间完成,后者需要通过银行网络完成。

3. 电子商务给银行带来机遇及挑战

由于电子商务是通过互联网进行的商务活动,市场全球化、国际化特征异常明显,凡是能够上网的人,无论身处何地,都有可能成为网上交易的客户。所以,传统银行上网后,不仅仅局限于为客户提供国内的支付与清算,还可通过互联网为客户提供跨国的支付与清算,且方便快捷,成本低廉。另外,电子商务的业务范围非常广泛,既包括有形的商品交易,也包括无形的货物与服务,如计算机软件、娱乐内容等的订购、付款交货或全球范围内的信息业务,这也为银行开拓了更广阔的业务范围。网上银行兴起后,不仅可以为客户办理存款、贷款、支付、转账及买卖证券、购买保险等业务,还可以为客户提供各种各样有价值的信息,如为客户提供投资咨询和股票分析等服务。银行除了提供本行业的产品服务外,还可提供艺术品的在线购买等业务。

二、网上银行的发展趋势

1. 传统银行的地位和作用将日益弱化

在传统金融市场上,受种种因素的制约,筹资者筹集资金还需要金融中介机构的参与,资金的供需双方以间接方式交易;而通过网络金融市场,筹资者可直接向投资者筹集资金,经济业务往来可直接在网上进行,金融中介机构的地位和作用日益弱化。

2. 交易成本大大降低,交易速度快速提高

根据美国安全第一网络银行提供的资料,传统银行营业网点每笔交易收费约 1.07 美元,电话银行每笔交易收费约 0.54 美元,ATM 每笔交易收费约 0.27 美元,而在网络金融市场中通过网络每笔交易仅收 0.01 美元。在传统股票交易中每笔交易需花费约 1 美元,采用网络交易只需花费 0.02 美元。更为明显的是,客户可在互联网上直接交易,免去了交通及通信费用。因而,低成本是网络金融市场快速发展的一个主要原因。网络金融机构通过电子化票据及电子现金的传递,使"距离"这个概念不复存在,访问世界各地的网站没有区别。网络也使"瞬间传递"成为可能,几秒钟之内即可把大批资金转送到全国乃至世界各地。

3. 交易场所和交易手段将被虚拟化

网络金融市场最主要的特点是不受时空的限制,可以在任何时间、任何地点以任何方式为消费者提供服务。在网络金融市场上传统货币将被淘汰,取而代之的是网络货币,交易手段被虚拟化,传统银行使用的票据和单据全面电子化,纸币将被电子钱包、电子信用卡、电子现金所取代。

4. 信息服务将呈现个性化趋势

信息服务将出现的个性化趋势主要是针对网络证券市场。网络证券市场的用户只需上网即可获得所有股市新闻和个股信息,如果用户订阅了电子信箱服务,系统还会定期将相关信息发入其信箱。而在传统金融市场,信息服务主要针对机构投资者和资金实力雄厚的大户。因此,网络的出现使信息服务由传统金融市场的大金融机构"批发"转向直接针对个人,信息服务将呈现个性化的趋势。

5. 网络金融交易将呈全球化趋势

利用互联网,可以将金融业务延伸到世界各个角落。网络货币不受国别限制的特点,可使人们在全世界任何一个地区只要拥有计算机,一切金融活动都可以通过电子网络进行。

三、网上银行面临的问题分析

1. 安全防范问题

电子货币与现金相比更为安全。但是,电子货币一旦出问题,损失也将是巨大的。虽然国内开通网上银行业务的诸多商业银行,都已经通过 SSL 协议或 SET 协议进行了网上银行的密钥加密,但是多数客户仍心存顾虑,不敢在网上传送自己的信用卡账号等关键信息,这就严重制约了网上银行的业务发展。如何实现信息传输的安全性是网上银行面临的重要课题,同时也对网上银行营销提出了更高的挑战。如何让客户能更加放心地使用网上银行业务,也是摆在经营者面前的一个难题。

典型案例 4-2

钓鱼网站

李先生最近打算在网上购买一台数码摄像机。在查询信息时,被一家数码产品网

站的优惠信息所吸引。经过比较,李先生选择了一款数码摄像机,该摄像机非常便宜。于是,李先生即刻登录该网站提供的付款网页,输入账号和密码进行购买。两天后,当李先生偶然查询自己的银行卡信息时,发现银行卡中的资金大部分已被取走。李先生立刻报警,并冻结了银行卡。经过调查分析,李先生能够肯定是该网站利用输入的账号和密码信息窃取了资金。

这是一起典型的钓鱼网站的案例,利用优惠等信息吸引客户,并窃取资金,给客户造成重大损失。针对网上购物的安全性,专家建议:

(1) 登录具有一定资质的网站选择商品,无法认定其资质的网站,需要小心。

(2) 尽量不要泄露自己的账号和密码信息。

(3) 采用第三方支付的方式保证银行卡及资金的安全性。

(4) 不要在网吧等不安全场所使用网上银行。

2. 网络经济市场需求不足,交易规模小

虽然近年来网上支付的比例呈几何级数增长,但是相对于国内的整体市场需求来说,仍显不足。第一,我国有 1 000 多万个企业,上网企业尚属少数,开展网络营销、网上采购的更少,大部分中小企业及小部分大中型企业尚未开展电子商务。企业信息化水平低,企业尚未成为电子商务的主力。第二,我国大部分电子商务网站功能单一,主要做电子市场商情,在网上发布广告、电子目录、电子查询、网上互通商品信息。有少数做电子交易(电子洽谈、订购),他们利用网络进行商务洽谈,签订购货合同,交换文本及单证,进行交易,能完成网上购物、网上支付的较少。第三,由于我国行业、地区发展不平衡,东南沿海与中西部地区有很大区别。目前,传统产业部分行业及东南沿海大城市已开展电子商务,部分行业及中西部地区的广大城乡尚未开展电子商务。这些制约电子商务发展的因素,必然对国内网上银行的发展产生不利影响。

3. 市场文化尚不适应,网上交易的观念和习惯还有相当差距

网络经济存在的问题同时也是网上银行的问题。第一,货币、交易场所、交易手段以及交易对象的虚拟化是网络经济的优点,但同时也是弱点。客户对网上交易的各类实体是否货真价实心存疑虑,要让人们对数字化、虚拟化交易从心理上接受还需要一个过程。第二,居民总体收入偏低、上网费用较高等约束导致网上客户的层面较为狭窄,数量较少。第三,人们的观念及素质还跟不上网络技术的发展。网上交易不仅需要网络终端设备的普及,还需要参与者对电子商务及网络技术能够熟练掌握和运用,而我国在这些方面都存在相当的差距。第四,由于各方面条件还很不成熟,使企业的投入在短期内不可能得到回报。

4. 信用机制不健全,市场环境不完善

个人信用联合征信制度在西方国家已有 150 年的历史,而我国仅在上海、北京、深圳等几个城市进行试点。第一,我国的信用体系发育程度低,许多企业不愿采取客户提出的信用结算交易方式,而是向现金交易、以货易货等更原始的方式退化。互联网具有充分开放、管理松散和不设防护等特点,网上交易的双方互不见面,交易的真实性不容易考查和验证。对社会信用的高要求也就迫使我国应尽快建立和完善社会信用体系,以支持网络经济的健康发展。第二,在网络经济中,获取信息的速度和对信息的优化配置将成为银行信用的一个重要方面。目前,商业银行网上支付系统各自为政,企业及个人客户信息零散不全,有关信息资源不能共享,其整体优势没有显现出来。第三,海关、税务、交通等与电子支付相关的部门的网络化水平未能与银行网络化配套,制约了网上银行业务的发展。

5. 信息网络基础设施建设投入不足,金融业的网络建设缺乏整体规划

电子商务由商情沟通、资金支付和商品配送三个环节构成。就目前国内网上银行业务的基础环境来看,由于基础设施落后造成资金在线支付的滞后,部分客户在网上交易时仍不得不采用"网上订购,网下支付"的办法。虽然工、农、中、建四大国有商业银行都建立起自己的网站,但在网站的构架和服务内容上,仍然离电子商务和网络经济的要求有很大的距离。资金、人员等方面的投入严重不足,银行与高新技术产业结合不紧密,造成网络金融市场规模小、技术水平低、覆盖面小。同时,商业银行乃至整个金融业的网络建设缺乏整体规划,使用的软、硬件缺乏统一的标准,更谈不上拥有完整、综合的网上信息系统。

6. 服务体系的建立问题

目前,国内网上银行的管理和服务体系还跟不上,不能满足客户的需求。网络经济的一大特点是服务更加个性化,通过网络实现客户间的互动,了解和满足客户的需要。网上银行首先必须建立全新的基础结构,以识别和锁定能够为银行带来收入的客户;其次必须提供更多的自助服务方式,建立客户查询的自动程序,从而减少为客户提供服务的费用和时间;最后要优化信息和资源管理,建立适合业务需要、满足客户需求的信息管理机制,并加快新产品和新服务进入市场的速度,拓展市场渠道。

引例解析

利用网上银行进行交易,具有方便快捷、成本低廉、个性化服务三大优势。在本例中,郭女士利用网络进行购物,买到笔记本电脑,比传统的方式更加方便快捷。由于是网络交易,戴尔公司无须设立分支机构,使得总成本降低,能够为客户提供更合理的价格。网上银行可以突破时空限制,为客户提供24小时的服务,并能按客户的要求进行定制,形成个性化服务的优势。

郭女士第一次进行网上购物,必定会对网上银行的安全性产生疑虑,担心资金的安全性;同时,许多传统的购物理念仍然影响着客户,使得网上购物不能被立即接受。只要客户能够感受到购物过程方便、快捷,同时了解网上银行的安全性后,就不会再有疑惑了。

网上银行是交易流程中信息和资金的汇接点,在交易中起着非常重要的作用,在资金支付中处于重要地位。

除了网上购物外,大商业银行的网上银行为客户提供多种金融服务产品,如投资理财、网络保险、抵押和按揭等,以扩大网上银行的服务范围。

本章小结

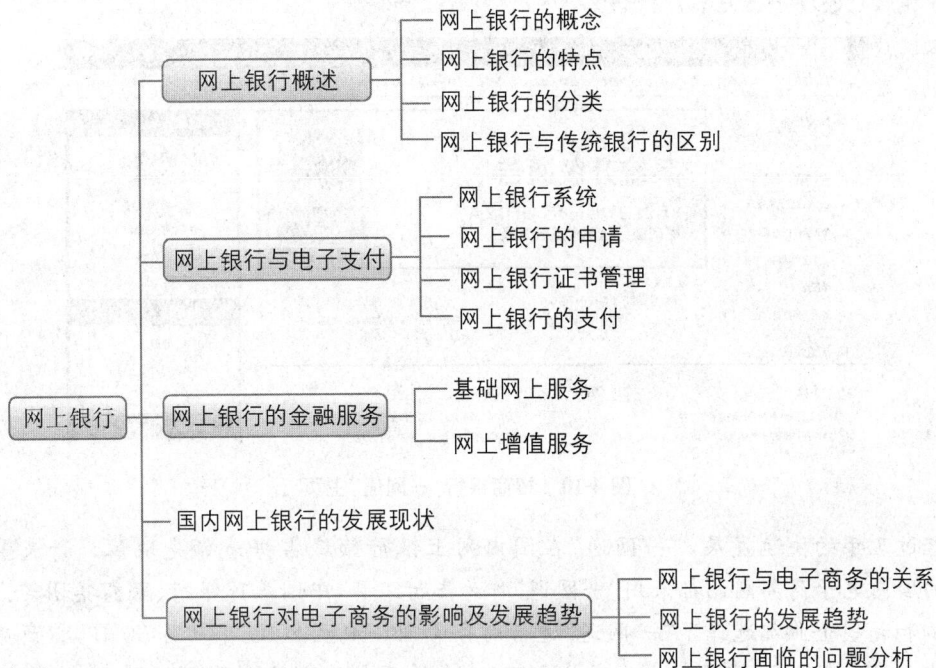

综合训练

一、思考练习

1. 什么是网上银行？
2. 网上银行如何分类？我国的商业银行是其中的哪一类？
3. 网上银行与传统银行相比，有什么区别及优势？
4. 网上银行的业务种类有哪些？
5. 简述网上银行与电子商务的关系。
6. 网上银行面临的问题有哪些？如何解决？
7. 简述网上银行的发展趋势。

二、案例分析

招商银行的"一网通"

1999年9月，招商银行在国内首家全面启动的网上银行——"一网通"，无论是在技术性能还是在业务量方面在国内同业中都始终处于领先地位。2002年12月，招商银行在国内率先推出一卡双币国际标准信用卡,成为国内最大的国际标准信用卡发卡行。招商银行"一网通"主页如图 4-10 所示。

图 4-10　招商银行"一网通"主页

经过几年的快速发展,"一网通"在国内网上银行领域占据着领先地位。新浪等超过95%的国内电子商务网站都采用"一网通"作为支付工具,中国人民银行、联想集团等众多政府机构和大型企业都选择了"一网通"进行财务管理。截至 2009 年 6 月 30 日,招商银行累计发出 5 172 万张卡,当年新增发卡 265 万张,卡均存款为人民币 8 670 元。"一网通"使招商银行在一定程度上摆脱了网点较少对规模发展的制约,为招商银行在网络经济时代实现传统银行业务与网上银行业务的有机结合,进一步加快发展步伐奠定了坚实的基础。

问题

1. 招商银行为何能够获得如此快速的发展?

2. 招商银行的发展对其他银行会产生什么影响?

实训设计

网上银行服务

【实训目的】

网上银行是网上交易时的重要工具,也是资金流汇聚的焦点。通过本次实训,需要掌握个人网上银行服务的基本操作,包括个人网上银行的申请、个人网上银行后台管理、个人网上银行的使用等内容。

【实训内容与要求】

1. 申请个人网上银行服务

选择国内的某个银行,并申请该银行的网上银行服务。申请方式有网上申请和网点申请两种。

2. 证书的管理和使用

尝试使用 IE 浏览器或者 USB-Key 这两种方式管理证书。

通过网上银行的页面下载 IE 浏览器证书,将证书导入 IE 浏览器中,导入后通过 IE 浏览器查看是否成功。

USB-Key 证书需要到银行的柜台办理相关手续才能够获取,其中内置了智能芯片,并有专用安全区来保存证书私钥。USB-Key 证书私钥不能导出。使用时需要安装 USB-Key 驱动程序,将 USB 设备接入计算机,安装好驱动程序后才能够使用。

3. 个人网上银行后台管理

登录网上银行,选择证书方式登录,对个人网上银行的后台进行管理。

在网上银行的后台管理页面中,进行用户信息修改、余额查询、历史交易查询、电子工资单查询、汇款查询、密码修改等多种操作。

4. 个人网上银行的使用

访问感兴趣的网站,挑选商品,并通过个人网上银行进行支付。

【成果与检验】

完成个人网上银行服务的申请,下载相关证书,完成个人网上银行的设置,并实现一次网络支付。

第五章

网上支付及结算方式

知识目标

» 了解网上支付的基本流程；

» 了解网上支付各实体之间的关系；

» 掌握银行卡类网上支付模式和虚拟货币网上支付模式；

» 了解第三方网上支付方式。

技能目标

» 能够应用银行卡进行网上支付；

» 能够应用第三方网上支付方式进行网上支付。

引例

六成网上购物者首选网上支付①

在 2007 年召开的第三届"中国电子支付高层论坛"上,中科院金融科技研究中心、《电子商务世界》杂志联合发布了《2007 中国消费者网上支付应用调查报告》。报告显示,安全、便捷的支付成为当前网上支付市场主要需求点,银行具有网上支付服务安全措施升级的主导能力,六成网上购物者首选网上支付。

本次调查主要面向有网上购物行为的个人消费者,开展网上支付应用情况和需求调查,并通过电话、样本深度访谈、专家咨询等方法获得相关的资料和信息。网上购物年龄分布显示:18～26 岁的人群占 45.5%,27～35 岁的人群占 41.4%;职业分布显示:除了学生以外,大部分消费者来自工商、医疗、教育等领域,公司职员占到了35.5%;学历分布显示:基本为大专和本科以上学历。消费者方面,具有稳定收入和工作,受过高等教育的年轻人群更愿意选择网上购物,且他们选择网上购物的概率比选择大型商场和连锁超市的概率高出 14%。性别方面,女性在网上购物当中占到了45%,超过了男性。消费金额方面,50～100 元之间最高,占比为 27.8%,100～200元之间占比 26.8%,即 200 元以下是最受消费者认可的。消费者倾向的支付手段——网上支付,已经远远高出其他方式,成为网上购物的主要支付手段之一,占比为 61.7%。消费者首选购物网站方面,淘宝占比为 42.3%,这表明在购物网站当中C2C 的网站仍然被消费者广泛关注。另外,商城的销售模式也会直接影响到网上支付。在影响网上支付使用的因素上,49.2% 的人群认为安全是影响网上支付的重要因素,30.3% 的人群认为便捷是影响网上支付的因素。另外,部分消费者认为安全并不仅仅是网上安全,还有信用安全。有第三方保障的平台,其网上支付的使用率达到了 80%。

本次调研也针对银行进行了一些系统分析。调查中发现,目前有 59.6% 的被访者使用了数字证书,87.7% 的被访者首选的网上银行为工商银行、建设银行和农业银行三家大型国有商业银行。绝大部分电子支付以网上银行为支撑和前提,银行在整个网上支付业务链上处于最关键的安全控制环节,并对整条支付服务产业链的安全措施升级具有主导作用。

鉴于以上调查结果,报告研究者对网上支付提出了相关建议。

首先,融合支付和交易,打消用户安全顾虑,重点关注小额交易。如果支付单纯是支付,市场空间极其有限。如今,被消费者广泛认同的网站是自己拥有支付平台的网站,因此,要考虑如何更好地与商城建立紧密的合作关系,包括第三方信用保证。调查表明,300 元以下的金额对 90% 的消费者都可以接受,因此,小额支付应该是支付厂商关注的,在小额支付当中尤其是数字产品方面前途无量。

---

① 一泓.六成网上购物者首选网上支付[N].金融时报,2007-08-15(9).

其次,有关网上商城。支付厂商在选择支付平台时,不应只为了便宜,而是为了让消费者更好地在网络商城购物。另外,应加强 25～35 岁年龄之间市场的开发,年轻群体对网上购物的需求很旺盛,同时承担能力也很强。女性对网上支付产品的关注和需求日益加大,网上商城对此也要重点关注。

此外,有关政策。鼓励发展网上产业,规范虚拟货币,引导银行创新。建议政府部门重点调查现有虚拟货币的存在形式、发放主体,规范虚拟货币的流通,引导主流虚拟货币运营商逐步向规范的第三方支付平台过渡。并鼓励银行开展网上支付业务创新,在持续推动安全控制技术应用的基础上,逐步满足网络消费者对网上银行服务、便捷等方面的需求。

结合以上案例思考:大部分人选择网上支付,那么网上支付的具体流程是什么?

第一节　网上支付的流程

基于 Internet 平台的网上支付的基础其实就是传统的支付过程。用户通过 Internet 进行网上支付的过程与目前商场中的销售点系统(即 POS 信用卡支付结算系统)的处理过程非常相似。其主要不同在于:网上支付方式采用 PC、Internet、Web 服务器作为操作和通信工具,而 POS 信用卡支付结算方式则是使用专用刷卡机、专用终端和专用通信通道。

在处理网上支付时借鉴了很多传统支付方式的应用机制与过程,只不过流动的媒介不同:一个是传统纸质货币与票据,大多手工作业;而另一个是电子货币且网上作业。如果熟悉传统的支付结算方式,如纸质现金、支票、POS 信用卡等方式的支付结算过程,将有助于对网上支付结算流程的理解。图 5-1 为基于 Internet 平台的网上支付流程图。

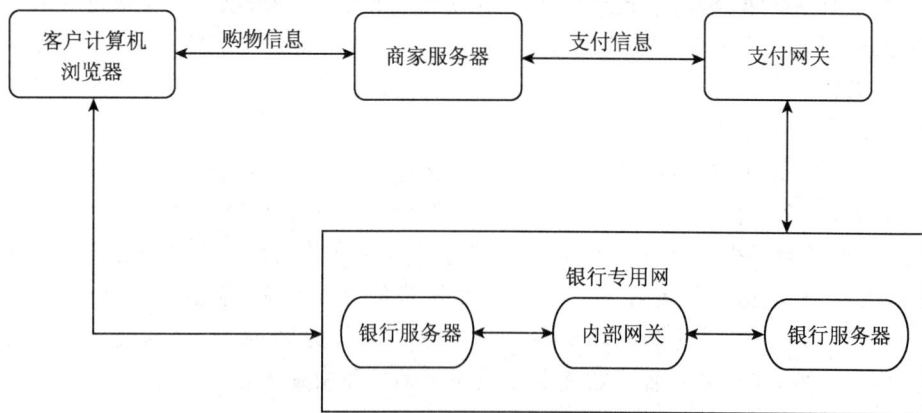

图 5-1　基于 Internet 平台的网上支付流程

(1) 客户建立与 Internet 的连接,通过浏览器进行商品的浏览、选择与订购,填写订单,选择相应的网上支付工具(如信用卡、电子钱包、电子支票等),并且得到银行的授权使用。

(2) 客户核对相关订单信息并确定订单信息,也可选择对支付信息进行加密,然后在网上提交订单。

(3) 商家服务器对客户的订单信息进行检查、确认,并把相关的、经过加密的客户支付信息等转发给支付网关,直至银行专用网络的银行后台专业服务器确认,以期从银行等电子货币发行机构得到支付资金的授权。

(4) 银行对信息验证及确认后,通过建立起来的、经由支付网关的加密通信通道,给商家服务器回送确认及支付信息;同时,为进一步保证安全,可以选择性地给客户发送支付授权请求。

(5) 银行得到客户传来的进一步授权结算信息后,把资金从客户账号转拨至商家银行账号上,借助金融专用网进行结算,并分别给商家、客户发送支付结算成功信息。

(6) 商家服务器收到银行发来的结算成功信息后,给客户发送网络付款成功信息和发货通知。

至此,一次典型的网上支付结算流程结束。商家和客户可以分别借助网络查询自己的资金余额信息,以进一步核对。

图 5-1 所示的网上支付流程只是目前各种网上支付结算方式应用流程的普遍情况,并不是说所有网上支付方式的应用流程都和图 5-1 一模一样。在实际应用中,由于技术、资金数量、管理机制上的不同,网上支付方式的应用流程还是有所区别的,如信用卡、电子现金、网络银行账号的网上支付结算流程就有所差别,但大致都遵循图 5-1 的流程。

图 5-1 所示的网上支付流程有一个特点,即实现的资金是立即支付。它适用于数目众多的较小金额的电子商务业务,对客户与商家来讲都是方便的。但是,对较大金额的资金支付结算,如大企业与大企业间的电子商务业务,实现 Internet 上的立即支付并不现实。目前,传统上独立于商务交易环节的金融 EDI(电子数据交换)或银行专业 EFT(电子资金转账)系统是比较普遍的支付结算方式。随着网络银行业务的发展,特别是企业网络银行业务的成熟与发展,也可基于 Internet 平台在电子商务交易与支付环节分离时进行较大额度资金的网上支付结算。

第二节　网上支付的模式

使用不同网上支付工具进行网上支付的应用流程是有区别的。目前,主要的网上支付工具有信用卡、借记卡、电子现金、电子支票等。这些支付工具的支付、结算和运行各有特点,根据其支付流程的差别,可以把网上支付模式分为银行卡类网上支付模式、虚拟货币网上支付模式和其他网上支付模式。

一、银行卡类网上支付模式

最常见的用于支付的银行卡有信用卡、借记卡等,其中信用卡支付是网上支付中最常见的方式。通常,信用卡网上支付有以下四种类型:

1. 无安全措施的信用卡网上支付模式

无安全措施的信用卡支付方式指的是消费者没有经过任何安全措施防护,将信用卡信息(包括卡号和密码)直接传输给商家,然后通过商家和银行各自的授权来检查信用卡的合法性,其基本流程如图5-2所示。这种信用卡支付方式出现在网上支付的早期,由于当时电子商务各方面的发展,尤其是银行对电子商务的支持还非常不成熟,因此这种支付方式的安全性较差、风险较大。

图 5-2　无安全措施的信用卡网上支付流程示意图

在无安全措施的信用卡支付方式中,消费者通过网上订货,然后将信用卡信息在网上或网下(电话、传真等)传输,无安全措施。消费者(即持卡人)将承担信用卡信息在传输过程中被盗取或商家获取信用卡信息等风险;由于商家没有消费者的签字,如果消费者拒付或否认购买行为,商家将会承担一定的风险。

2. 通过第三方代理人的信用卡网上支付模式

在上述无安全措施的信用卡支付过程中,一个致命的问题就是商家完全掌握持卡人的信用卡信息,同时无安全措施的传输也可能产生持卡人的信用卡信息被第三方窃取的风险。

提高信用卡处理安全性的一个途径就是在买方和卖方之间启动第三方代理,目的是使商家看不到消费者的信用卡信息,避免信用卡信息在网上多次公开传输而导致信息泄露。

通过第三方代理人的信用卡支付方式的基本流程,如图5-3所示。

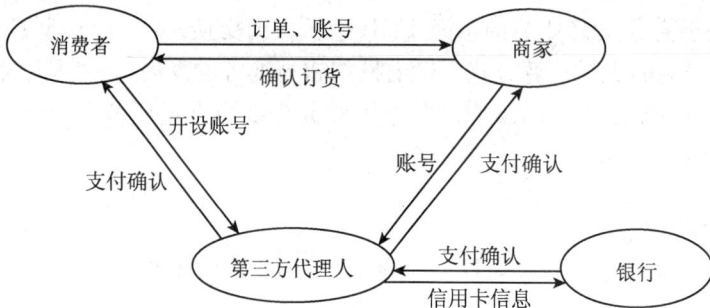

图 5-3　通过第三方代理人的信用卡网上支付流程示意图

(1) 消费者在线或离线在第三方代理人处开设账号。

(2) 消费者用该账号从商家处在线订货,即将订单和账号传送给商家。

(3) 商家将买方账号提供给第三方代理人,由第三方代理人验证账号信息和商家身份。

(4) 第三方代理人将商家信息传给消费者,由消费者确认购买和支付,然后将账号信息传给银行进行支付确认,再由商家确认订货,完成支付过程。

这种支付方式的特点:① 支付是在双方都信任的第三方参与下完成的;② 信用卡信息不会在开放的网络上多次传送,消费者可以离线在第三方开设账号,这样消费者就没有信用卡信息被盗窃的风险;③ 由于第三方是买卖双方信任的,因此商家也没有风险;④ 买卖双方预先获得第三方的某种协议,即消费者在第三方处开设账号,商家成为第三方的特约商户。

资料链接 5-1

软件供应商的解决方案

目前,已经有人使用第三方代理人信用卡支付方式的应用软件,如 CyberCash 软件。该软件提供了第三方代理人的解决方案。买方必须首先下载 CyberCash 软件,即"钱夹"。该软件提供多种支付工具,其中包括信用卡、数字或电子现金、电子支票,打开"钱夹"可以选择其中的一种支付方式。该软件的特点是:开设账号时信用卡信息通过网络传输。CyberCash 软件信用卡服务不向买卖双方额外收费,所有 CyberCash 费用都通过信用卡处理系统支付。该软件的使用步骤如下:

(1) 在建立"钱夹"的过程中,买方将信用卡信息提供给第三方——CyberCash。

(2) CyberCash 指定一个加密的代码代表信用卡号码,传送给买方。

(3) 当买方向接收 CyberCash 的卖方购物时,只需简单地输入代码。

(4) 卖方将代码及购买价格传送给 CyberCash。

(5) 第三方证实这一事务处理并将资金及购买商品的授权传送给卖方。

另外,First Virtual 公司(2005 年被另一家公司收购)也提供第三方代理服务解决方案。FV 系统的交易流程如下:

(1) 买方通过填写注册单,或通过语音电话向 First Virtual 公司提供他们的信用卡号码,申请 Virtual PIN,买方可以用它替代信用卡。

(2) 为了购买产品,顾客通过他的 FV 账号向卖方选购,这种购买可能以如下两种形式中的一种发生:买方自动授权卖方通过浏览器获得其 FV 账号并向买方送账单;买方自己把账户信息传过去。

(3) 卖方通过买方账号和 FV 支付系统服务器联系。

(4) FV 支付系统服务器确认买方账号,并清点出相应资金。

(5) FV 支付系统服务器向买方发送一个电子信息,这条信息是自动 WWW 格式,或者只是一个简单的 E-mail。买方可以有三种反应:是的,我同意支付;不,我拒绝支付;我从未发出过相关命令。

(6) 如果 FV 支付系统服务器获得了一个"同意"的信息,就通知卖方,卖方准备发货。

(7) FV 在收到购买完成的信息后在买方账户上记借,买方在收到产品/信息后,如果拒绝付款,可以终止他们的账户。

FV 第三方代理软件的特点是:卖方在 FV 上注册,一次性付费 10 美元,一次交易只需 0.29 美元以及 2% 的附加费,买方通过账户进行一次支付需要 1 美元的费用,每个买方的启动费用是 2 美元;整个系统建立在现存的机制上以方便买卖双方,买方只需要一个电子邮箱和 First Virtual 账户即可,卖方无须具有计算机技能或者 Internet 销售服务器,只需通过 FV 就可直接处理销售业务。

3. 基于 SSL 协议机制的信用卡网上支付模式

随着银行信息化水平的提高,更多先进和高效的信用卡支付方式被开发,信用卡简单加密支付就是其中一种。使用简单加密信用卡模式付款时,买方信息经过加密后向卖方传输,采用的加密协议有 SHTTP、SSL 等。目前,消费者客户端上的网络浏览器软件、商家的电子服务器软件等大都支持 SSL 协议,银行以及第三方的支付平台也都研发了大量支持 SSL 协议的应用服务与产品。这些都为持卡客户借助 SSL 协议机制,利用信用卡进行网上支付提供了方便。使用基于 SSL 协议的信用卡网上支付模式进行网上支付前,消费者必须离线或在线到发卡银行进行信用卡注册,得到发卡银行网上支付授权。下面是具体的流程:

(1)在第一次使用该支付方式时,消费者(持卡人)需到发卡银行申请,开通信用卡网上支付功能,此后,就可以方便地使用这种方式支付。

(2)持卡人在电子商务网站选择商品或服务,填写订货信息,并提交选购的商品信息,选择信用卡支付及信用卡类别。提交所有信息后,系统会生成一个带有信用卡类别的订货单发往商家电子商务服务器。

(3)商家电子商务服务器向持卡人回复已收到订货单查询 ID,但并不确认发货;商家电子商务服务器生成相应的订单号,同时,将信用卡类别信息通过第三方机构发往发卡银行。

(4)在订货单提交后,持卡客户端浏览器弹出新窗口页面,提示即将建立与发卡银行端网络服务器的安全连接,SSL 协议机制开始介入。

(5)持卡客户端自动验证发卡银行端网络服务器的数字证书。验证后,SSL 协议完成。这意味着,持卡客户端浏览器与发卡银行端网络服务器的安全连接通道已经建立,将进入正式加密通道。此时,在浏览器右下方的状态栏以及网址中的“http://”变成了“https://”,表明 SSL 协议在发挥作用。

(6)在发卡银行的支付页面会出现商家发来的订单号及支付金额信息,持卡人填入自己的信用卡号以及支付密码,确认支付。这时持卡人也可以取消支付,此时之前发给商家的订货单作废。

(7)支付成功后,屏幕提示将离开安全的 SSL 连接。持卡客户确认离开后,持卡客户端与银行服务器 SSL 连接结束,SSL 介入结束。

(8)发卡银行通过后台系统将相应的资金转入商家的账户上,并向商家发送付款成功的信息。商家收到该信息后,将发送付款成功信息给持卡人,并在规定时间内将商品送到持卡人手上。持卡客户可根据订货单查询 ID,通过在线方式或者电话查询该订货单的执行情况。

至此,基于 SSL 协议的信用卡支付方式的网上支付过程就完成了。在上述支付过程中,有些银行还会专门采用网上支付卡的方式来保证持卡人的支付安全。具体做法是:为持卡人提供一个网上支付卡及密码,持卡人可根据需要利用自助系统将其信用卡上的资金随时转移到该网上支付卡;在支付过程中,持卡人只需在网上传输网上支付卡的信息,就可以达到支付的目的。

著名的 CyberCash 公司研发的安全 Internet 信用卡支付模式就是这种模式。IBM 等公司也提供这种 SSL 支付模式软件系统。

4. 基于 SET 协议机制的信用卡网上支付模式

基于 SET 协议机制的信用卡网上支付模式是在电子商务过程中利用信用卡进行网上支付时,遵守 SET 协议的安全通信与控制机制,实现信用卡的即时、安全、可靠的在线支付。

这种模式运用了一系列先进的安全技术与身份认证手段。可以看出,前面三种信用卡支付模式要么靠其他机构的诚信来解决持卡人的信用卡安全问题,要么单靠加密技术解决安全问题,但网上支付各方的真实身份问题及抵赖性问题等还有待更严密的逻辑与技术工具来解决。基于 SET 协议机制的信用卡支付模式可以解决这些问题。

SET 协议有以下参与人:

(1)持卡人。持卡人通过发卡机构颁发的支付卡进行结算,在持卡人和商家的会话中,SET 协议可以保证持卡人的个人账户信息不被泄露。

(2)发卡机构。发卡机构是一个金融机构,为每一个建立账户的顾客颁发支付卡。

(3)商家。商家负责提供商品和服务,商家使用 SET 协议可以保证持卡人个人信息的安全。接受用银行卡支付货款的商家必须与银行有合作协议。

(4)银行。此处的银行是指在线交易中商家开设账户的银行,负责处理支付卡的认证和支付。

(5)支付网关。支付网关是由银行操作的,将网上传输的数据转化为金融机构内部数据的设备,可以由指派的第三方处理卖方支付信息和顾客的支付指令。通常几个商家和银行共用一个支付网关。

基于 SET 协议机制的信用卡网上支付模式的具体流程如下:

(1)持卡人在消费前先确认商家的合法性,由商家出示其证书,消费者确认后即可下订单,其订单以数字签名方式确认。而持卡人所提供的信用卡资料另由收单银行以公钥加密。这里,商家会收到两个经过加密的资料:一个是订单资料;另一个是关于支付的资料。商家只可以解密前者。

(2)商家收到买方发来的信息后,将加密的客户支付资料发给支付网关。

(3)由支付网关将持卡人信用卡信息传送至卖方银行,并进一步通过金融内部网络数据传送至发卡行进行审核。

(4)经发卡行审核无误后,批准支付并确认,信息通过卖方银行传送至支付网关,并最终传送至商家。

持卡人的证书必须由发卡行颁发。在首次网上购物之前,持卡人必须先通过一个客户终端程序将包括自己的姓名、卡号等可以证明持卡人身份的基本资料发给发卡银行。这些资料使用银行的公钥加密,可安全地送至银行。发卡银行在确认此账号正确无误后,便发给持卡人一张具有电子安全数字签名的证书。持卡人只要将该证书存储即可进行电子购物。同时,商家也必须取得卖方银行的电子证书才可以接受 SET 方式的支付。

基于 SET 协议的信用卡网上支付模式的优点是充分发挥了认证中心的作用,确保各参与方身份及其所提供信息的真实性、保密性和完整性,缺点是机密、认证多,因而比 SSL 协议慢一些,参与各方的开销也较大。

借记卡与信用卡的最大区别就是持卡人必须在发卡行本人的账户上保留足够的存款余额,一般不允许透支。也有少数借记卡允许短期透支,但必须在当月月底之前还清全部贷款金额。借记卡的支付过程与信用卡类似,在此不再赘述。

二、虚拟货币网上支付模式

虚拟货币支付系统虽已有三十多年的发展历史,但现金仍是目前主要的支付手段之一。

现金作为支付手段一直存在的原因在于:现金具有可转让性,是一种法定货币,可以为任何人持有或使用而不需要银行账户,同时,对接收方来说无风险。

虚拟货币具有货币现金的属性,因此成了网上支付的工具。

虚拟货币是一种表示现金的加密序列数,它把现金数值转换成为一系列的加密序列数,通过这些序列数来表示现实中各种金额的市值。用户在开展虚拟货币业务的银行开设账户并在账户内存钱后,就可以在接受虚拟货币的商店购物了。虚拟货币内只能装电子货币,如电子零钱、安全零钱、电子信用卡、在线货币、数字货币等。这些电子支付工具都支持单击式支付方式。使用虚拟货币进行网上购物时,需要在虚拟货币服务系统中进行。电子商务活动中的虚拟货币软件通常都是免费提供的。用户可以直接使用与自己银行账号相连的电子商务系统服务器上的虚拟货币软件,也可以通过各种保密方式使用因特网上的虚拟货币软件。

虚拟货币的发行方式有存储性质的预付卡和纯电子系统形式的用户号码数据文件。在现实中,虚拟货币的传输过程经过了公钥或私钥加密系统加密,保证了只有真正的卖家才可以对其使用。

(一)虚拟货币的属性

虚拟货币有货币价值、可交换性、可存储性和不可重复性四个属性。

(1)货币价值:虚拟货币必须有一定的现金、银行授权的信用或银行证明的现金支票进行支持。当虚拟货币被一家银行产生并被另一家所接受时不能存在任何不兼容性问题。如果失去了银行的支持,虚拟货币会有一定风险,可能存在支持资金不足的问题。

(2)可交换性:虚拟货币可以与纸币、商品/服务、网上信用卡、银行账户存储金额、支票或负债等进行互换。一般倾向于虚拟货币在同一家银行使用。事实上,不是所有的买方会使用同一家银行的虚拟货币,他们甚至使用的不是同一个国家的银行的虚拟货币。因而,虚拟货币就面临多银行的广泛使用问题。

(3)可存储性:可存储性允许用户在家庭、办公室或旅途中将虚拟货币存储在一个计算机的外存、IC卡,或者其他更易于传输的标准或特殊用途的设备中,即用户从银行账户中提取一定数量的虚拟货币,存入上述设备中。由于在计算机上产生或存储货币使伪造货币变得非常容易,因此最好将货币存入一个不可修改的专用设备中。这种设备应该有一个友好的用户界面,以助于通过口令或其他方式的身份验证,以及对于卡内信息的浏览显示。

(4)不可重复性:必须防止虚拟货币的复制和重复使用(double-spending)。因为买方可能用同一个虚拟货币在不同国家、地区的网上商店同时购物,这可能造成虚拟货币的重复使用。一般的虚拟货币系统会建立事后检测和惩罚机制。

(二)虚拟货币网上支付模式的流程

使用虚拟货币进行网上支付,需要在客户端安装专门的虚拟货币客户端软件,在商家服务器端安装虚拟货币服务器软件,在发行银行运行对应的虚拟货币管理软件等。为了保证虚拟货币的安全及可兑换性,发行银行还应该从第三方CA处申请数字证书以证实自己的身份,获取自己的公开密钥/私人密钥对,且把公开密钥公开出来,利用私人密钥对虚拟货币进行签名。

虚拟货币的网上支付业务流程涉及商家、客户和发行银行三个主体和初始化协议、提款协议、支付协议以及存款协议四个安全协议。其详细流程如下：

1. 买方购买虚拟货币

用户在虚拟货币发行银行开设虚拟货币账户并购买虚拟货币。用户要从网上的货币服务器（或银行）购买虚拟货币，首先要在该银行建立一个账户，将足够资金存入该账户以支持今后的支付。目前，多数虚拟货币系统要求买方在一家网上银行上拥有一个账户。这种要求对全球性交易和多种现金交易来说是非常必要的，买方应该能够在国内获得服务并进行国外支付，但需要建立网上银行组织作为虚拟货币的交换所。

2. 存储虚拟货币

用户可以使用 PC E-Cash 等终端软件从虚拟货币银行取出一定数量的虚拟货币存在硬盘上。一旦账户被建立起来，买方就可以使用虚拟货币软件产生一个随机数作为货币，它是银行使用私人密钥进行了数字签名的随机数（通常少于 100 美元），再把货币发回给买方。这样虚拟货币就生效了。

3. 用虚拟货币购买商品或服务

买方向同意接收虚拟货币的卖方订货，用卖方的公开密钥加密后，将购买信息传送给卖方。

4. 资金清算

接收虚拟货币的卖方与虚拟货币发行银行之间进行清算，虚拟货币银行将买方购买商品的货币支付给卖方。这时可能有两种支付方式：双方的和三方的。双方支付方式涉及两方，即买卖双方。在交易中卖方用银行的公开密钥检验虚拟货币的数字签名，如果对于支付满意，卖方就把数字货币存入他的机器，随后再通过虚拟货币银行将相应面值的金额转入账户。所谓三方支付方式，是指在交易中，虚拟货币被发给卖方，卖方迅速把它转发给发行虚拟货币的银行，银行检验货币的有效性，并确认它没有被重复使用，然后再将它转入卖方账户。在许多情况下，双方交易是不可行的，因为可能存在重复使用的问题。为了检验是否重复使用，银行将从卖方获得的虚拟货币与已经使用虚拟货币的数据库进行比较（出于对重复使用的考虑，虚拟货币以某种全球统一标志的形式注册）。但是，这种检验方式十分费时费力，尤其是对于小额支付来说。

5. 确认订单

卖方获得付款后，向买方发送订单确认信息，并发货。

（三）虚拟货币网上支付模式的优势和劣势

虚拟货币是以数字形式存在的现金货币。它比现有的实际现金（纸币和硬币）有更明显的优点，如实际现金要承担较大的存储风险、高昂的传输费用、较大的安全保卫和防伪的投资，而它完全脱离实物载体，使用户的支付变得更加方便。

虚拟货币在给人们带来好处的同时也会带来问题。虚拟货币可以提高效率，方便用户使用，但同时虚拟货币具有灵活性和不可跟踪性，它会带来发行、管理和安全验证等方面的问题。技术上各个商家都可以发行虚拟货币，如果不加以控制，电子商务将不可能正常发展,甚至会由此带来相当严重的金融问题。虚拟货币的安全使用也是一个重要的问题,包括限于合法人使用、避免重复使用等。对于无国家界限的电子商务来说,虚拟货币还存在税收和法律、外汇汇率的不稳定性、货币供应的干扰和金融危机可能性等潜在问题。因此,有必要制定严格的金融管理制度,保证虚拟货币的正常运作。

资料链接 5-2

中银电子钱包

电子钱包最早于 1995 年由英国国民西敏寺银行开发成功,现今,电子钱包已经在世界各国得到广泛使用,特别是预付式电子钱包的应用更为普及。在我国最早的应用是中国银行把长城借记卡和电子钱包结合起来,提供"中银电子钱包"的网上支付。

中银电子钱包的特点是:确保信息的保密性。SET 协议通过多种先进的信息加密技术,确保数据信息在网络传输中的安全性,确保支付信息的完整性。SET 协议利用散列方法确保数字签名、认证等技术手段对交易双方进行全面的认证。中银电子钱包对持卡人和商户双方的认证是通过电子证书来实现的。该电子证书是由权威性的认证机构即认证中心来管理并颁发的,交易时,一定会通过此电子证书对各方的身份进行验证。

中银电子钱包的功能有:管理账户信息、管理电子证书、处理交易记录、导入导出信息、设置相关选项和更改口令等。

使用中银电子钱包进行网上支付的基本流程是:

(1)消费者在自己的计算机上安装中国银行电子钱包软件。

(2)登录中国银行官网,在线申请获得持卡人电子安全证书。

(3)登录中国银行网上特约商户购物网站选购商品、填写送货地址并最后确认订单。

(4)选择采用长城电子借记卡支付,将自动启动电子钱包软件,按提示依次输入卡号、密码等信息,即可完成在线支付。

(5)消费者等待商家送货。

三、其他网上支付模式

(一)智能卡支付模式

智能卡是在法国问世的。20 世纪 70 年代中期,法国 Moreno 公司采取在一张信用卡大小的塑料卡片上安装嵌入式存储器芯片的方法,率先成功开发 IC 存储卡。经过二十多年的发展,真正意义上的智能卡,即在塑料卡上安装嵌入式微型控制器芯片的 IC 卡,已由摩托罗拉和 Bull HN 公司于 1997 年共同研制成功。

智能卡系统的工作过程是:首先,在适当的机器上启动用户的因特网浏览器,这里所说的机器可以是 PC,也可以是一部终端电话,甚至是付费电话;然后,通过安装在 PC 上的读卡器,将用户的智能卡登录到为用户服务的银行 Web 站点上,智能卡会自动告知银行该用户的账号、密码和其他一切加密信息；最后，用户就能够从智能卡中下载现金到厂商的账户上，或从银行账号下载现金存入智能卡。例如，用户想购买一束 50 元的鲜花，当用户在花店选中了满意的花束后，将用户智能卡插入花店的计算机中，登录用户的发卡银行，输入密码和花店的账号，片刻之后，花店的银行账户上增加了 50 元，而用户的现金账户上减少 50 元，这样就完成了鲜花的购买。

1. 智能卡的在线支付模式

智能卡的在线支付模式根据获取智能卡信息手段的差异而不同，可以分为带读卡器的智能卡网上支付模式和不带读卡器的网上支付模式。由于智能卡的在线支付模式和电子钱包及信用卡的 SET 协议支付模式基本相同，因此，在此只对智能卡在线支付模式的处理流程进行简单介绍，其支付过程中相关安全认证技术的运用，可以参考前面所述的信用卡 SET 协议网上支付模式或者电子钱包的支付模式。

(1) 带读卡器的智能卡网上支付模式。使用这种模式进行网上支付时，客户需要购买一个专用的智能卡读卡器，安装在连接互联网的客户计算机上，这需要增加一定成本。在操作方面，由于是智能卡硬件的自动化操作，所以不但更加安全保密，而且减少了客户的一些重复劳动。

(2) 不带读卡器的智能卡网上支付模式。有的银行发行的智能卡有一个智能卡卡号，即拥有智能卡的顾客在发卡行同时拥有一个与这个智能卡对应的资金账户。这种智能卡的网上支付模式类似于信用卡的网上支付模式。在这种方式下，客户不用购买一个专用的智能卡读卡器，而是通过直接在网页上填写智能卡号与应用密码来支付。这种做法势必牺牲一些智能卡本身的安全保密度，因此目前智能卡很少采用这种网上支付方法。

不带读卡器的智能卡网上支付模式的基本流程与信用卡的网上支付模式一样，可以采用 SSL 协议机制支付方式，也可以采用 SET 协议机制支付方式。

随着技术的进步，非接触式智能卡正逐渐投入应用。这种非接触式智能卡用于网上支付，并不一定属于不带读卡器的智能卡网上支付模式，因为其智能卡信号是无线传播的。

2. 智能卡的离线支付模式

由于智能卡的存储能力强，可以存入电子现金等虚拟货币，因而持卡人可使用智能卡进行离线支付。

所谓离线支付，不是指智能卡与持卡客户或商家的计算机离线，而是指使用智能卡进行网上支付时，智能卡的读卡器不需要和发卡银行的网络实时连接，直接通过读卡器的读/写功能完成支付结算。

智能卡的离线支付使得持卡人的网上支付行为不受网络好坏与银行处理效率的影响，使支付更加方便快捷，扩大了智能卡的使用范围。不过，离线支付必须使用读/写卡设备，且只适用于在卡内存放电子现金、电子零钱等虚拟货币的智能卡，因为只有这些虚拟货币的转让不需要银行的实时中介。

利用电子现金的智能卡离线网上支付模式的流程如下：

(1) 智能卡客户到发行电子现金的银行申请电子现金，将电子现金下载存入智能卡。

(2) 持卡客户在网上商店选购商品，填写订单，选择智能卡支付。

（3）支付时将智能卡插入智能卡读卡器中。

（4）客户输入智能卡 PIN，确认支付金额。

（5）读卡器对客户输入的 PIN 与卡中的 PIN 自动比较，如果一致，打开智能卡，受理支付请求。

（6）读卡器将客户智能卡中的电子现金发送给商家（商家也可应用智能卡存放电子现金）。这个过程中，读卡器需要进行查对黑名单、核实资金是否能用、对支付后的余额进行更新等处理，且将交易记录写入自身的日志文件和客户的智能卡中。

（7）商家收到电子现金后，确认客户的订单并且发货。商家可用收到的电子现金进行其他网上支付业务，也可以到发行电子现金的银行进行兑换。

（二）手机银行支付模式

在我国，随着通信网络的迅速发展，为了拓展服务领域，各商业银行相继推出了一系列功能各异的电话银行系统。它们利用先进的交互式语音应答设备，使客户可以利用家中、办公室或外地的电话机直接连通银行计算机行业系统，随时随地处理与银行之间的账务往来，即通常所说的"电话理财"服务。手机银行是手机支付的方式之一，下面简要介绍其功能及基本使用流程：

1. 手机银行的功能

手机银行在各银行都限定以个人客户为对象，主要提供转账、余额查询和交易明细等服务内容。具体而言，它将银行业务与现代通信技术有机结合起来，可以获得如下服务：

（1）金融理财查询功能。用户使用该功能可以对账户余额、最近账户明细账、证券保证金、外汇牌价、股票行情、黄金价格、国债行情、存款利率、银行最新金融产品等信息进行查询。

（2）提醒功能。该功能主动通知定期存款到期、贷款到期、汇款到账、挂失到期、信用卡到期、信用卡透支、电费、电话费、手机缴费等内容。

（3）外汇买卖功能。该功能将手机银行与个人外汇实盘买卖业务联系起来，使客户可以通过手机享受包括汇率查询、外汇买入、外汇卖出、撤单、成交查询等各种外汇业务服务。涉及币种有人民币、港元、美元、日元、英镑、瑞士法郎、欧元、澳大利亚元、加拿大元等。

（4）黄金与国债买卖功能。

（5）证券服务功能。对深、沪两地证券的行情查询、实时股票买入/卖出、撤单、成交查询、股票预定价格通知、股票预定价格买卖等。

2. 手机银行的实现流程

目前，实现手机银行功能的基本流程是：中国移动的全球通用户在网络覆盖范围内使用该公司推出的手机银行卡，由客户端主动发起，通过手机操作智能菜单，依托移动 GSM 无线网络，以短信息为传输手段，将客户要求办理的转账支付业务或金融信息查询业务等传递给银行，银行再将通过银行主机处理的客户的业务结果和金融信息查询结果实时传递给用户，达到客户随时随地享受银行服务的目的。手机银行要实现其业务功能，需要按以下步骤进行操作：

（1）用户申请注册。

① 用户携带有效身份证件到移动通信公司指定的营业厅办理手机银行开户手续，同时将 SIM 卡更换成手机银行卡，即 STM 卡。

② 用户携带有效身份证件及复印件到商业银行指定网点办理手机银行开户手续，申请

时需填写手机银行注册申请表。

　　③ 银行经办人员从前台业务菜单上按注册申请表输入客户注册资料。

　　④ 前台终端资料录入完毕,提交信息,发送给数据中心后台服务器处理。

　　(2) 用户发送业务信息。

　　① 用户通过手机银行的界面提示,选择业务种类,并输入账号、金额等信息,然后向移动公司发送短信息。

　　② 用户手机短信息经移动公司短信息业务平台处理后,通过专线传送到银行数据中心。

　　③ 银行数据中心收到移动短信指令,实时进行处理。

　　④ 银行数据中心将处理成功或不成功的信息按 SMPP 协议,通过专线传输到移动短信息平台。

　　⑤ 最后通过移动短信息平台,将银行相关信息传送到用户手机。

　　(3) 银行向客户发送提醒信息。

　　如果进行网上支付,其基本流程和上述过程类似,不再赘述。

第三节　第三方网上支付方式

　　第三方平台结算支付模式是当前国内服务商数量最多的支付模式。在这种模式下,支付者必须在第三方支付中介开立账户,向第三方支付中介提供信用卡信息或账户信息,在账户中"充值",通过支付平台将账户中的虚拟资金划转到收款人的账户,完成支付行为。收款人可以在需要时将账户中的资金兑换成实体的银行存款。

　　由于第三方支付平台结算支付模式架构在虚拟文付层,本身不涉及银行卡内资金的实际划拨,信息传递流程在自身的系统内运行,所以电子支付服务商有比较自由的系统研发空间。目前,国内很多第三方支付平台运用客户的 E-mail 作为账户,也即所谓的 E-mail 支付。

资料链接 5-3

第三方支付当"飞毛腿"——服务跑得欢

　　年近 50 岁的陈女士申请了浦发银行、建设银行和深圳平安银行的 3 张信用卡,但只有浦发银行的信用卡与借记卡绑定可以自动还款,另外两张信用卡还款让陈女士一度觉得很烦,一个月要跑两家银行,两次排队还款,每次往返加排队,至少 1 小时。后来,她通过浦发网上银行划款到建设银行和深圳平安银行还信用卡透支款,结果每月要被浦发银行收取手续费。后来已上大学的女儿告诉陈女士,通过快钱网还款既不用到银行网点排队,也不用支付跨行还款手续费。陈女士试用后发现果然如此。

　　使用快钱网办理过业务的用户会发现,经过"快钱"这个无形"飞毛腿"的帮助,各种账单费用的缴纳便捷很多。

　　在快钱网开设的账单中心页面上,用户可以进行信用卡还款,缴纳水、电、煤气、通信等公共事业费,及房租、房贷、保险账单等,甚至儿女孝顺父母的零用钱、父母给子女的生活费都可以通过快钱网支付。用户只要在"账单中心"填写要支付的金额和支付对象,选择支付方式后即可进行支付。

以信用卡跨行还款为例。快钱网支持的信用卡还款银行最多,用户可以使用 16 家银行的借记卡,通过网上银行为 13 家银行的信用卡进行还款,其中包括了工商银行、农业银行、建设银行和交通银行等大银行,招商银行和平安等中小银行,以及东亚等外资银行。在到账时间上,工商银行、建设银行、农业银行、深圳发展银行和光大银行为"T+3"工作日,其他银行为"T+1"工作日。通过快钱平台的手机话费充值功能,用户还可以使用银行卡或快钱账户在线为自己的手机充值。

喜欢网上消费的人发现,有快钱这样的第三方支付平台,生活平添了许多乐趣。比如,喜爱网络游戏的玩家在闯关的关键时刻突然花完了点卡,需花 10 分钟外出购买。但现在,他只要在游戏网站上单击快钱的浮标,进入快钱的页面,就可以为账户充值了,在有些网站,甚至可以单击浮标直接实现从快钱账户扣款。一般的支付网站通常需要用户每次在线支付时输入银行卡号和密码,而快钱的用户用电子邮件地址或手机号码就可以完成付款了。使用快钱网平台,用户还能在消费中获得各种商户的优惠券,能在对应的商家网站消费时享受到相应的优惠。优惠券领域涉及数字娱乐、教育培训、时尚服饰、旅游机票等。

据上海快钱信息服务有限公司的 CEO 关国光介绍,"现在使用快钱支付还是年轻人的习惯"。据了解,目前快钱的主要用户年龄为 18~35 岁,购买的产品也主要集中于网络游戏、机票、金融产品等。关国光说,中国的 GDP 有 2.5 万亿元,现金流是其 20倍,意味着一年内现金流量是 50 万亿元,个人消费占 GDP 的 44%,然而其中只有 5%的货币被电子化。这些数据显示,快钱未来的商机拓展空间巨大,无论是产品和服务内容的扩展,还是客户的扩容。

为了覆盖尽可能多的年龄层,而且尽量不改变用户原来的支付习惯,快钱正不断提供更多的支付方式和渠道。比如,快钱的用户可以通过互联网、手机等线上支付,也可以通过电话、POS 等终端进行线下支付;支付的产品不仅有人民币支付,还有外卡支付、神州行卡支付、联通充值卡支付、VPOS 支付等,目的是为用户做到"总有一款适合你"。

一、第三方网上支付的流程

第三方平台结算支付是典型的应用支付层架构。提供第三方结算电子支付服务的商家往往都会在自己的产品中加入一些具有自身特色的内容。但是总体来看,其支付流程都是付款人提出付款授权后,平台将付款人账户中的相应金额转移到收款人账户中,并要求其发货。有的支付平台会有"担保"业务,如支付宝。担保业务是将付款人将要支付的金额暂时存放在支付平台的账户中,等到付款人确认已经收到货物(或是服务)或在某段时间内没有提出拒绝付款的要求,支付平台才将款项转到收款人账户中。

1. 第三方平台结算支付的流程

第三方平台结算支付模式的资金划拨是在平台内部进行,此时划拨的是虚拟的资金,真正的实体资金还需要通过实际支付层来完成。有担保功能的第三方平台结算支付的流程为:

(1) 付款人将实体资金转移到支付平台的支付账户中。

(2) 付款人购买商品(服务)。

（3）付款人发出支付授权，第三方平台将付款人账户中相应的资金转移到自己的账户中保管。

（4）第三方平台告诉收款人已经收到货款，可以发货。

（5）收款人完成发货许诺（或完成服务）。

（6）付款人确认可以付款。

（7）第三方平台将临时保管中的资金划拨到收款人账户中。

（8）收款人可以将账户中的款项通过第三方平台和实际支付层的支付平台兑换成实体货币，也可以用于购买商品。

2. 第三方平台支付模式的优势与劣势

第三方平台支付模式的优势表现在以下几个方面：

（1）比较安全。信用卡信息或账户信息仅需要告知支付中介，而无须告诉每一个收款人，大大减少了信用卡信息和账户信息失密的风险。

（2）支付成本较低。支付中介集中了大量的电子小额交易，形成规模效应，因而支付成本较低。

（3）使用方便。对支付者而言，他所面对的是友好的界面，不必考虑背后复杂的技术操作过程。

（4）支付担保业务可以在很大程度上保障付款人的利益。

第三方平台支付模式的劣势反映在以下几个方面：

（1）这是一种虚拟支付层的支付模式，需要其他的"实际支付方式"完成实际支付层的操作。

（2）付款人的银行卡信息将暴露给第三方支付平台，如果这个第三方的信用度或者保密手段欠佳，将带给付款人相关风险。

（3）第三方结算支付中介的法律地位缺乏规定，一旦其破产，消费者所购买的电子货币就可能成了破产债权，无法得到保障。

（4）由于有大量资金寄存在第三方支付平台账户内，而第三方平台是非金融机构，所以有资金寄存的风险。

二、几种典型的第三方网上支付方式

（一）网上支付系统支付方式

网上支付系统（network payment system，NPS）是由深圳全动科技公司开发的，目前被腾讯网采用作为网上支付系统。

NPS 为消费者网上购物提供了安全、便利的支付平台，还为商家开展 B2B、B2C、C2C 交易等电子商务服务和其他增值服务提供支持，使从购买到完成付费的过程变得完整，通过提供完善的支付功能，提高了互联网电子商务的经济效益。

利用 NPS 进行支付的具体操作步骤如下：

（1）消费者到网上商城浏览商品。

（2）输入购物订单等信息。通常，在购物网站选择物品后，都会生成订单号等识别信息。在系统页面上选择购物订单，并输入商家号、订单号、金额、用户等相关信息，然后就进入支付环节。

（3）选择使用支付卡的银行。在 NPS 在线支付平台上，客户可以方便地选择各协议银行的银行卡用于支付。

（4）出现有关提示。在选择相应的银行后，出现"正在连接银行网关"的提示，这表明系统正在尝试连接到银行网关。

（5）转到相应银行的支付平台。经过支付系统跳转，会转到相应银行的支付平台。这时，用户所填的信息都只有银行能获得，所以不用担心密码、账户被截取。当然，用户必须注意地址栏中确实是银行的官方地址，曾经有不法分子做出和商业银行相似的页面来蒙蔽用户，以骗取其账户密码，但一般只要看清域名地址就可以很容易辨别出是不是伪造的网站了。

（6）进入银行支付页面。在该页面中输入账号、支付密码和验证码，就可以提交了。

（7）支付成功。提交并确认后，钱就从客户的账户转到商家账户，支付成功。

这时，客户就可以等待收货了。

（二）支付宝

支付宝是支付宝网络技术有限公司针对网上交易而特别推出的安全付款服务。其运作的实质是以支付宝为信用中介，在买家确认收到商品前，由支付宝替买卖双方暂时保管货款的一种增值服务。用户进行交易时，首先要将银行账户和支付宝账户挂钩，并将资金从银行账户转入支付宝账户，支付时用支付宝账户中的资金进行支付。

1. 支付宝的交易流程

在使用支付宝进行网上支付前，首先必须为支付宝账户充值，这样才能通过支付宝向他人的账户转账。

（1）选择充值银行，为支付宝账户充值。选择充值的银行后，就会跳转到相应银行的网上支付系统，用户可以在网上方便地将其银行账户上的资金转移到支付宝账户，进行充值。

（2）付款。支付宝有两种付款方式：一种是直接付款，原理和过程跟一般的支付网关类似，付款后，货款立即转入卖家的账户，但为了安全起见，每天的交易限额为 500 元；另一种是支付宝交易，付款后钱不是马上转入卖家账户，而是转存到支付宝中介账户中，等买家确认收到卖家商品并且满意后，货款才从支付宝中介账户转到卖家账户。后一种方式较好地维护了买家的利益，保证了网上购物的安全性。

2. 支付宝的特点

（1）安全。支付宝在技术层面和非技术层面上都实现了安全性。在技术层面上，浏览器与支付宝网站之间的通信采用 SSL 加密技术，从而实现了通信过程的安全。每个用户都将拥有一个数字证书，密码被盗后如果没有数字证书就只能进行查询操作，不能进行支付或者提现，这进一步提高了安全性。另外，支付宝还提供了用户绑定手机的功能。开通了手机绑定功能后，可以使用手机短信来及时关闭或开启余额支付功能，当账户余额变动时，系统还会发短信提醒。在非技术层面上，支付宝本质上是一个中介服务，实现了实名认证，能有效地防范交易中的风险。

（2）快捷。支付宝内部的转账全部实时到账，提现或者充值只需 1～2 天即可到账。

（3）方便。商家可以在支付宝内生成支付按钮，放入任何网站即可使用支付宝收款，而且账户信息变动时，可以实现短信实时通知。

（4）免费。支付宝是免费的。

（5）物流便利。与物流系统对接，卖家和买家都能对货物的运送状况进行查询，并且在买家收到货物并确认无误后，3 天内支付宝自动将货款转入卖家账户。

🖱 **资料链接 5-4**

2010 年第三季度的第三方网上支付交易规模达 2 484 亿元　支付宝份额过半[①]

艾瑞咨询发布的 2010 年第三季度中国第三方网上支付市场监测数据显示，2010 年第三季度行业的交易规模达到 2 482 亿元，环比上涨 18.3%，同比上涨 80.5%。

2010 年第三季度第三方网上支付市场交易规模中，支付宝市场份额有所扩大，占比达到 50.03%，继续保持市场第一的位置；财付通、快钱分别以 20.27% 及 6.13% 的市场份额位居第二位、第三位，具体如图 5-4 所示。

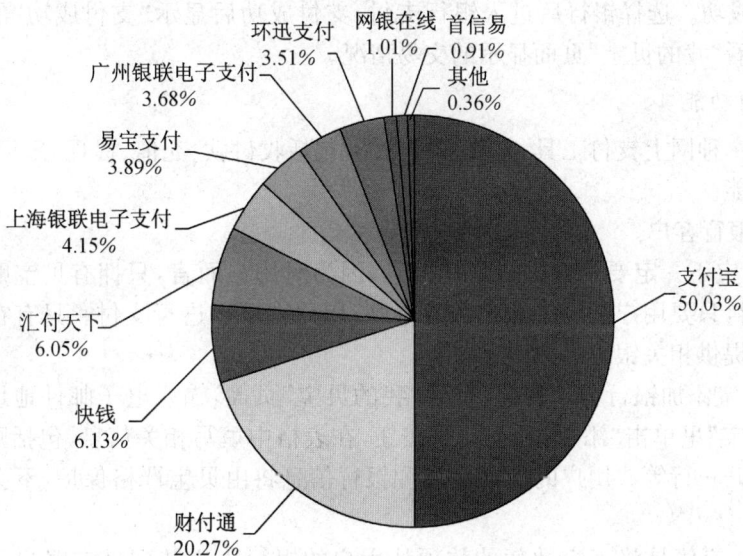

图 5-4　2010 年第三季度第三方网上支付核心企业交易规模市场份额示意图
注：2010Q3 中国第三方网上支付交易额规模为 2 482 亿元。
来源：综合企业及行业专家访谈，根据艾瑞统计模型核算得出。

艾瑞咨询分析认为，支付行业企业的运营逐渐呈现出两个主要趋势：一种是以拓展应用服务领域，通过用户规模的扩张不断获取用户增值的运营方式；另一种是以深耕某一支付应用服务领域，通过不断为企业提供支付解决方案为主的增值服务方式。未来，这两种运营方式将促使第三方支付企业在更多的应用服务领域实现纵深化发展。

（三）贝宝

贝宝是由上海网付易信息技术有限公司与世界领先的网络支付公司——PayPal 公司通力合作，为中国市场量身定做的网络支付服务，可以让用户在互联网上即时支付和收取交易

---

① Q3 第三方支付交易规模达 2 482 亿元　支付宝份额过半 [EB/OL]. 2010-10-28 [2011-4-10]. http://it.sohu.com/20101028/n276693153.shtml.

款项。贝宝利用 PayPal 公司在电子商务支付领域先进的技术、风险管理和控制以及客户服务等方面的能力,通过开发适合中国电子商务市场与环境的产品,为电子商务的交易平台和交易者提供安全、便捷和快速的交易支付支持。

1. 贝宝的交易流程

(1) 选购商品。首先在购物网站上选择自己需要的产品,在支付方式中选择 PayPal 贝宝进行支付。

(2) 登录贝宝支付。进入贝宝支付页面,如果是贝宝用户就直接登录支付,如果不是贝宝用户需注册成为用户。

(3) 选择余额支付或银行支付。使用贝宝账户登录后,可以选择余额支付或者是银行支付。

(4) 支付成功。选择银行后进入银行支付,支付成功后显示"支付成功"的页面;同时,用户也可以查看"我的贝宝"页面显示的交易情况。

2. 贝宝的功能

贝宝作为一种网上支付工具,有着多种功能,包括收付款、充值、提现等。下面逐一讨论贝宝的这些功能。

(1) 添加银行客户。

① 使用贝宝不一定要添加银行账户信息,因为对用户而言,只拥有贝宝账户就可以收款;当要付款时,只要用户的贝宝账户内有余款,用户就可以进行支付。只有在提现时才需要用户向贝宝提供相关银行账户信息。

② 使用贝宝添加银行卡。首先,登录"我的贝宝"页面,输入电子邮件地址和密码。然后,在"我的贝宝"里单击"添加银行账户"按钮,在表格中填写相关信息,包括账户持有者姓名、银行账号、开户行等。用户的个人信息和银行信息将由贝宝严格保护,不会泄露给任何第三方。

(2) 充值。充值是将一定数额的款项从用户的银行账户转到贝宝账户。在充值过程中,用户不需要向贝宝提供银行账户信息。登录贝宝后选择"充值"选项,选择用户银行,即可进入银行网银或银联电子支付服务有限公司的用户界面,进行充值。贝宝可支持 15 家银行的网上支付功能。

(3) 提现。提现时,需要选择用户的提现银行并输入相关信息,如银行卡号、开户行等。如果用户事先已经添加银行账户,则系统默认此银行账户。根据开户银行的不同,提现金额需要 1~7 天到账,但是用户可以随时将"贝宝"账户中的余额提现。

(4) 付(收)款。用户进入贝宝主页单击"付款"按钮,在付款页面提供的简单表格中,填入如下相关信息:对方的电子邮件地址、所付(要求对方付)的金额、购物描述等。这样,所付金额将即时到达对方的贝宝账户。如果要求对方付款,一旦对方确认,所付金额也将即时到达用户的贝宝账户。此外,在付、收款过程中,贝宝会即时发出邮件,提醒收付的双方。

(5) 管理贝宝账户。用户可以进入"我的贝宝"页面来管理个人信息,查看并管理自己的账户信息,查询并下载交易记录,提交争议申请和补偿申请。

(四) 工商银行第三方支付平台

要使用工商银行的网上支付平台,首先要注册成为工商银行个人网上银行——金融@

家的用户。可通过登录工商银行中国网站或者直接到工商银行营业网点注册个人网上银行,还可以在工商银行营业网点申请个人客户证书(U盾),以保证更安全的网上交易。工商银行还推出了手机银行支付方式,全面支持移动、联通客户,注册后即可通过手机进行消费支付。

用户在注册个人网上银行后,即可在网上商场中购物并进行在线支付。支付时,先登录个人网上银行,然后在个人账户页面进行本地或异地、行内或跨行的转账。这种转账都是即时的,行内转账一般几秒内能在对方账户上显示,跨行交易一般在一天左右到账。

如果注册了手机银行,可在网上商场中购物并使用手机支付。

进行在线支付时,如果用户没有申请U盾,则网上支付金额会受到限制;如果用户申请了U盾,则网上支付无金额限制,但如果设置了不使用证书签名的"交易限额",则网上交易金额在交易限额内可以不使用证书,超过了交易限额才需使用证书签名。当日支付密码累计输入错误次数超过限额后,就不能再进行B2C支付,次日自动恢复支付功能。如果网上支付成功,将显示订单号和交易流水号。若支付指令提交后遇到了问题,用户可以登录工商银行个人网上银行,选择"我的账户"→"账户查询"→"网上购物明细查询",打开相应页面查询该笔交易的处理状态,然后联系商户。

(五) 首信易支付

首信易支付是国内首家"中立的第三方网上支付平台"。该平台开创了"跨银行、跨地域、多种银行卡、实时"交易模式、"二次结算"模式以及"信任机制",为支付网关的发展奠定了基础。

所谓二次结算,是相对于普通的支付服务而定义的,是首信易支付所独有的结算模式。在二次结算的服务过程中,首信易支付不是单纯地作为连接各银行支付网关的通道,而是作为中立的第三方机构,保留商户和消费者的有效交易信息,为维护双方的合法权益提供了有力的保障。

由于采用了在网站和银行之间的二次结算,使得首信易支付能够成为支付过程中的公正第三方。交易双方在交易过程中的信息传递都在支付平台留有存证,交易双方都可方便地查询订单及相关信息。特别是在出现交易纠纷时,有关信息可作为仲裁的有力证据。

首信易支付采用了多层次的安全措施。在网络层上,运用了强大的防火墙体系;在系统层上,采用了防黑客入侵、防病毒和漏洞扫描;在应用层上,采用了BJ-CA证书结合应用软件,由此构建了一个相对安全的支付中介。

1. 首信易的基本支付流程

使用首信易支付作为支付平台,其基本支付流程如下:

(1) 消费者网上浏览、选购商品。

(2) 消费者在商户网站下订单。

(3) 消费者选择支付方式——"首信易支付",直接链接到首信易支付的安全支付服务器上。在支付页面上选择自己适用的支付方式,单击后进入银联支付页面进行支付操作。

(4) 首信易支付将网上消费者的支付信息,按照各银行支付网关的结束要求,传递到各相关银行。

（5）由相关银行检查网上消费者的支付能力，实行冻结、扣账或划账，并将结果信息转至首信易支付和消费者本人。

（6）首信易支付将支付结果通知商户。

（7）支付成功的，由商户向消费者发货或提供服务，并通知商城。

（8）各个银行通过首信易支付向不同的、交易成功的商户实施清算。

2. 首信易其他方式支付流程

（1）首信易的会员账号支付流程为：购物浏览→下订单→进入支付平台→选择银行卡→去银行网站输入卡号、密码→支付成功。

（2）首信易支付的电话银行账户支付流程为：购物浏览→下订单→选择电话支付→拨打银行服务电话→银行审核通过→支付成功。

首信U豹具有与首信易支付安全连接和普通U盘存储两大功能。在U豹使用中执行了特制的加密算法，以动态确认用户的身份，无形中增加了一道安全之门，使用户的网上交易变得更加安全，更加方便。用户使用U豹存储、携带私人文件，设置密码保护后会更加安全便捷。

初次使用时，用户要先单击U豹存储区的"登录首信易支付平台.exe"，使系统为用户的浏览器安装插件，之后才能够用于购物支付。

使用U豹需先注册，将U豹插在计算机的USB接口上，进入U豹登录区，双击"登录首信易支付平台"可自动登录首信易支付平台。输入默认密码，按提示填写账户信息，修改密码后，注册成功。此后，用户可以向账户充值，开始网上交易。

引例解析

在介绍完本章知识后，可将网上支付的基本流程总结如下：

（1）客户建立与Internet的连接，通过网上商城进行商品的浏览、选择与订购，填写订单，选择相应的网上支付工具，并且得到银行的授权使用，如信用卡、电子钱包、电子支票等。

（2）客户核对相关订单信息，对支付信息进行加密，在网上提交订单。

（3）商家服务器对客户的订购信息进行检查、确认，并把相关的、经过加密的客户支付信息等转发给支付网关，直至银行专用网络的银行后台专业服务器确认，以期从银行等电子货币发行机构得到支付资金的授权。

（4）银行验证信息确认后，通过经由支付网关的加密通信通道，给商家服务器回送确认及支付信息，为进一步保证安全，给客户回送支付授权请求（也可以不回送授权请求）。

（5）银行得到客户传来的进一步授权结算信息后,把资金从客户账号转拨至开展电子商务的商家银行账号上,借助金融专用网进行结算,并分别给商家、客户发送支付结算成功信息。

（6）商家服务器收到银行发来的结算成功信息后,给客户发送网络付款成功信息和发货通知。

至此,一次典型的网上支付结算流程结束。商家和客户可以分别借助网络查询自己的资金余额信息,以进一步核对。

本章小结

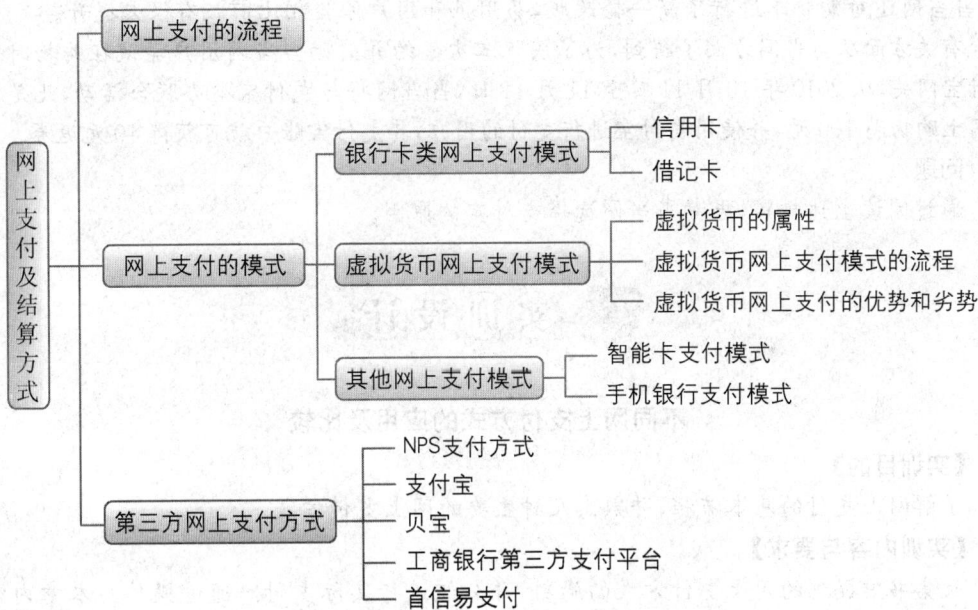

综合训练

一、思考练习

1. 简述网上支付的基本流程。
2. 信用卡网上支付主要有哪几种模式?
3. 简述信用卡网上支付各种模式的基本流程。
4. 用支付宝进行网上支付的特点及基本流程是什么?
5. 第三方网上支付方式的优缺点分别是什么?

二、案例分析

联手支付宝　当当网搭建网上支付快车道①

2010 年 9 月 15 日,当当网正式与支付宝达成战略合作协议,于同日起正式开通支付宝接口。至此,当当网的可选在线支付通道已经涵盖了财付通、快钱、易宝支付、首信易支付、银联支付以及支付宝等所有国内主要的支付平台。用户在当当网购物时可选择上述任意一种网关进行支付结算。

谈到此次与支付宝的合作,当当网市场负责人表示:"当当网的宗旨是为用户提供便宜、方便、放心的网购服务,这一点上,以简单、安全、快速、信任为产品和服务核心的支付宝与我们有着共同的理念。通过引进支付宝这样先进、安全的第三方支付平台,当当网将给用户提供更方便和安全的支付手段。"

过去一年中,当当网在供应链优化、平台前端应用、个性化服务、价格和货品质量控制、物流配送速度、顾客关系管理等方面进行了大量改进,顾客服务得到大幅提升。就在不久前,当当网还对购物车进行了新一轮改版,易用性和用户体验相比旧版有很大提升。

有关方面从当当网方面了解到,为了庆祝本次签约并鼓励当当网用户尝试在购物时使用支付宝网关,从 2010 年 10 月 11 日至 11 月 11 日,当当网将与支付宝举办联合活动,凡是在当当网上购物满 100 元,并使用支付宝进行支付的用户,其支付宝账户就可获得 10 元返券。

问题

通过阅读上述材料,思考当当网选择支付宝的原因。

实训设计

不同网上支付方式的应用及比较

【实训目的】

了解网上支付的基本流程,并熟悉几种主要的网上支付方式。

【实训内容与要求】

收集书中提到的网上支付方式的资料,并分组进行实际支付。通过操作与本章内容相结合,分析不同网上支付流程的异同以及各种流程的优点和局限性。

【成果与检验】

将尝试结果填入下表中,并在班级上交流经验。

支付方式	优　点	局　限　性

---

① 联手支付宝　当当网搭建网上支付快车道[N].新闻晚报,2010-09-22(11).

第六章
网上增值业务

知识目标

>> 了解网上增值业务、网上信贷、网上保险、网上证券的概念；

>> 了解网上保险的特点、种类；

>> 了解网上证券的风险问题；

>> 掌握网上信贷的种类和业务流程；

>> 掌握网上保险的三种模式；

>> 掌握网上证券的服务内容及对其的监管办法。

技能目标

>> 掌握网上信贷业务的使用；

>> 掌握网上保险的业务流程；

>> 掌握网上证券的交易程序；

>> 了解网上银行的其他增值服务。

引例

中国工商银行的电子化建设

一、中国工商银行简介

截至 2008 年年末,中国工商银行拥有 385 609 名员工、16 386 家境内外机构,为 1.9 亿个个人客户与 310 万个公司客户提供广泛而优质的金融产品和服务。2008 年《环球金融》《银行家》《亚洲银行家》《财资》、香港上市公司商会等知名媒体及中介机构将"亚洲最佳银行"、"中国最佳银行"、"香港公司管治卓越奖"等 131 个奖项颁给了中国工商银行。

二、电子银行业务

中国工商银行的电子银行业务保持国内同行业领先地位。2008 年电子银行交易额为 145.29 万亿元,比 2007 年增长 41.2%。电子银行业务笔数占全行业务笔数的 43.1%,提高 5.9 个百分点。推出第二代 U 盾、电话银行口令卡等产品,提高电子银行客户安全保障系数;推出手机银行(WAP)、贵宾版个人网上银行等新产品,优化多项原有产品功能,满足差异化、个性化服务需求。截至 2008 年年末拥有企业网上银行客户 144 万户、个人网上银行客户 5 672 万户;企业网上银行实现交易额 110.50 万亿元,增长 28.9%;个人网上银行实现交易额 9.77 万亿元,增长 135.4%。获《环球金融》杂志"亚洲最佳个人网上银行"、"中国最佳个人网上银行"、"中国最佳企业网上银行"等奖项;推出电话银行预约、电话银行个性化菜单定制等服务项目,开通电话银行贵宾服务专线;推出通过 WAP 方式接入手机银行业务,降低手机银行客户门槛,提高手机银行(WAP)安全性,手机银行的客户数量快速增加至 55 万户。

三、个人网上银行

拥有中国工商银行工银财富卡、理财金账户、牡丹灵通卡、牡丹灵通卡·e 时代、牡丹信用卡或活期存折的客户,在中国工商银行营业网点注册网上银行或登录其网站自助注册网上银行后,就具备了网上交易资格。

目前个人网上银行能为客户提供的交易功能有账户查询、账户转账、个人汇款、在线缴费、代缴学费、委托代扣、个人理财、外汇买卖、银证转账、国债买卖、基金、网上保险、网上贷款、网上购物、工商银行信使服务、银行卡服务等。

个人网上银行为客户提供全天候 24 小时服务。

四、企业网上银行

企业网上银行是指通过互联网或专线网络,为企业客户提供账户查询、转账结算、在线支付等金融服务的渠道,根据功能、介质和服务对象的不同,可分为普及版、标准版和中小企业版。

企业网上银行业务功能分为基本功能和特定功能。基本功能包括账户管理、网上汇款、在线支付等功能;特定功能包括贵宾室、网上支付结算代理、网上收款、网上信用证、网上票据和账户高级管理等业务功能。

思考题:

什么是网上增值业务?目前网上银行主要提供哪些网上增值业务?

第一节　网上增值业务概述

伴随着银行电子化的进程,银行建立了一大批电子银行应用系统,实现了电子化和现代化。可以说电子银行系统提供的新的交易处理模式,使其成为银行赖以生存和发展的基础。随着 20 世纪 90 年代电子商务和互联网的发展,银行的支付服务和信息服务深入社会的各个领域。银行实现电子化后,银行同外部环境之间的关系,表现在金融交易和金融信息交换两个方面。前者是基础,后者是由前者派生出来的。

一、网上增值业务的概念

网上增值业务即电子银行的增值业务,是指电子银行为客户提供的超出常规服务范围的服务。也就是说,电子银行除为客户提供基础网上服务(网上支付与结算)外,还提供其他特殊的金融服务。

网上增值服务就是电子银行提供的第二项金融服务。网上增值服务主要体现在金融服务品种的在线多元化和品牌化两个方面。银行业务品种多元化,是电子银行金融服务的优势。一般来说,电子银行的网上增值服务主要有网上投资、个人理财助理、企业银行和其他金融服务。其中,具有代表性的网上增值服务是网上信贷、网上保险和网上证券。

二、网上增值业务的重要性

电子银行交易处理的最大特点就是电子化,在银行的数据库里存放了大量的交易数据,银行充分利用数据仓库技术和信息技术,对这些数据资源按一定的主题进行加工处理,从而能为企业客户提供除基础传统服务以外的信息增值服务。

传统的银行与外部环境之间的关系只是进行金融交易,因此,银行只起信用中介作用。而电子银行不同,银行的电子化,不仅大大增强了银行的信用中介作用,而且使银行能从大量的各种交易数据中提取有用的成分,产生具有高附加值的各种金融信息产品,为客户提供信息增值服务。

电子银行建立网上增值业务的重要性主要表现在以下几个方面:

(1) 银行在实现电子化过程中,必然要改变业务流程,需要对组织机构进行重组,电子化将大大提高银行的业务处理效率,进而增强银行的信用中介作用。

(2) 银行的作用从传统的单纯信用中介,发展到强化了的信用中介,并能提供信息增值服务,意味着银行发生了革命性的变化。

(3) 银行的收入结构发生根本性的变化,即由原先以发放信贷盈利为主的收入结构,逐渐转变为以劳务服务和金融信息咨询服务获取非利息收入为主的收入结构。

(4) 银行的电子化过程及网上增值业务的建立,使银行的职能、业务重点、收入结构、业务流程、业务模式和组织结构等发生了一系列根本性变化。

第二节　网　上　信　贷

作为新兴的低成本零距离贷款方式,网上消费信贷的作用日益增强。全球第一家网上互助借贷平台"Zopa"于 2005 年 3 月在伦敦诞生,如今其业务已经扩展到意大利、美国和日本,平均每天线上的投资额达到 200 多万英镑。2006 年 2 月,美国第一家网上借贷平台繁荣市场公司(Prosper Marketplace Inc)诞生,截至 2008 年年底其注册用户超过 90 万,累积交易量达 1.8 亿美元。2007 年 10 月,建设银行浙江省分行与阿里巴巴合作推广"E 贷通"系列产品,包括网络联贷联保、大买家供应商融资、网络速贷通等。其中,网络联贷联保只需要阿里巴巴诚信通客户组建联保体,联保体成员之间互相担保;大买家供应商融资则是供应商企业以网上大买家的订单为依据申请贷款,不需要提供抵(质)押或担保。

本节就以建设银行浙江省分行与阿里巴巴网站合作的网上信贷业务为例进行讲述。

一、网络联贷联保

1. 网络联贷联保的概念

网络联贷联保业务是一款不需要任何抵押的贷款产品,由三家或三家以上企业通过网络自愿共同组成一个联合体,联合体成员之间协商确定授信额度,共同向银行申请贷款,由银行确定联合体授信总额度及各成员额度;同时企业之间实现风险共担,当联合体中有任意一家企业无法归还贷款时,联合体其他企业需要共同替它偿还所有贷款本息。比如,联合体中 A、B、C 各获得贷款 50 万元,则每个企业承担的贷款责任都是 150 万元,如果 A 到期无法归还贷款 50 万元,则需要 B、C 企业共同替 A 归还其 50 万元贷款及利息。

据 2007 年的《中国中小企业信息化发展报告》显示,我国约有 4 200 万户中小企业,而阿里巴巴平台注册用户就有 2 400 万,约占全部中小企业的一半。调查表明,2 400 万注册用户中 90% 有信贷需求,有需求用户中 80% 的贷款需求无法得到满足,最大的障碍就是担保问题。为了解决这些企业的贷款需求,2007 年 2 月,建设银行与阿里巴巴在浙江省率先推出网络联贷联保业务。在挑选客户时,建设银行借助阿里巴巴原有的信用评级,挑选那些在阿里巴巴有 4 年以上诚信通历史的企业作为客户,同时还专门设计了网络银行客户的系列评级评价办法,首次将网络商业信用纳入信用评价指标体系。对那些违约、不诚信的借款人,阿里巴巴网站会对其进行网络曝光。为了强化风险控制,浙江省人民政府、杭州市人民政府分别和中国建设银行股份有限公司、阿里巴巴(中国)有限公司签署三方合作的《网络银行业务合作协议》,共同出资组建更大规模的网络银行风险池。截至 2009 年 6 月底,建设银行与阿里巴巴合作的贷款项目已经发放贷款 26 亿元,放贷客户数 1 390 家,不良贷款率仅为 1.08%,低于之前银监会公布的 1.77% 的商业银行不良贷款率。这样就发挥了网络优势,创新了风险控制模式。

2. 网络联贷联保的优势

网络联贷联保具有六大优势:

（1）低利息：利息远远低于民间无抵押借贷，参考年利率为8％～12％。

（2）无抵押：无须任何抵押物也有机会得到贷款。

（3）高额度：可以按实际需求申请，每家企业最高可获得200万元的贷款。

（4）按日计息：按照实际使用天数付息，不支用就不用支付利息。

（5）专款专用：建设银行设立专门款项支持中小企业发展。

（6）流程简单：网络报名后，通过银行初审、复审即可获得贷款。

3. 网络联贷联保的业务流程

网络联贷联保的具体业务流程如图6-1所示。

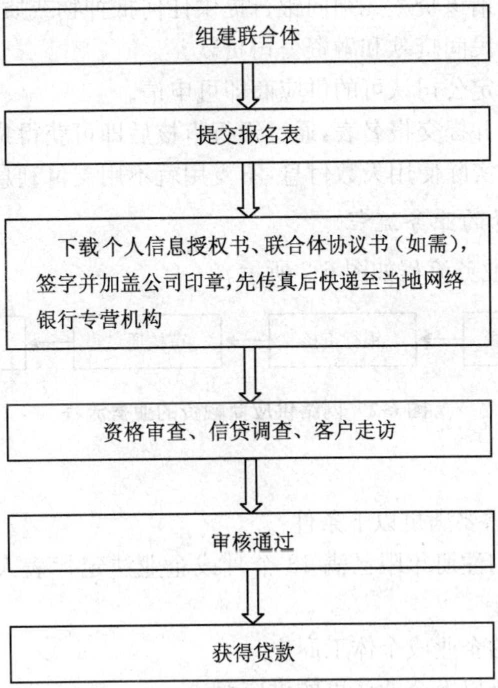

图6-1　网络联贷联保的业务流程

4. 申请条件

申请网络联贷联保需要满足以下条件：

（1）营业年限至少18个月。

（2）网络信用记录良好，在金融机构无不良信用记录。

（3）目前暂未在建设银行各分支机构有贷款余额。

（4）法定代表人、实际控制人及主要股东个人愿意为贷款承担无限连带保证责任。

（5）是阿里巴巴B2B平台会员。

（6）联保体已组建成立。

二、网络供应商融资

1. 网络供应商融资的概念

网络供应商融资是供应商在正常经营过程中,以其持有的经商业银行和大买家确认的,尚未履行交货义务,相应款项尚未收付的购货订单为依据,向银行申请融资的信贷业务,主要解决供应商原材料备货等临时性资金周转,解决部分客户经营规模较小、无法提供抵(质)押物、银行融资难的问题。

2. 网络供应商融资的优势

(1) 无抵押:企业申请该贷款无须向银行提供任何抵押物或质押物,无须联保。

(2) 低利息:远低于民间贷款和融资公司贷款。

(3) 申请简单:是指定公司认可的供应商即可申请。

(4) 流程简单:填写并提交报名表,通过银行审核后即可获得贷款。

(5) 按日计息:按照实际使用天数付息,不支用就不用支付利息。

3. 网络供应商融资的业务流程

网络供应商融资的业务流程如图 6-2 所示。

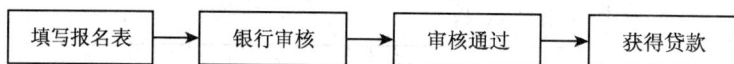

填写报名表 → 银行审核 → 审核通过 → 获得贷款

图 6-2　网络供应商融资的业务流程

4. 申请条件

网络供应商融资时需要满足以下条件:

(1) 企业的工商部门注册年限已满 18 个月或企业法定代表人(或实际管理人)从事当前行业 5 年(含 5 年)以上。

(2) 需为公司性质的企业或个体工商户。

(3) 属于本省 AA 级以上企业认可的供应商。

(4) 工商注册地在浙江省下辖的各县、市的所有企业。

(5) 上年经营非亏损企业。

(6) 目前在建设银行各分支机构没有未还清的贷得贷款。

三、网络速贷通

1. 网络速贷通的概念

网络速贷通是对借款人不进行信用评级和一般额度授信,依据客户提供的足额有效的抵(质)押担保,并结合客户第一还款来源及网络信用而办理的信贷业务,对网络信用好的电子商务客户给予一定比例的追加贷款额度。

网络速贷通也就是抵押贷款,企业需提供变现能力较强的抵(质)押物,凭抵(质)押担保获贷。抵押物包括个人住房、商铺、别墅、厂房、土地等有效资产;质押物包括存单、国债、保证金、银行承兑汇票等质押权利凭证。单笔贷款期限最长可达 3 年。目前,阿里巴巴与中国建设银行为中小企业提供网络速贷通,贷款最高额度可达 2 000 万元。

2. 网络速贷通的优势

(1) 高抵(质)押折扣率:最高可达 100%。

(2) 手续简单:免除评级和授信环节。

(3) 流程简单:填写报名表提交,通过银行审核后即可获得贷款。

(4) 期限长:最长可达 3 年。

3. 网络速贷通的业务流程

网络速贷通的业务流程与网络供应商融资类似,也需经过填写报名表、银行审核、审核通过、获得贷款四个步骤。

4. 申请条件

(1) 工商注册年限已满 18 个月的企业。

(2) 需为公司性质的企业,个体工商户暂不能申请。

(3) 需要提供建设银行认可的抵押物或质押物。

(4) 上年经营非亏损企业。

(5) 目前在建设银行各分支机构无贷款余额,若在建设银行还有贷款正在使用或未还清,则必须结清后才能申请网络速贷通。

(6) 公司注册地在贷款所开放城市以外的暂不能申请,属于分公司或子公司的暂不能申请。

第三节　网上保险

网上保险是电子商务环境下保险业创新的产物。利用电子商务,保险公司不仅可以通过网络直接接触成千上万的新客户,而且随时可以为老客户提供详尽周到的服务,与各行各业开展广泛的交流与合作,精减业务环节、降低运营成本、提高企业的效益。对于客户来说,他们可以不受时间和空间的限制,无论身在何处都可以享受 7×24 小时的不间断服务。理智的客户还可以通过对各家保险公司的充分对比分析,最终决定购买哪家公司的保险产品。

一、网上保险概述

(一) 网上保险的概念

网上保险又称网络保险或者保险电子商务。广义的网上保险是指以信息技术为基础,建立网络化的经营管理体系,以网络为主要渠道来开展保险经营和管理活动的行为;狭义的网上保险是指保险人或保险中介人以互联网和电子商务技术为工具,向客户提供保险产品和服务信息,并通过在线订立契约,直接向客户销售保险产品或提供各种保险服务的经营行为。网上保险的最终目标是实现保险业务的电子化交易,即通过网络实现信息咨询、投保、核保、给付、理赔等业务。

保险作为一种特殊的商品,与一般意义上物化的商品有着显著的区别:

(1) 保险是一种承诺。保险合同属于诺成性合同,同时也是一种格式合同。

（2）保险是一种无形产品。保险商品的表现形式是契约。

（3）保险是一种服务商品。保险企业为客户提供的从承保到理赔的全过程服务，主要是咨询服务。

保险电子交易的实现，要求保险公司根据外部条件和自身的实际情况制定循序渐进的分阶段发展规划。分阶段实现保险电子商务的目标，不仅能够充分利用保险公司现有的各种技术资源，尽量减少保险公司部署电子商务的投入代价，更好地适应企业自身的技术应用水平，避免业务过程的一次性改造可能给企业经营带来的过度冲击和震荡，而且可以让企业在电子商务的每一个应用阶段充分获取应用效益，不断增强企业对电子商务的认识与信心，通过投入、应用获益、提升的良性循环最终实现网上保险电子交易。

（二）我国网上保险的现状

1997 年年底，中国保险学会和北京维信投资顾问有限公司共同发起成立了我国第一家保险信息网站——中国保险信息网（网址为 www.china-insurance.com），现已经更名为中国保险网，如图 6-3 所示。该网站在当年促成了我国网上投保第一单，拉开了我国网上保险的序幕。2000 年，太平洋保险、平安保险、泰康人寿等保险公司，相继在上海、深圳和北京宣布开通电子商务系统，开通了网上保险服务，所涉业务涵盖了人寿保险、财产保险、意外伤害保险、旅游交通保险等近百个保险险种。2002 年 11 月，中国人保的网上保险平台投入运营。我国保险公司力图通过网上保险，简化保险商品交易手续，扩大知名度，开展宣传、咨询、营销和客服等项目。保险业与电子商务的结合，为保险代理打开了方便之门，标志着中国的保险公司开始将目光投向了互联网技术。

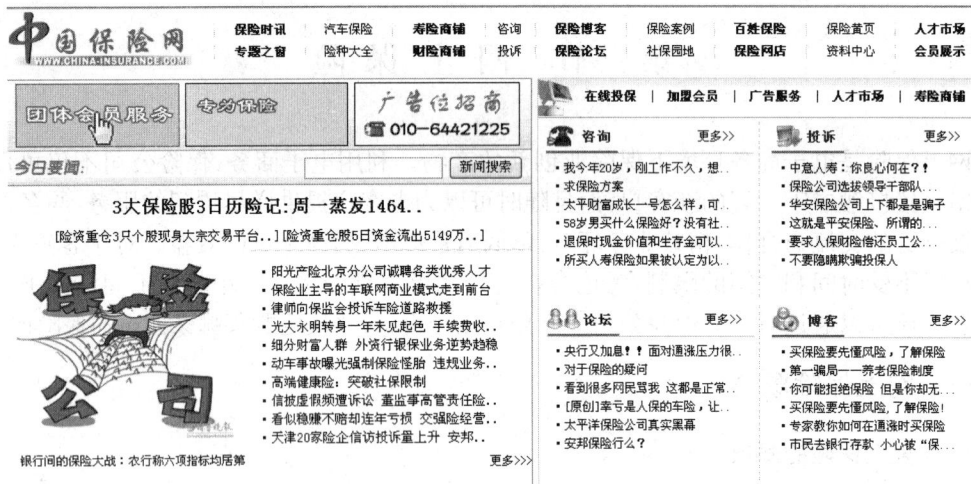

图 6-3　中国保险网主页

由于高收入上网人群的大幅上升和第三方支付市场交易规模的迅速扩大，从 2008 年开始，保险电子商务取得了突飞猛进的发展。据资料显示，2008 年第一季度，工商银行网上保险业务交易笔数达到 3 万余笔，交易突破 44 亿元，交易额较 2007 年增长了 60 多倍。目前，工商银行网上保险频道险种包括万能险、投连险、意外险、交强险、车险、家财险、医疗险、续期缴费 8 类 40 余款产品，并实现了中国平安、太平洋、太平人寿、泰康、中德安联、都邦、光大永明、上海东大保险 8 家公司的网上保险销售。同时，工商银行网站保险频道还提供了在线保险规划功能,系统可根据客户填写的基本信息帮助客户自动推荐保险产品,不仅增加了网上保险的互动性,而且也满足了客户个性化的服务需求。

2009年5月,独立的第三方支付企业快钱公司正式宣布,与9家保险公司达成战略合作伙伴,为保险公司提供对网销、电销、理赔、续保、财务集中管理等不同业务领域的支付解决方案。2009年,其交易额突破1 000亿元人民币。截至2010年2月28日,快钱公司已拥有5 700万注册用户和逾41万商业合作伙伴。

对于网上保险,当务之急是要制定相应的规范。只有人才、技术、管理、法律等诸方面的条件具备且成熟,网上保险才会真正健康、迅速地发展。

(三) 我国网上保险存在的问题

虽然我国保险业内部网络化建设在近几年有一定的发展,但由于相关环境及网上保险技术还有所欠缺,使得网上保险仍然存在一些问题。

1. 客户消费习惯的改变尚需时日

我国保险业的成熟度低、国民的保险意识差,相关知识少,从保险需求上说自然也比较弱,保险市场的现状是有人卖却没人买。另外,中国互联网络发展状况统计报告显示,截至2009年年底,中国网民规模达到3.84亿人,其中10~19岁网民占31.8%,20~29岁网民占28.6%,30~39岁网民占21.5%。从网民的个人月收入情况看,1 500元以下的占到网民人数的一半以上,个人月收入3 000元以上的仅占网民人数的12.9%。网上保险的客户是在线网民,而国内目前的互联网用户结构显然不利于发展保险电子商务。此外,人们通常认为保险产品是卖出去的而不是客户主动购买的,也就是说,保单的销售是出于保险营销人员的动机而不是客户的动机,而互联网通常是一种被动的销售媒介,保险公司主要依赖它开发潜在客户群。

2. 网上支付系统不完善,被视为保险电子商务发展的瓶颈

目前,在线保险交易中,客户必须在与所投保的保险公司签订支付合作协议的指定银行建立账户,以便进行在线交易实时扣款。如果客户不具备上述条件,由于目前银行间的资料交换不完善,尚不具备实时跨行转账交易能力,那么客户将不能进行在线实时交易结算。网上交易条件的局限无疑限制了客户源。

3. 业务风险不容忽视

一是虚假网络保险的风险。假保险公司及其网站的出现,严重损害消费者权益,阻碍了网络保险的发展。2005年,广州出现全国首个利用假保险网站销售假保单的案件;2009年,海南查获假保险公司恒亚迪保险股份有限公司网上销售假保单案件。此外,网络的普及促使保险业务人员自建网站或博客,开通网上门店,进行产品宣传和销售。而监管部门和保险公司对此类行为尚无明确规范,可能引发销售误导等风险。

二是信息不对称风险。一方面,保险公司并未给客户提供全方位的保单查询平台,客户难以甄别自己通过网络购买的保险是否属实;另一方面,通过保监局的网站和营销员系统可以查询到中介机构和营销员的资质情况,但由于对保险业的相关信息缺乏了解,客户往往不能有效地查询销售者资质状况。

三是道德风险。由于未履行如实告知义务引发的道德风险。首先,保险人在网络环境中核实投保人的告知内容较为困难,投保人有可能利用这一缺陷隐瞒与保险标的有关的重

要事实,进行保险欺诈。其次,保险利益认定难度的增加易引发道德风险。网络保险较难认定投保人是否对保险标的具有保险利益,易引发理赔纠纷,因为会出现难以认定而不认定的情况,也给保险欺诈提供机会。

4. 保险产品供给不足是网上保险的主要制约因素

目前,我国网络保险在产品结构、业务流程、服务功能等方面与发达国家相比,还存在较大差距,未能给客户带来较优的消费体验。一是产品种类单一,以我国开展网络保险业务较早的人保财险、太保集团、平安集团、泰康人寿、太平人寿五家保险公司为例,其意外伤害险产品最多,占产品总数的 39%,而市场潜力同样较大的货运险产品仅占 2%;二是网上交易仅限于投保流程,五家公司中仅两家能实现投保、批改(或保全)的网上操作,三家公司仅能进行网上投保,理赔等业务流程暂不能实现网上操作;三是服务功能不完善,以国外网络保险常见的在线试算保费、制定个性化保险方案两项服务为例,五家公司中仅三家能在线试算保费,仅一家能提供个性化的保险方案。

5. 外部环境有待改善

保险作为一种以合同形式存在的特殊商品,通过网络以电子形式销售后,面临法律效力和网络安全等问题。目前,制约我国网络保险发展的外部环境主要包括:一是网络保险相关法律法规不健全。我国电子商务立法较滞后,电子合同成立的时间和地点、要约的撤销和撤回、如何确定法律效力、消费者权利如何保证等问题都没有明确的司法解释。法律法规的缺失导致网站经营者无章可依,为销售方的违规操作提供了空间,使得监管部门难以对网络保险销售进行有效监督,难以事前控制风险。二是网络安全缺乏充分保障。投保过程中,客户需提供个人详细信息,尤其是人身保险,需描述个人健康状况等隐私信息,其安全性受到客户的密切关注。此外,网络保险面临交易资金安全的问题。目前,资金结算方式都是将资金交由第三方进行保管,在交易完成后再由第三方将资金划转给销售方,一旦发生意外,第三方无法拒绝将资金划转,导致客户既无法获得保险保障,又难以追回资金。一项调查显示,66%的被调查者最关心保费网上支付是否安全。

二、网上保险的特点

1. 方便性

用户无须走进人多嘈杂的保险公司排队等候,只需自行上网完成申报程序,因此无论用户在何时何地都可以方便而及时地办理及享受保险业务和服务。网上保险实现了全天24 小时作业,缩短了保险公司与客户的距离。

2. 成本低

保险公司通过 Internet 可直接与投保人建立关系,并能简捷、方便地完成交易和传递信息;同时还可在保险活动"价值链"中超越一些不必要的中间环节,节省代理费或佣金,形成一种新型的低成本运作的供应链结构。这样一来,顾客可以以较低的价格获得保险产品和优质的保险服务。

3. 人性化

投保人在网上可以阅读和咨询自己需要的险种,实现保险产品的在线保费计算、对比、购买、支付与投保功能。这让投保人有了更多的选择空间,足不出户就可以做到保险产品货比三家,网上投保。

4. 透明化

投保人可以直接在网上查询保险公司、经纪人、代理人,了解他们的情况,直接从网上购买保险。这样消除了用户对上门推销者的怀疑,让双方都能互相了解,有利于业务的进行和发展。

5. 风险低

投保人可以通过比较险种、自行计算保费,从而减少中介环节因利益驱动给投保人带来的风险。当然也应看到:由于目前网络本身安全性问题,也给网上保险带来一定的风险。但是随着网络技术的进步和措施的完善,这一风险会逐步降低。

6. 个性化

网上保险销售可凭借现代高科技的支撑,充分实现以客户为中心,最大限度地满足顾客个性化的服务需求,为客户提供更多的保单组合消费,使投保人的保险消费结构更加优化。对保险公司来说,通过网络可以加强对投保人潜在需求的深层把握,有利于险种创新、拓展业务。

7. 竞争有优势

因特网的主要特征是其信息传递和处理的快速性、共享性以及信息传播的广阔性。依托因特网技术,保险公司可利用网上销售平台,进行企业文化、保险产品和公司实力的宣传,主导客户的消费理念。在市场经济条件下,谁先开通网上保险业务谁就先取得这一竞争的主动权,这是各家保险公司必须关注的问题。

全球最大的保险及资产管理集团之一的法国安盛集团,早在 1996 年就实行网上直销。目前,该集团约 8% 的新业务是通过互联网来完成的。1999 年,法国安盛集团在上海设立了一家合资企业——金盛人寿保险有限公司,成了保监会成立后批准的首家寿险公司,并于 2000 年启动了网上服务,内容包括公司介绍、产品介绍、代理人俱乐部、客户专门服务等。

三、网上保险的模式

网上开展保险业务的模式主要有以下三类:

1. 传统的保险公司提供网上保险服务

传统保险公司提供网上保险服务的模式是指一些传统的保险公司利用计算机网络技术对传统保险业的产业进行改造,全面提高企业整体素质,实现了保险行业传统服务模式的重大变革。其目的在于推广本公司的险种,侧重改进公司的服务内容和形式。该模式下用户在网上选择自己需要的险种,调用其相关资料进行阅读,如有特殊问题可在网上咨询解决。然后,用户在选定险种的电子意向书上填入保险金额、保费交付方式、被保险人、被保险人健康状况、受益人、联系地址等项目。如果符合条件,用户将在网上收到保险公司发来的已填好的保单。如果满意,用户只需通过网上银行将保费划拨到保险公司账户上,并输入密码,一份保险契约就完成了。当出险时,也可通过同样的方式在网上告知保险公司出险情况,保险公司派人进行勘查、理赔,赔付金额也可通过网上银行完成结算。使用这种模式的保险公司有中国平安保险公司、太平洋保险公司等。

中国平安网上保险

中国平安保险(集团)股份有限公司(www.pingan.com,如图 6-4 所示)是中国第一家以保险为核心的,集证券、信托、银行、资产管理、企业年金等金融业务为一体的紧密、高效、多元的综合金融服务集团。该公司成立于 1988 年,总部位于深圳。2004 年 6 月和 2007 年 3 月,该公司先后在香港联合交易所主板及上海证券交易所上市,股份名称"中国平安"。网站上的保险业务包括"个人客户"、"企业客户"、"网上商城"、"一账通"等。其中,"个人客户"和"企业客户"的业务主要包括保险、银行和投资三大类,为客户提供多种个人保险、企业保险、银行保险和投资保险服务。"网上商城"的主要产品有保险网上直销(汽车保险、意外保险、旅游保险、签证保险、家庭财产保险等)、贷款 & 储蓄、投资理财、信用卡商城和万里通积分。

图 6-4　中国平安首页

2. 专门财经网站或综合门户网站开辟的保险频道

随着保险领域竞争的不断加剧,保险公司数量增多,各公司提供的险种和服务、收取的保费等都不完全相同。这就使得消费者面临选择的困难。为了方便广大群众购买保险服务,查询有关保险的资料,一些专门财经网站或综合门户网站开辟了保险频道,满足消费者的保险需求。例如,和讯、上海热线和新浪等保险频道。

新浪的保险超市

新浪推出的保险超市(http://money.finance.sina.com.cn/insurance/mall,如

图 6-5 所示)是国内门户网站推出的首家网上保险超市。根据丰富的资讯及对自身投资需求的准确判断,用户可用最少的时间成本和投资成本,通过新浪保险超市平台与保险公司进行网上买卖操作。该保险超市所提供的保险种类有意外保险、旅游保险、健康保险、养老保险、少儿保险、投资保险、家财保险、汽车保险和个性定制的保险 DIY 等。

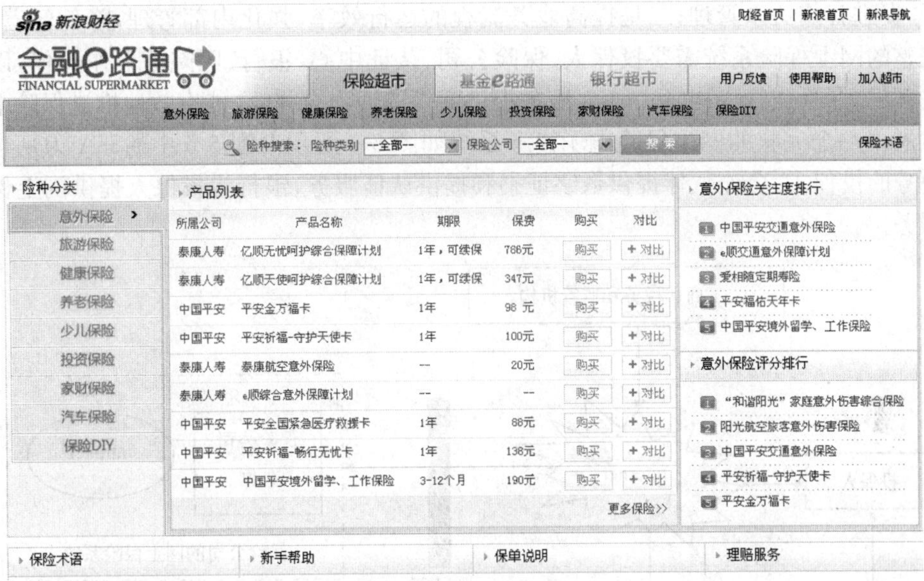

图 6-5　新浪网的保险超市页面

3. 第三方保险商务平台

这种模式也称为独立的保险网,它们不属于任何保险公司或附属某大型网站,为保险公司、保险中介及相关机构或个人所公用,可容纳大多数保险企业开设门店及网上交易和清算。它们通过在互联网上建立交易平台、内容平台等,介绍行业内的信息和资讯,进行不同保险公司业务的比较,并给出建议和投资组合分析,让广大的投保人可以在保险公司中"货比三家"。这类平台有易保网、中国保险网等。

资料链接 6-3

易保网网上保险广场

易保网是中国保险监督管理委员会批准的、由金兰(北京)国际保险经纪有限公司设立的,集国内最专业的汽车保险报价、销售、理赔服务、品牌专修等于一身的电子商务服务平台。鉴于目前国内保险公司主体众多,各保险公司服务特色不同,价格参差不齐的现状,易保网颠覆传统车险销售模式,利用互联网为消费者提供了一个完善的、简便的、清晰的车险销售平台。易保网的业务主要有车险报价、理赔服务、4S 店专修等,主张消费者自己选择保险公司、自己选择险种、自己填写投保信息并完成支付,为保险公司、保险中介和被保险人建立沟通的渠道和平台。

四、网上保险的电子商务系统及业务流程

(一)网上保险电子商务系统

保险公司建立网上保险系统的主要目的有两个:一是更好地满足投保人的需求,吸引潜在客户,促进客户关系管理;二是提高业务流程的运行效率,强化内部管理,降低经营成本。一个完整的网上保险系统需要投保人、保险公司、认证中心、银行、医院等合作伙伴,以及工商税务部门、保险监管机构、Internet 服务提供商等的通力合作,才能有效地推进保险电子商务的发展。一个完整的网上保险电子商务系统如图 6-6 所示。图 6-6 中的 CA 为从事保险电子商务的投保人、合作伙伴提供数字证书和提供认证服务,银行为投保人提供网上保险的支付服务。

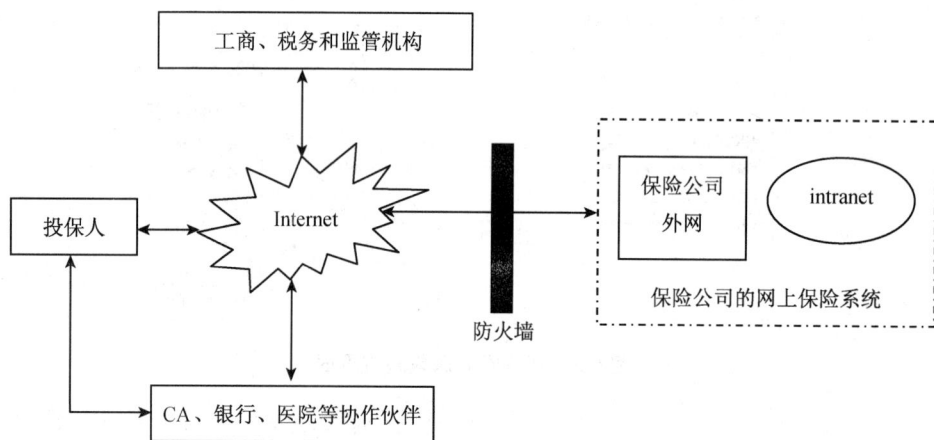

图 6-6 一个完整的网上保险电子商务系统

(二)网上保险的业务流程

网上保险的电子商务操作系统应与各家保险公司的实务操作规定相吻合,主要体现在展业、投保、核保、缴费、保全、理赔和查询七大流程中。保险企业电子商务化,绝不是对传统保险业务的简单电子化和网络化,而是依靠信息技术改变基本业务的处理方式。

1. 展业

展业的内容为宣传和推销,主要利用网站首页的广告和相关栏目对公司及产品进行宣传,使客户了解公司和产品后,产生购买欲望来完成公司展业过程。网站首页设计要将公司的基本情况和经营的特点及各产品的详细情况展现给广大客户。客户决定网上投保时,输入本人的基本情况后能生成"供客户选择的、多方案的客户保险建议书"。

2. 投保

网上在线投保就是客户以直接在网上填写并提交投保单的方式,递交投保信息。客户在线投保一般经历两个步骤:首先,登录相应的保险网站,进入产品页面查看具体的险种;然后,根据自己的需要选择险种并填写投保意向书。

3. 核保

目前,根据保险公司电子化的应用程度和各投保险种的繁简程度以及网上业务的具体情况,各险种可采取实时核保和延时核保两种方式。

(1)实时核保。对于某些比较简单并且符合网上业务初级核保原则的险种或者保险企业网络化程度比较高的情况,可以采用网上实时核保的方式。若保险公司实时接收了客户的投保申请,客户可选用相应的银行卡进行网上实时支付,也可采用单到付款或汇款付款。

(2)延时核保。它与实时核保的区别是:当客户递交保单后,离线等待,待保险公司履行核保程序后,再登录网站查询核保结果。在网上投保后,所有经保险公司签发的保单将由专人送达投保人。

4. 缴费

目前,电子支付还没有真正普及,在实际保费支付中根据客户的习惯和业务需求,保费的支付方式主要有三种形式:单到付款、网上支付和银行汇款。

(1)单到付款。当客户在网上填写并递交投保单后,经由保险公司核保确认并出具保单和保费收据,再由专人负责送交客户。当客户收到保单和保费收据后,根据保单上列出的保费金额,支付相应保费。

(2)网上支付。投保人收到核保确认信息后,可以选择网上直接支付保费。投保人通过电子商务支付网关登录相应银行卡支付结算平台,输入相应付费信息后,一次性扣款,由银行代理自动缴付保险费。保险公司收到保险费用后通过专人或邮递等方式,将保险单和保费收据送交投保人或者直接通过电子邮件传递电子保单和电子保费收据。

(3)银行汇款。投保人收到核保确认信息后,通过银行将保费汇入公司账号,保险公司收到投保人汇款后,通过专人或邮递等方式,将保单和保费收据送交客户或者直接通过电子邮件传递电子保单和电子保费收据。

5. 保全

投保人网上保全操作应与保险公司的保全实务操作相对应,主要内容为:保险合同内容变更、保险合同解除、保险合同复效、生存给付等。

6. 理赔

保险公司开展网上理赔业务,主要借助网络直接、快速的优势,提高自身的理赔服务质量。事实证明,快速优质的理赔服务、高效严格的理赔管理对保险业务的发展起着至关重要的作用。因此,在保险电子商务网站上,推出网上报案功能,使公司能准确、迅速地响应客户的报案,组织人员进行理赔。

理赔服务的流程大致为:投保人在保险事故发生之日内通过 CA 认证,进入网上报案中心进行报案,也可以由业务代表转达报案、电话报案、亲自到公司报案。客户报案后准备相关文件。保险公司核对后对符合要求的案件立案调查,并判定保险事故发生后被保人是否受损、保险损失是否在可赔付范围之内、核实其他事故、诊断证明,对保险赔付额进行计算,最后确定保险金给付对象。在这个过程中,客户可通过网络查询理赔的进度。

🖱 **典型案例**

"泰康在线"第一例网上保险理赔案

泰康在线推出了可以全程在网上投保的"旅游救援保障计划"后,其投保、核保、承保、支付以及出单,所有的环节均可通过网络自动完成,是国内首家实现全程在线服务的保险网站。在这家国内领先的网上保险企业,毫不意外地出现了我国第一例网上保险理赔案。

家住上海的客户凌先生在一次外出旅行时,无意中看到了有关"泰康在线"的新闻报道,得知通过泰康在线可以在网上投保旅游险。2001年8月,凌先生一家五口打算去山东旅游,出游前,凌先生在网上为全家每个人购买了一份期限从8月11日至8月20日、总保额为15万元的"旅游救援保障计划"。凌先生在网上投保的两天后,收到了泰康在线通过电子邮件发给他的电子保单和电子签名。8月16日,凌父在烟台旅游时突发急病,凌先生马上拨打了"旅游救援保障计划"上的救援电话。救援中心在接到报案后,马上为凌先生的父亲安排在当地医院进行治疗,使其转危为安。回到上海后,凌先生通过泰康上海分公司获得了医疗保险金理赔。凌先生表示,自己选择泰康的旅游保险最重要的原因是,这种保险可以进行网上投保和支付保费,非常方便。凌先生对泰康人寿的服务非常满意,认为泰康公司的理赔速度快,救援服务及时、周到,公司的服务非常专业、规范。网上投保不仅手续简便、快捷,符合现代人的工作及生活节奏,而且泰康在线提供的旅游保险保障范围广、价格低廉,是出行投保的第一选择。

这起我国首例网上保险的理赔案,其意义非常深远,它预示着保险业务的全面网络化的时代已经临近。

泰康在线利用最先进的网络技术,在国内首先实现了从保单设计、投保、缴费、出单到后续服务的全过程电子化,提供网上保险、保户服务、营销服务等多项网上保险服务,是真正意义上的在线保险。此外,用户还可获得便捷的保单查询、自动生成的提醒通知书、网上变更保单信息、网上续缴保费、网上理赔、网上投诉等完整的人性化服务。

・・・・・・・・・・・・・・・・・・・・・・・・・・・・・・・・・・・・

7. 查询

客户网上查询既要使客户能查到与投保相关的各种信息资料,又要体现一定的保密性。查询内容主要为:公司的基本情况、公司产品情况、公司投保规则和个人投保的情况。特别是对客户投保情况查询的设计要尽量全面,应包括客户的承保情况、缴费情况、理赔情况和保单变更情况。

🖱 **资料链接 6-4**

泰康人寿网上保险

泰康人寿保险股份有限公司是1996年8月22日经中国人民银行总行批准成立的全国性、股份制人寿保险公司,公司总部设在北京。2000年11月,泰康人寿全面完成经国务院同意、保监会批准的外资募股工作,建立了国际化的公司治理结构。

1．主要业务

泰康人寿首页（网址为 www.taikang.com，如图 6-7 所示）的导航栏目包括关于泰康、新闻中心、产品博览、网上专卖店、客户服务、乐活泰康、公开信息披露等。

图 6-7　泰康人寿首页

（1）关于泰康：介绍公司简介、泰康大事记、组织结构、分支机构、企业文化。

（2）新闻中心：主要有公司公告、媒体报道、业界新闻、精彩活动。

（3）产品博览：划分为个人产品和团体产品。其中，个人产品包括网上直销、银行保险和电话直销，团体产品包括基础产品和员福套餐。

（4）网上专卖店：可在线购买的业务有投资理财、少儿保险、组合保险、旅游签证保险、定期寿险、健康保险、养老保险和意外保险等。

（5）客户服务：包括 e 站到家、友问友答、服务指南、查询服务、业务办理、理赔服务、法律服务、单证下载、卡单激活等。

（6）乐活泰康：包括理财频道、少儿频道、健康频道、养老频道、旅游频道、官方博客、个人博客等。

2．投保流程

泰康人寿的投保流程如图 6-8 所示。

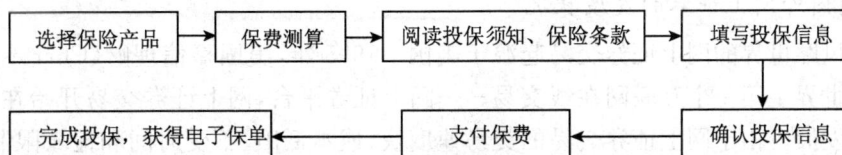

图 6-8　泰康人寿投保流程

3. 支付方式

（1）银行卡支付：一是利用中国工商银行、招商银行、中国民生银行、中国建设银行的网银支付；二是可以通过快钱或支付宝来选择更多银行卡的网银支付。

（2）信用卡支付：通过快钱可以选择10家银行的信用卡且无须开通网银功能实现支付。

（3）授权银行转账支付：可以选择授权保险公司从银行账户中转账扣款支付保费。

4. 理赔流程

（1）报案：发生保险事故后，可拨打电话、登录泰康人寿网站、委托业务员或直接前往公司营业厅等方式及时报案。

（2）申请：查阅并准备相关资料，下载并填写理赔申请书，到公司申请。

（3）审核：泰康公司受理理赔申请后，将进行必要的审核及调查，并作出理赔决定。

（4）结案：泰康公司作出理赔决定后，将迅速通知申请人理赔结论，并通过银行转账方式及时支付保险金。

第四节　网上证券

随着全球电子商务的迅猛发展，其应用形式和应用领域日益广泛，投资者也开始利用互联网资源，获取证券的即时报价，分析市场行情，并通过互联网委托下单，实现实时交易。这样就产生了网上证券交易。

一、网上证券概述

1. 网上证券交易的概念

网上证券交易是指证券公司利用互联网等网络技术，为投资者提供证券交易所的即时报价、查找各类金融信息、分析市场行情等服务，并帮助投资者完成网上开户、委托、支付、交割和清算等证券交易的全过程，实现实时交易。投资者通过 Internet 证券交易商，可以在任何地方、任何时候兼顾自己的投资。Internet 证券商通常在其 Web 网站上发布证券交易行情，同时为其客户提供网上填写证券买卖单证的服务，然后把这些买卖单证实时传递给证券交易所。

2. 国内外网上证券的发展状况

目前风靡世界的网上证券交易起源于美国。1995 年，美国嘉信理财（Charles Schwab）公司推出世界上第一个互联网在线交易——网上证券平台，网上证券交易开始在美国获得了初步的发展。由于网上证券交易的交易速度快、成本低廉、不受时间和地域限制的优势，逐渐被人们认同，越来越多的投资者选择了网上证券交易。

在亚洲，网上证券交易的发展极为迅速，其中韩国最具有代表性。在韩国，网上证券交易的市场极为集中，在几十家从事网上证券交易的证券公司中，三星、大宇、LG、现代等前五家最大的公司占了90％以上的市场份额。目前,韩国已经成为世界网上证券交易比例最高的国家之一。

我国网上证券交易的起步时间只比美国晚几年,但受客观因素的影响,开展的网上证券交易一直是小规模试点。我国率先开展网上证券交易的是中国华融信托投资公司湛江营业部,该营业部于1997年3月推出了视聆通多媒体公众信息网网上交易系统。至1998年年末,该营业部网上交易开户数已达7 000户,网上交易量已占该部总交易量的20％多。我国网上交易在开始阶段是由证券公司全权委托IT公司负责的,即IT公司负责开发网络站点,为客户提供投资资讯,而证券公司以营业部的身份在后台为客户提供网上交易的通道。2000年3月,中国证监会公布的《网上证券委托暂行管理办法》规定,只有获得中国证监会颁发的经营证券业务许可证的证券公司,在达到《证券经营机构营业部信息系统技术管理规范》的要求后,经向中国证监会申请并得到批准,才可开展网上委托业务;未经中国证监会批准,任何机构不得擅自开展网上委托业务。2001年2月5日,中国证监会根据《网上证券委托暂行管理办法》正式核准首批23家证券公司开展网上证券交易,如国信证券(www.guos-en.com.cn)、西南证券(www.swsc.com.cn)等。中国证监会的统计数据显示,截至2007年年底,我国网上证券委托交易量占沪、深交易所的比例已上升到30％,网上开户数640万户,占证券市场总开户数的比例为23％。

二、网上证券信息服务

网上证券的信息服务主要包括查询上市公司历史资料、查询证券公司提供的咨询信息、查询证券交易所公告、股票网上发行、资金划转、网上实时委托下单、电子邮件委托下单、电子邮件对账单、公告板、电子讨论、双向交流等。目前,投资者可以使用计算机、手机、双向寻呼机、机顶盒、手提式电子设备等多种信息终端进行网上证券交易。证券投资者可随时随地查询证券实时行情和财经信息,接受投资指导,参与投资论坛,进行委托交易。同时,投资者可根据自己的风险收益偏好和投资需求,定制个性化的证券信息,享受专业化理财服务。与传统证券信息服务相比,网上证券信息服务不仅信息容量大,而且更新速度快,极大地改善了信息服务质量,提高了信息服务效率。网上证券信息服务划分为基础信息服务、市场行情服务和市场交易服务。

1. 基础信息服务

不同的网上证券服务平台提供的基础信息服务有所不同,但基本上包括以下内容:证券交易所公告与提示、财经要闻、证券市场、公司资料、研究与出版、市场指南、客户服务等。

2. 市场行情服务

市场行情服务包括行情显示和行情分析两种服务。

(1) 行情显示:具有证券类型、证券排序、行情预警、自设选项、图形分析、定时刷新等功能。

(2) 行情分析:具有实时走势图、实时分析手段、盘后分析、板块设定、证券切换、日期选择等功能。

3. 市场交易服务

市场交易服务包括网上委托买入、委托撤单、委托查询、成交查询等网上交易过程以及资金明细查询、修改密码、网上交易对账等多项辅助服务。

三、网上证券的监管

为加强证券公司利用互联网络开展证券委托业务的管理,规范市场参与者的行为,防范和化解市场风险,切实保护投资者的利益,中国证监会制定了《网上证券委托暂行管理办法》(以下简称《办法》),主要采纳了以下措施:

(1) 开户审查。《办法》对在线证券交易的委托手续做了明确规定,依据第六条的规定,只有在证券公司合法营业场所依法开户的投资者才有权申请进行网上委托,获批准者才能进行网上委托;必须由本人亲自申请,不得代理;投资者申请时应向证券公司提供身份证明原件,证券公司应向投资者提供证实证券公司身份、资格的证明材料。

(2) 加密和身份认证。网络的开放性、信息的易获取性或篡改性,要求在线证券交易必须采取相应的技术安全措施,也就是通常采用的加密和身份认证机制。《办法》第十七条和第十八条分别规定了这两个安全措施,要求证券公司在通过互联网传输信息的过程中,必须对网上委托的客户信息、交易指令及其他敏感信息进行可靠的加密;采用可靠的技术或管理措施,正确识别网上投资者的身份,防止仿冒客户身份或证券公司身份;必须有防止事后否认的技术或措施。

(3) 技术标准控制。技术系统必须达到一定的标准,《办法》第二十条要求,网上委托系统中有关数据安全、身份识别等关键技术产品,必须通过国家权威机构的安全性测评;网上委托系统及维护管理制度应通过国家权威机构的安全性认证;涉及系统安全及核心业务的软件应由第三方公证机构(或双方认可的机构)托管程序源代码及必要的编译环境。密码产品的主管机关是国家密码委员会;与互联网有关的安全产品、系统及管理体系的测评认证,由国家技术监督局所属的中国国家信息安全测评认证中心负责。

(4) 风险揭示。《办法》第七条规定,证券公司应制定专门的业务工作程序,规范网上委托,并与客户本人签订专门的书面协议,协议应明确双方的法律责任,并以风险揭示书的形式,向投资者解释相关风险。第二十二条对揭示的方式和内容做了规范:证券公司应在入口网站和客户终端软件上进行风险揭示。揭示的风险至少应包括:因在互联网上传输的原因,交易指令可能会出现中断、停顿、延迟、数据错误等情况;机构或投资者的身份可能会被仿冒;行情信息及其他证券信息,有可能出现错误或误导;证券监管机关认为需要披露的其他风险。

(5) 业务监督管理。《办法》对网上证券业务管理有严格的要求,如第十五条要求证券公司应安排本单位专业人员负责管理、监督网上委托系统的运行,并建立完善的技术管理制度和内部制约制度。第十六条规定,网上委托系统应包含实时监控和防范非法访问的功能或设施;应妥善存储网上委托系统的关键软件(如网络操作系统、数据库管理系统、网络监控系统)的日志文件、审计记录。另外,第十九条还要求证券公司根据本公司的具体情况采取技术和管理措施,限制每位投资者通过网上委托的单笔委托最大金额、单个交易日最大成交总金额。

(6) 禁止托管。《办法》要求证券公司应提供一个固定的互联网站点,作为网上委托的入口网站(第二十一条),同时要求证券公司必须自主决策网上委托系统的建设、管理和维护。有关投资者资金账户、股票账户、身份识别等数据的程序或系统不得托管在证券公司的合法营业场所之外（第十一条）。禁止开展网上证券转托管业务。

（7）分业经营。《办法》第十条规定，开展网上委托业务的证券公司禁止直接向客户提供计算机网络及电话形式的资金转账服务。这里的转账是银证转账，是指投资者以电子方式，在其证券资金账户和其他账户之间直接划转资金的转账方式。目前，通过电话或网上银行手段，技术上可实现银证转账。例如，投资者持有某些种类的银行信用卡，通过拨打银行或证券公司提供的电话号码，按指令操作，有可能在证券账户与信用卡账户之间划转资金。根据分业经营的原则，需隔离证券交易和商业银行业务的风险，同时为了防止网上委托的数据受到非法窃取或改动，以致通过网络将非法收益转入银行账户，《办法》规定开展网上证券委托业务的证券公司不能直接向客户提供网络或电话形式的转账业务，采用网上委托方式的投资者，可以使用商业银行提供的银证转账业务。

（8）信息保密。为防止投资者或第三人利用网络获取证券公司业务信息，《办法》第十二条规定网上委托系统和其他业务系统在技术上的隔离，即禁止通过网上委托系统直接访问任何证券公司的内部业务系统。为了保护客户资料不被盗用，《办法》第十三条要求未申请网上委托的投资者的所有资料与网上委托系统进行技术隔离。另外，第十四条规定网上证券公司具有对在线交易所有信息备份并安全存储的义务：网上委托系统应有完善的系统安全、数据备份和故障恢复手段。在技术和管理上要确保客户交易数据的安全、完整与准确。客户交易指令数据至少应保存15年（允许使用能长期保存的、一次性写入的电子介质）。

（9）信息披露。《办法》除了要求证券公司向投资者事先揭示在线交易的风险外，还要求证券公司披露的各种信息要真实有效。第二十三条明确规定：证券公司开展网上委托业务的同时，如向客户提供证券交易的行情信息，应标识行情的发布时间或滞后时间；如向客户提供证券信息，应说明信息来源，并应提示投资者对行情信息及证券信息等进行核实。另外，第九条要求证券公司应定期向进行网上委托的投资者提供书面对账单。

（10）预防措施。《办法》第八条要求开展网上委托的证券公司，必须为网上委托客户提供必要的替代交易方式，以防止在网络发生事故后，不能正常进行交易。

上述是《办法》规定的一些证券公司的义务，目的是通过制度措施来保障交易安全。但是，网络作为一种新型的技术手段，还需要投资者具有自我保护的知识和意识。第一，应从安全性、稳定性、信息质量、传输速度、技术服务等方面，综合比较，选择进行网上委托的网站及其相应的证券公司。第二，要及时检查委托成交情况以及清算结果，检查证券公司提交的书面对账单，发现问题要及时通知证券公司，积极协助处理。第三，要通过学习或咨询，选择并使用适当的安全防范技术，如密码设备、数据备份等，不能为了方便而省去必要的安全操作，各类数据和资料要安全存放。第四，要注意核实证券公司开展网上委托业务的资格，认真阅读与证券公司签订的有关协议文本，明确双方的法律责任。第五，要注意分析、核实从网上获取的各类信息，做一个成熟的投资者。

虽然中国证监会制定了《网上证券委托暂行管理办法》，但是我国网上证券交易的规范和监管还是存在着以下问题：第一，监管依据尚不足，还没有出台与《办法》相配套的法律法规；第二，还没有建立起一个适应网上证券交易特点的监管体系；第三，对网上交易的开放性认识不足,尚没有形成全球化的协调监管机制。

四、网上证券交易的风险问题

如果要用一句话来概括网上证券交易的风险,就是未来的不确定性。这种不确定性的程度决定了风险的大小。经验告诉人们,一件事物越复杂,人们对其了解得越少,要对其准确预测的难度也就越大,因此风险也越高。证券市场就是这种高度复杂的事物之一,其表现形式多种多样。例如,上市公司的经营亏损和证券收益率的不确定性,以及证券市场的变化与股价的波动等。这种不确定性主要是由市场上各参与者之间市场信息不完全和不对称引起的。认识证券市场的复杂性,了解其运作的内在规律和风险,可以提高投资者的风险意识,增强防范风险和承受风险的能力。证券投资既有其高收益的一面,也有其高风险的一面,"收益自得、风险自担",这是每个投资者入市前应有的清醒认识。

网上证券交易系统是整个证券市场的一个子系统,证券市场上客观存在的政策风险、投资风险、开户风险、业务风险、设备系统故障风险及各种不可抗力风险等,同样存在于网上证券交易过程中,而且由于其采用的技术手段有别于其他交易方法,使其具有因网络技术等因素带来的独特风险。在网上证券交易过程中可能有以下情况出现:

1. 技术风险

(1) 由于线路繁忙,投资者存在遇到行情不能及时进入网上证券交易系统,使投资人不能及时增大收益或阻止损失的风险。

(2) 由于网络故障,投资人通过网上证券交易系统进行证券交易时,投资人计算机界面已显示委托成功,而券商服务器未接到其委托指令,从而存在投资人的利益不能增大或损失不能停止的风险;或投资人计算机界面对其委托未显示成功,于是投资人再次发出委托指令,而券商服务器已收到投资人两次委托指令,并按其指令进行了交易,使投资人由此而产生重复买卖的风险。

(3) 由于黑客的侵入,网络发生故障,投资人存在不能及时进入网上证券交易系统,无法进行正常交易的风险。

(4) 由于投资人不慎将资金账号、证券账号及交易密码遗失,使其持有的证券被他人盗卖的风险。

(5) 由于证券交易可以委托他人代理,从而存在未按投资者本人意图买卖证券和提取资金的风险。

(6) 由于投资人自身操作失误,出现证券种类、买卖方向、价格、数量输入错误而产生的风险。

(7) 由于不可抗力因素,使投资人不能及时进行交易的风险。

2. 网络欺骗

网络欺骗是网上证券委托纠纷发生率最高的形式之一,其主要表现形式是虚假信息的发布。证券市场本身是一个真假信息并存的场所,而且其信息的时效性要求非常高。在网上证券交易条件下,一方面,网络作为证券市场的信息载体,传播速度极快,覆盖范围极广,使得虚假信息更加严重;另一方面,证券公司的网站均为投资者提供了电子布告栏系统服务,由于网络的交互性、匿名性特点,投资者可以在网站上匿名地自由发言,而且对这些所谓消息的追索难度非常大,从而使得网络成为某些不怀好意者制造虚假消息进行网上欺诈的场所,如发布假行情、假公告等虚假信息,误导投资者,甚至操纵市场。

引例解析

网上增值业务,暂时没有统一的定义,本书是指电子银行的增值业务,即电子银行为客户提供的超出常规服务范围的服务。也就是说,电子银行除为客户提供基础网上服务(网上支付与结算)外,还提供其他特殊的金融服务。

现在各大银行都提供了网上增值服务,所提供的服务却又有不同。一般来说,电子银行的网上增值服务主要有网上投资、个人理财助理、企业银行和其他金融服务。其中,具有代表性的是网上信贷、网上保险和网上证券。

本章小结

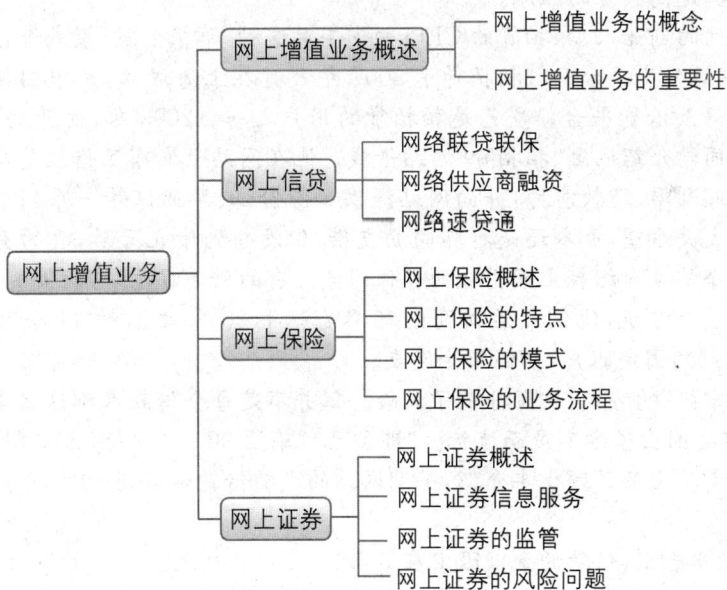

综合训练

一、思考练习

1. 试比较网络联贷联保、网络供应商融资、网络速贷通的异同。

2. 网上保险的特点是什么?

3. 简述网上保险的业务流程。

4. 网上证券能提供哪些信息服务？

5. 试分析网上证券存在的问题，并思考如何有效监管网上证券交易。

6. 我国的网上证券存在哪些风险问题？

二、案例分析

网络民间借贷"初绽放"

在网上，没有担保，没有抵押，就能向陌生人借到钱，你相信吗？近两年，民间借贷网站风生水起：宜信、拍拍贷、搜好贷、天天贷、e借通、ezmoney。在那里，聚集了一批想借钱和有钱借的人，而网站只是一个中介，不吸储也不放贷，仅收取2%~4%的服务费。

宜信、拍拍贷、搜好贷、天天贷、e借通、ezmoney等网站与"淘宝网"类似，不同的是，后者交易商品，而前者交易借贷。借款方可以自由发布自己的借款金额、用途、还款期和回报率等信息，之后，若干愿意投资的人开始竞拍。有意思的是，出借方往往不止一人——假设借入1 000元，可能是10个人各出100元凑够借款额。

这种"草根金融"网站在鲜花与争议中存活了3年多。有人认为，这是一种全新的金融模式，甚至被誉为"网络版孟加拉乡村银行"；也有人认为，处在监管空白下的网上借贷，是金融诈骗的滋生地，是高利贷的温床。

为此，菠萝网的创始人、拍拍贷的CEO顾少丰对这种"草根金融"模式进行了解说。

国内首家网络借贷平台——拍拍贷于2007年8月在上海成立，是中国第一个P2P（个人对个人）信用网上借贷平台。罗艺是拍拍贷的用户之一。2009年，他开奶茶店的创业资金缺1.2万元，同学介绍他上"拍拍贷"网站借钱。他在网站上发布了借款需求，写明借款金额、用途、还款期、利率、还款能力，并向网站提供了身份证、毕业证等一系列个人信息。"起初，我并没有抱太大希望，原本还是打算向朋友借，但没想到十几天后，真的有20人借钱给我，其中还有一个就是介绍我上网借钱的那位同学。有的借500元，有的借1 000元，也有人借了50元。"罗艺介绍说，他们最后协商的利率是一年20%，之后的14个月里，他每月把1 000元打入网站的固定账户，偿还陌生网友。

这种"整借零投"的方式，无疑分散了风险。但并不是每个借款人都这么幸运，有的人甚至借3 000元都会因出借方不足而流标。"即便已经有2 900元竞标，只要剩下的100元没人愿意借，借款都将失败。"顾少丰介绍，早期网站的成功借款率不到20%，如今，这个概率已经接近50%。

在拍拍贷的平台上，借款的金额限定在3 000~100 000元。网站首页上显示了借款人的借款金额、借款人信用等级、借款进度、借款期限等信息，主要用于个人初期创业、短期信用卡资金周转或装修、购物等消费，也有一些是借钱给家人治病或者求学的。很多借款人的需求都在5万元以下，甚至是几百元，借款期限最短1个月，最长12个月，年利率最高为21%。在通常情况下，1万元以下的借款进度较快。"其实，这种模式源于对欧美P2P网上借贷的模仿。"顾少丰表示，有投资就有风险。国外一般都有完备而透明的个人信用认证体系，个人信用记录、社会保障号、个人税号、银行账号等材料可以得到充分验证。但是，国内信用体系还不是很完备，因此国内投资人必须谨慎行事，在放款前详细认证借贷方的资信状况,另外选取比较成熟和规范的贷款网站也很重要。①

从现有金融政策法规角度来看,由于网站不属于金融机构,国家对于民间借贷中介还没有一个明确的界定,所以并没有将其纳入监管范围,存在一定的监管空白。不少金融专家也表示,金融领域的每一次创新,总会伴随着产生各种新的问题,而监管和法律的完善必然会慢上半拍,P2P 网上借贷亦是如此。或许,我们在期望政府升级配套制度的同时,更应该提升自身的认识,毕竟这是风险完全集中于放贷者个人的新模式。②

问题

根据所提的 P2P 网上借贷模式的发展,分析这种模式的优势和不足。

实训设计

网上增值业务

【实训目的】

网上增值业务是各银行电子化建设所提供的服务,通过此次实训,了解并比较各商业银行提供的网上增值业务,熟悉具有代表性的网上信贷、网上保险和网上证券的相关操作或流程。

【实训内容与要求】

1. 通过互联网访问各商业银行,了解并比较各商业银行提供的网上增值服务。

2. 登录网站 http://www.china-insurance.com,了解并熟悉有关网上保险的发展信息,掌握网上保险的操作流程。

3. 登录一家网上证券电子商务网站,了解并熟悉有关"网上证券交易程序",试着根据其操作步骤完成网上证券交易的程序。

【成果与检验】

通过实际操作,检验自己是否掌握了网上增值业务的类型以及网上信贷、网上保险、网上证券的操作流程,并在课堂上交流经验。

---

① 网络民间借贷"初绽放"[EB/OL]. 2010-08-24[2011-5-5]. http://www.cnhubei.com/news/ctjb/ctjbsgk/ctjb33/201008/t1383630.shtml.

② 让大家贷款给大家 P2P 网络信贷正流行[EB/OL]. 2010-05-23[2011-5-5]. http://blog.sina.com.cn/s/blog_4ccc95790100jfpq.html.

第七章

网上支付的安全技术

知识目标

» 了解电子商务网上支付面临的安全问题；

» 了解计算机病毒的特点和种类；

» 了解防火墙的类型；

» 掌握电子支付中的安全技术；

» 掌握电子商务安全认证技术；

» 掌握电子安全交易 SSL 协议和 SET 协议的基本概念和原理。

技能目标

» 掌握计算机病毒的防治方法；

» 掌握防火墙的设置方法；

» 掌握数字证书的申请和使用方法。

引 例

招商银行的网上支付安全技术

随着互联网的不断发展,在世界范围内掀起了一股电子商务热潮,但在电子商务网上支付中最关心的问题就是其账号及密码等信息的安全性,因此网上支付与网络安全关系紧密,缺一不可。目前国际流行的网上支付安全协议有两种:SET 协议与SSL 协议。但目前国际上对这两种网络安全协议到底哪种才是未来的发展方向,还没有完全达成共识,我国已开展的网上支付银行还没有一家专门采用某一种安全协议。

招商银行在开发"一网通"网上银行系统时参考了专用协议方式,综合采用了业务和技术双重安全机制,开创性地实现了安全的网上支付。下面列举其中的六个要点:

(1) 客户使用专用账户进行支付交易。网上支付专用账户是"一卡通"的一个子账户,有独立的支付账号和支付密码,上网消费时客户只需输入该账号和密码,就可以实现在线付款。客户可以在任何时刻通过互联网或电话把"一卡通"中的资金转入专用账户,而资金只有转入这个专用账户才能用于消费。这就保证了"一卡通"账户中的其他资金的安全。

(2) 设置网上消费金额限制。对不同类型的客户设定不同的每日累计交易最高限额,设定后还可根据客户的要求加以调整。如对一般客户设定的最高限额最初为2 000元人民币,后来调整为5 000元人民币,最后调整为现在的1 万元人民币。

(3) 支付卡信息直接传送到银行。客户在招商银行网页中输入网上支付卡信息,加密后直接传送到银行,不经过商家转发,这样可以避免泄露支付信息。

(4) 商家无法得到客户的支付信息。商家只从银行接收客户的订货信息,避免客户篡改已被银行确认的订单信息。

(5) 错误登录次数限制。客户如果在一天内登录错误次数达到5 次,银行当天则拒绝为其服务。

(6) 网上传输采用 SSL 协议加密。

由于采用业务和技术双重安全机制,招商银行"一网通"网上银行系统运行以来,企业银行交易超过5 万笔,个人支付交易超过1 万笔,没有出现过一例支付信息安全问题。

随着电子商务的不断发展,国内商业银行必将推出更多的网上支付方式。招商银行着重开发的无限额支付系统和B2B 网上信用证支付系统,会为中国电子商务的发展提供更为有力的结算支持。

请分析案例,并思考下面的问题:

1. 网上支付存在哪些网络安全问题?
2. 如何解决网上支付的安全问题?

第一节　网上支付安全概述

一、网上支付的网络安全问题

网上支付给人们带来交易便利的同时,也存在许多安全方面的问题。根据 CNNIC(中国互联网络信息中心)的调查,2009 年 1 月—2009 年 7 月,半年内有 57.6％的网民在使用互联网过程中遇到过病毒或木马攻击,同时,有 1.1 亿网民在过去半年内遇到过账号或密码被盗的问题,占总体网民的 31.5％。网络安全问题不容小视,安全隐患有可能制约电子商务、网上支付等交易类应用的发展。

🖱 **典型案例**

谨防网络购物诈骗

银川市的韩先生在网上购物时,即时交流工具突然收到一信息,称某数码网站正在搞优惠活动,他看中的一款手机仅售 850 元。随后他查询了该网站,发现该网站不仅有备案,而且网民评价也不错。于是,他就按照该网页提示,通过所谓的"工商银行"网上银行支付货款,可是不知为什么,每次到输入口令卡坐标密码时就发生错误。无奈之下他便到银行询问,这才发现银行卡上的 1 000 多元被窃取了。

网络技术方面本身存在的漏洞和权限,为不法分子进行不法行为提供了契机。概括起来,网络支付的安全威胁主要有以下几个方面:

(1)窃取。支付账号和密码等隐私信息在网络传送过程中被窃取或盗用。当一个客户的信用卡号码和密码在网上被窃取后,盗用者就可以利用客户的信用卡信息伪造一张新的信用卡,然后就可以从任何一个 ATM 或 POS 中取出客户的资金。

(2)篡改。如果在利用网络支付系统进行支付时,信息被他人恶意截取,容易发生交易信息、支付金额被篡改的事件,由此而产生多支付或少支付的问题,给交易双方增添了不少麻烦。

(3)冒用身份。由于支付方不知道商家到底是谁,商家不能确定信用卡等网络支付工具是否真实,以及由谁来支付资金和资金如何入账等,一些不法商家或个人便会利用网络贸易的非面对面的特点进行欺诈活动。

(4)网络支付系统的不稳定性。网络支付系统会突然因为非人为性中断瘫痪或被攻击或使用网络技术被故意延迟。由于客户的电子货币信息存放在相应的银行后台服务器中,当银行后台服务器出现错误、运行中断或瘫痪时,客户将无法使用电子货币,导致正在进行的网上交易中断,影响客户的支付行为。

(5)不承认或抵赖已经做过的交易。例如,发信者事后否认曾经发送过某条消息或内容,收信者事后否认曾经收到过某条信息或内容,购买者不承认确认了订货单,商家卖出的商品因价格差而不承认原有的交易。这种缺失诚信的现象对于网络贸易的发展非常不利。

二、网上支付的安全需求

由于网上支付存在上述安全问题，为了保障交易各方的合法权益、保证能够在安全的前提下开展电子商务交易，必须满足以下基本需求：

（1）身份真实性。只有信息流、资金流、物流的有效转换，才能保证电子商务的顺利实现，而这一切是以信息的真实性为基础的。传统的商务交易因为双方可以见面而不用担心身份的真实性，但网上交易的双方相隔甚远，互不了解，这就为一些不法商家或个人利用网络贸易的非面对面的特点进行欺诈活动提供了条件。所以需要为参与交易的各方提供可靠标识，使他们能正确识别对方并能互相证明身份。

（2）信息的完整性。电子商务简化了贸易过程，减少了人为的干预，同时也带来维护贸易各方商业信息的完整、统一的问题。数据输入时的意外差错或欺诈行为，可能会导致交易各方信息的差异。另外，数据传输过程中信息丢失、信息重复或信息传送的次序差异也会导致交易各方信息的不同。假如有不法分子对支付的数据（如支付金额）进行修改而发生多支付或少支付的问题，那么势必给交易双方增添不少麻烦。

（3）不可否认性，也称不可抵赖性。不可否认性是指信息的发送方不能否认曾经发送的信息、不能否认自己的行为。在传统的商务交易中，双方可通过书面文件上的手写签名或印章来预防抵赖行为的发生，但这在网上交易时是不可能实现的。进行网上交易时可能出现这样的情况：当交易一方发现交易行为对自己不利时，就会否认电子交易行为，这必然会损害另一方的利益。

（4）数据保密性。有关交易的各种信息，如付款人和收款人的标志、交易的内容和数量等，这些信息只能让交易的参与者知道，有时甚至要求只让参与方的部分人知道。因此，网上支付就会涉及数据保密性的问题，信息的传播、存储和使用具有保密的要求，对敏感文件、信息要进行加密，即使这些信息被截获，也应使截获者无法了解信息内容。

三、网上支付的安全技术措施

基于用户对网上支付的安全性的需求，网上支付的安全问题应主要从技术、法制、道德规范和管理策略等多个方面来解决。其中网上支付的安全技术措施主要包括以下几种：

1. 安全的网络平台

常用的方法是在网络中采用防火墙技术、虚拟专用网（VPN）技术和防病毒保护等。

2. 数据加密

数据加密被认为是电子商务最基本的安全保障形式，可以从根本上满足信息完整性的要求。它是通过一定的加密算法，利用密钥（secret keys）来对敏感信息进行加密，然后把加密好的数据和密钥通过安全方式发送给接收者；接收者可利用同样的算法和传递过来的密钥对数据进行解密，从而获取敏感信息以保证网络数据的机密性。

3. 数字签名

数字签名是公开密钥加密技术的另一类应用。它的主要方式是：报文的发送方从报文文本中生成一个散列值（或报文摘要），发送方用自己的私钥对这个散列值进行加密来形成发送方的数据签名。然后,这个数据签名将作为报文的附件和报文一起发送给报文的接收方。报文的接收方首先从接收到的原始报文中计算出散列值(或报文摘要),接着再用发送方的公钥来对报文附加的数字签名进行解密。如果两个散列值相同,那么接收方就能确认该数字签名是发送方的。通过数字签名能够鉴别原始报文的完整性,实现不可抵赖性。

4. 安全协议

在国际上,比较有代表性的电子支付安全协议有 SSL 协议和 SET 协议。

安全套接层(secure socket layer,SSL)协议是由网景(Netscape)公司研究制定的安全协议。通俗地说,SSL 就是客户和商家在通信之前,在 Internet 上建立一个"秘密传输信息的信道"来保障传输信息的机密性、完整性和认证性。该协议向基于 TCP/IP 的客户端/服务器应用程序提供了客户端和服务器的鉴别、数据完整性及信息机密性等安全措施。该协议在应用程序进行数据交换前通过交换 SSL 初始握手信息来实现有关安全特性的审查。SSL协议运行的基点是商家对客户信息保密的承诺。客户的信息首先传到商家,商家阅读后再传到银行。这样,客户资料的安全性便受到威胁。另外,整个过程只有商家对客户的认证,缺少客户对商家的认证。在电子商务的初始阶段,由于参加电子商务的公司大都有较好的信誉,这个问题没有引起人们的足够重视。随着越来越多的公司参与电子商务,对商家的认证问题也就越来越突出,SSL 的缺点逐渐暴露出来,SSL 协议也将逐渐被新的 SET 协议所代替。

安全电子交易(secure electronic transaction,SET)协议向基于信用卡进行电子化交易的应用提供了实现安全措施的规则。它是由 VISA 国际组织和 MasterCard 组织共同制定的一个能保证通过开放网络(包括 Internet)进行安全资金支付的技术标准。SET 协议在保留对客户信用卡认证的前提下,又增加了对商家身份的认证。由于设计较为合理,得到了诸如微软公司、IBM 公司等大公司的支持,已成为实际上的工业技术标准。

第二节   计算机病毒及其防治

一、计算机病毒的定义

计算机病毒(computer virus)简称病毒,是在计算机系统资源中自我繁衍和传播,并对计算机资源造成破坏的一组计算机程序代码。《中华人民共和国计算机信息系统安全保护条例》明确定义,计算机病毒是指"编制或者在计算机程序中插入的破坏计算机功能或者毁坏数据,影响计算机使用,并能自我复制的一组计算机指令或者程序代码"。计算机病毒具有自我复制能力、很强的感染性、一定的潜伏性、特定的触发性和很大的破坏性,与生物医学上的"病毒"同样有传染和破坏特性,因此由生物医学上的"病毒"概念引申出"计算机病毒"这一名词。

二、计算机病毒的特点

计算机病毒有以下几个特点:

(1)寄生性。计算机病毒寄生在其他程序之中,当执行这个程序时,病毒就起破坏作用,而在未启动这个程序之前,它是不易被人发觉的。

(2)传染性。计算机病毒具有很强的传染性,它可以从一个程序传染到另一个程序,从一台计算机传染到另一台计算机,从一个计算机网络传染到另一个计算机网络,在各个计算机系统上蔓延,同时使被传染的计算机程序、计算机、计算机网络成为计算机病毒的生存环境及新的传染源。

(3)潜伏性。一个编制精巧的计算机病毒程序,进入系统之后一般不会马上发作,可以在几周或者几个月内甚至几年内隐藏在合法文件中,对其他系统进行传染,而不被人发现。潜伏性越好,其在系统中的存在时间就会越长,病毒的传染范围就会越大。有些病毒像定时炸弹一样,编程者会预先设计好其发作时间。比如,黑色星期五病毒,不到预定时间人们一点都觉察不出来,等到条件具备时就会爆发,对系统进行破坏。

(4)隐蔽性。计算机病毒具有很强的隐蔽性,可以隐藏在操作系统、可执行程序或数据文件中,不易被人察觉和发现。

(5)破坏性。计算机中毒后,可能会导致正常的程序无法运行,把计算机内的文件删除或受到不同程度的损坏,如屏幕变得异常、系统速度变慢等。

(6)可触发性。病毒因某个事件或数值的出现,诱使病毒实施感染或进行攻击的特性称为可触发性。为了隐蔽自己,病毒必须潜伏,少做动作。如果完全不动,一直潜伏,病毒既不能感染也不能进行破坏,便失去了杀伤力。病毒既要隐蔽又要维持杀伤力,就必须具有可触发性。病毒的触发机制就是用来控制感染和破坏动作的频率的。病毒具有预定的触发条件,这些条件可能是时间、日期、文件类型或某些特定数据等。病毒运行时,触发机制检查预定条件是否满足,如果满足,启动病毒感染或破坏动作,进行攻击;如果不满足,则继续潜伏。

(7)针对性。一种计算机病毒(版本)并不能传染所有的计算机系统或计算机程序。有的病毒是传染 Apple 公司的 Macintosh 系统的,有的是传染 Microsoft 公司的 Windows 系统的,有的病毒传染磁盘引导区,有的病毒传染可执行文件。

(8)衍生性。通过分析计算机病毒的结构可知,传染的破坏部分反映了设计者的设计思想和设计目的。但是,这可以被其他掌握原理的人以某个人的企图进行任意改动,从而又衍生出一种不同于原版本的新的计算机病毒,也即病毒的变种。这就是计算机病毒的衍生性。

三、计算机病毒的分类

1988年11月2日下午5时1分59秒,美国康奈尔大学的计算机科学系研究生,23岁的莫里斯(Morris)将其编写的蠕虫程序输入计算机网络,这个网络连接着大学、研究机关的155 000台计算机,在几小时内导致网络堵塞,运行迟缓。这件事情就像是计算机界的一次大地震,引起了巨大反响,震惊全世界,引起了人们对计算机病毒的恐慌,也使更多的计算机专家重视和致力于计算机病毒的研究。

从第一个病毒出现以来,世界上究竟有多少种病毒,说法不一。但是无论有多少种,病毒的数量仍在不断增加。据国外统计,计算机病毒以10种/周的速度递增。另据我国公安部统计,国内以4~6种/月的速度递增。早期的计算机病毒主要通过软盘、光盘等存储介质传播,病毒的类型主要是文件型、引导区病毒等。随着网络应用的普及和存储介质的改变,计算机病毒的类型和传播方式有了很大的变化。

1. 按病毒存在的载体分类

(1) 引导区病毒。这类病毒隐藏在硬盘或软盘的引导区,当计算机从感染了引导区病毒的硬盘或软盘启动,或当计算机从受感染的软盘中读取数据时,引导区病毒就开始发作。一旦它们将自己复制到机器的内存中,马上就会感染其他磁盘的引导区,或通过网络传播到其他计算机上。

(2) 文件型病毒。文件型病毒寄生在其他文件中,常常通过对它们的编码加密或使用其他技术来隐藏自己。文件型病毒劫夺用来启动主程序的可执行命令,用做它自身的运行命令,同时还经常将控制权还给主程序,伪装计算机系统正常运行。这类病毒有黑色星期五病毒、CIH 病毒等。

(3) 混合型病毒。这种病毒兼有文件型病毒和引导区病毒的特点,感染引导区也感染可执行文件,因此具有更广泛的传播性和破坏性。

2. 按病毒传染的方法分类

按此分类方法病毒可分为四种类型:入侵型病毒、嵌入式病毒、外壳类病毒和病毒生产机。入侵型病毒顾名思义是通过外部媒介侵入宿主机器的;嵌入式病毒则是通过嵌入某一正常的程序中,然后通过某一触发机制发作;外壳型病毒使用特殊算法把自己压缩到正常文件上,当用户解压文件时即执行病毒程序;病毒生产机是可以"批量生产"出大量具有同一特征的"同族"病毒的特殊程序,这些病毒的代码长度各不相同,自我加密、解密的密钥也不同,发作条件和现象不同,但其主体构造和原理基本相同。

3. 按病毒自身特征分类

根据病毒自身存在的编码特征可以将计算机病毒分为:

(1) 伴随型病毒:这一类病毒并不改变文件本身,它们根据算法产生 EXE 文件的伴随文件。

(2) 变型病毒:这一类病毒使用一个复杂的算法,使自己每传播一次都具有不同的内容和长度。此类病毒通常由一段混有无关指令的解码算法和被变化过的病毒体组成。

四、计算机病毒的防治

(一) 我国计算机病毒传播的主要途径

我国计算机病毒主要通过电子邮件、网页下载或浏览、局域网和移动存储介质等途径传播,如图 7-1 所示。通过调查发现,病毒通过移动存储介质传播的比例在 2007 年高达 41.34%,通过加强管理 2008 年为 21.9%,呈现大幅下降趋势,但是 2009 年又出现上升势头,达到 25.40%。由于 U 盘等各种类型的移动存储介质的广泛使用,越来越多的病毒、木马将移动存储介质作为传播途径。病毒和木马利用移动存储介质在内外网之间、涉密与非涉密系统之间进行数据复制交换的时候,窃取敏感或者涉密信息。随着移动存储介质的普及,必须进一步加强对此类介质的管理,严防在不同安全级别的系统之间交叉使用,同时通过修改系统配置,关闭系统自动运行功能等方法,提高系统的安全级别,防止病毒和木马通过移动存储介质传播。

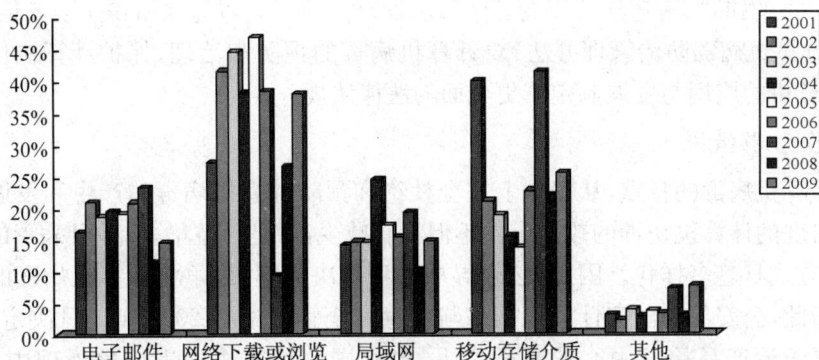

图 7-1　我国计算机病毒传播的主要途径

　　另外,2009 年的调查结果显示,病毒通过网页下载或浏览进行传播的比例以 37.89% 位居首位,比 2008 年上升 11.48 个百分点,延续了从 2007 年以来的大幅度增长趋势,进一步说明了网页"挂马"仍然是最受恶意攻击者青睐的病毒散播方式。同时,通过网络监测和用户求救的情况也反映出,大量的网络犯罪就是通过"挂马"方式来实现的。"挂马"者主要利用微软以及其他应用普遍的第三方软件(如 Realplayer、Adobe Flash、暴风影音等)漏洞进行攻击。"挂马"是指在网页中嵌入恶意代码,当存在安全漏洞的用户访问这些网页时,木马会侵入用户系统,然后盗取用户敏感信息或者进行攻击、破坏。这种通过浏览页面方式进行攻击的方法具有较强的隐蔽性,用户难以发现,因此,潜在的危害性更大。用户必须持续重视浏览器和各种流行应用软件的安全性,提高对"挂马"攻击方式的防范能力。

　　(二)计算机病毒的预防

　　计算机病毒的预防是指通过建立合理的病毒预防体系和制度,及时发现入侵的病毒,并采取有效的手段阻止病毒的传播和破坏,主要从法律法规、安全管理和技术三个层面来实现。

　　1. 法律法规的措施

　　由于计算机病毒对计算机资源造成的破坏日益严重,如何严格地控制和清除计算机病毒的危害,已是一个严重的社会问题,应引起各方面的重视。从国家来说,制定出一定的法律法规,严惩病毒的制造者,可以减少病毒的产生。我国为预防计算机病毒颁布了以下法律法规:

　　(1)《中华人民共和国刑法》的第二百八十六条规定:违反国家规定,对计算机信息系统功能进行删除、修改、增加、干扰,造成计算机信息系统不能正常运行,后果严重的,处五年以下有期徒刑或者拘役;后果特别严重的,处五年以上有期徒刑。违反国家规定,对计算机信息系统中存储、处理或者传输的数据和应用程序进行删除、修改、增加的操作,后果严重的,依照前款的规定处罚。故意制作、传播计算机病毒等破坏性程序,影响计算机系统正常运行,后果严重的,依照第一款的规定处罚。

　　(2)《中华人民共和国计算机信息系统安全保护条例》的第二十三条规定:故意输入计算机病毒以及其他有害数据危害计算机信息系统安全的,或者未经许可出售计算机信息系统安全专用产品的,由公安机关处以警告或者对个人处以 5 000 元以下的罚款、对单位处以 15 000 元以下的罚款;有违法所得的,除予以没收外,可以处以违法所得 1 至 3 倍的罚款。

(3)《计算机病毒防治管理办法》对计算机病毒的预防和治理,保护计算机信息系统安全,保障计算机的应用与发展制定了更全面的法律法规。

2. 安全管理措施

根据计算机病毒的特点,从根本上完全杜绝和预防计算机病毒的产生和发展是不可能的。目前出现的计算机病毒的攻击事件不但没有减少,而是日益增多,并且病毒的种类越来越多,破坏方式日趋多样化。因此,必须寻求一种解决方案,力争将计算机病毒的危害性降至最低。为此,公安部和国家计算机网络与信息安全管理中心 2003 年 8 月决定,在天津的计算机病毒防治产品检验中心的基础之上,建立国家计算机病毒应急处理中心(网址为 www. antivirus-china. org. cn,如图 7-2 所示)。该中心是我国计算机应急体系中的一部分,国内从事病毒研究的机构和病毒防治产品的开发厂家以及各省市公共信息网络安全监察部门都是应急体系的成员。CERT 遵循的工作原则是"积极预防、及时发现、快速反应、确保恢复"。CERT 一旦发现计算机病毒,就及时向国家计算机病毒应急处理中心报告,对在我国发现的计算机病毒事件进行快速反应和处置,将出现的重大计算机病毒疫情报告公安部,向社会发布病毒疫情,减少计算机病毒对我国计算机信息系统和网络的破坏。

图 7-2 国家计算机病毒应急处理中心主页

3. 技术措施

通过采取管理上和技术上的措施,计算机病毒是可以防范的。虽然新出现的病毒可采用更隐蔽的手段,利用现有操作系统安全防护机制的漏洞,以及反病毒防御技术尚存在的缺陷,暂时在某一计算机上存活并进行某种破坏,但是只要在思想上有反病毒的警惕性,加强反病毒技术和管理措施,新病毒就无法逾越计算机安全保护屏障,不能广泛传播。预防病毒的管理和技术措施如下：

（1）坚持以硬盘引导。

（2）用户应养成及时下载最新系统安全漏洞补丁的安全习惯，从根源上杜绝黑客利用系统漏洞攻击用户计算机的病毒。同时，安装和升级杀毒软件、开启病毒实时监控应成为每日防范病毒的必修课。

（3）定期做好重要资料的备份，以免造成重大损失。

（4）及时更新计算机的防病毒软件、安装防火墙。

（5）在使用即时通信工具时，不要随意接收好友发来的文件，避免病毒从即时聊天工具中传播过来。

（6）在打开通过局域网共享及共享软件下载的文件或软件程序之前，建议先进行病毒查杀，以免中毒。

（7）不要打开来源不明的电子邮件，在打开电子邮件时特别当心其中包含的附件，它们极有可能就是病毒或木马。

（8）将应用软件升级到最新版本，其中包括各种即时通信工具、下载工具、播放器软件、搜索工具条等；不要登录来历不明的网站，避免病毒利用其他应用软件漏洞进行木马病毒传播。

（9）在使用移动介质之前，先进行病毒查杀。

（10）在登录电子银行实施网上查询交易时，尽量选择安全性相对较高的 USB 证书认证方式。不要在公共场所，如网吧登录网上银行等一些金融机构的网站，防止重要信息被盗。

（11）在登录一些金融机构，如银行、证券类的网站时，应直接输入其域名，不要通过其他网站提供的链接进入，因为这些链接可能导入虚假的银行网站。

（三）计算机病毒的检测

计算机病毒感染系统后，必然会留下痕迹。病毒检测技术能够利用病毒留下的痕迹确认出病毒的存在，主要有病毒特征匹配法、完整性验证法、启发式行为监测法、软件模拟法和新一代病毒检测技术。在上述几种基本检测技术的基础上，随着病毒与反病毒斗争的不断升级，病毒检测技术也在不断地发展。新一代的病毒检测技术包括沙箱技术、启发式查毒技术、主动内核技术、智能引擎技术、嵌入式杀毒技术和压缩智能还原技术等。

通常判断计算机是否染上病毒有两种方法：一是人工检测；二是自动检测。人工检测要求检测人员有一定的业务素质，自动检测要有专门的检测软件。

1. 人工检测

下列一些现象可以作为检测病毒的参考：

（1）引导时出现死机现象。

（2）程序装载、运行明显变慢。

（3）磁盘访问变慢。

（4）显示器屏幕出现异常显示。

（5）有规律地出现异常信息。

（6）磁盘空间突然变小或不识别磁盘设备。

（7）程序或数据无故丢失，文件名不能识别。

（8）无法启动系统。

（9）系统经常性死机。

（10）网络阻塞或瘫痪。

2. 自动检测

通常反病毒软件具有对特定种类的病毒检测的功能，有的软件可查出几十种甚至几百种的病毒，并且大部分反病毒软件可同时清除检测到的病毒，而不会破坏系统中的正常数据。目前，一些计算机使用者经常利用反病毒软件实时监控计算机系统的运行情况，当有病毒出现时，反病毒软件会给出提示或警告信息，便于发现和清除病毒。

（四）计算机病毒的清除

在正确检测出病毒的基础上，还需要将病毒从被感染文件中清除，同时尽量使被感染文件恢复到被感染前的状态。对文件病毒的清除过程实质上是病毒感染过程的逆过程。目前最简单、最常用和最有效的方法是使用查杀病毒软件来清除计算机病毒。现在流行的检查计算机病毒的软件较多，最常用的有金山毒霸、Kaspersky（卡巴斯基）、ESET NOD32、江民杀毒、瑞星杀毒。这些杀毒软件除了能查、除病毒外，也能清查 BO 等黑客程序。清除文件型病毒通常分析病毒和被感染文件之间的链接方式，确定病毒程序处于被感染文件中的位置，找到病毒程序开始和结束的位置，还原被感染文件夹的主要部分，恢复被感染文件的文件头部参数。对引导型病毒的清除，通常先寻找一台同类型、相同硬盘分区的无毒计算机，将其引导扇区中的引导记录写入引导磁盘，无毒引导磁盘启动系统，将此可引导磁盘插入染毒计算机，将引导记录写入被感染的引导扇区，覆盖病毒感染后的引导记录，即可恢复。对于宏病毒，可通过应用软件提供的删除宏功能清除数据文件中的宏病毒代码。

总而言之，在计算机病毒的防治中，除了通过预防措施、检测技术和清除技术为用户提供一个相对安全的网络环境外，更应以预防为主，提高用户的安全防范意识和病毒防治技术，从根本上防止计算机病毒的感染和传染。

第三节　防火墙及其设置

"防火墙"（firewall）一词来源于早期欧式建筑中为了防止火灾的蔓延而在建筑物之间修建的矮墙。计算机网络中的防火墙是指设置在本地网络与外界网络之间的一道防御系统，是这一类防范措施的总称。防火墙主要用于逻辑隔离外部网络与受保护的内部网络，其应用示意图如图 7-3 所示。

图 7-3　防火墙应用示意图

一、防火墙的概念

防火墙就是内部网络和外部网络之间的一个屏障,它主要可以防止外部网络(Internet)对内部网络(intranet)的未授权访问。防火墙由软件和硬件组成。准确地讲,它位于企业或网络计算机与外界之间,其作用是限制外界用户对内部网络的访问并管理内部用户访问外界网络的权限,在外部网络与内部网络之间建立起一个安全网关,从而保护内部网络免受非法用户的侵入。使用防火墙,可以提高系统的安全性。

一般的防火墙都可以达到以下目的:一是可以限制他人进入内部网络,过滤掉不安全服务和非法用户;二是防止入侵者接近防御设施;三是限定用户访问特殊站点;四是为监视Internet 安全提供方便。由于防火墙假设了网络边界和服务,所以更适合用于相对独立的网络,如 intranet 等种类相对集中的网络中。部署防火墙是控制对网络系统访问的非常流行的方法。事实上,在 Internet 的 Web 网站中,超过 1/3 的 Web 网站都是由某种形式的防火墙加以保护的,这是对黑客防范最严、安全性较强的一种方式。任何关键性的服务器,都建议放在防火墙之后。

防火墙位于单位的专有网络(内部网络)和 Internet 之间。从一个网络流向另一个网络的全部信息都流经防火墙,不允许任何信息绕开防火墙。防火墙能直接监视并阻断两个网络之间的信息流,还能完成其他一些重要的任务,如用户的认证、记录通信信息以及产生报表等。

二、防火墙的基本类型

防火墙技术可根据防范方式和侧重点的不同而分为三大类:包过滤型、应用代理型和复合型。

1. 包过滤型

包过滤技术是防火墙最常用的技术,是一种通用、价廉、有效的安全手段。包过滤防火墙安装在路由器上,作用在网络层,它根据分组包头源地址、目的地址和端口号、协议类型等标志,确定是否允许数据包通过。只有满足过滤逻辑的数据包才被转发到相应的目的地出口端,其余数据包则被从数据流中丢弃。包过滤路由器的逻辑位置如图 7-4 所示。

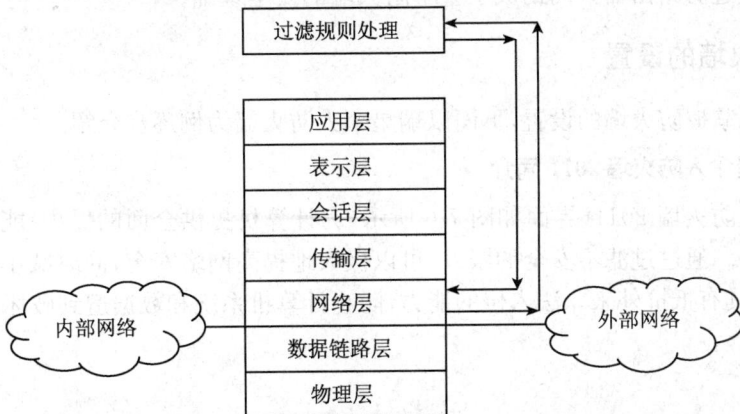

图 7-4　包过滤路由器的逻辑位置

2. 应用代理型

应用代理又称应用层网关。代理技术与包过滤技术完全不同,包过滤技术是在网络层拦截所有的信息流,而代理技术作用在应用层,其特点是完全"阻隔"了网络通信流,通过对每种应用服务编制专门的代理程序,实现监视和控制应用层通信流的目的。应用网关对某些易于登录和所有输入/输出的通信环境给予严格的控制,以防有价值的程序和数据被窃取。实际中的应用网关通常由专用工作站实现。应用层网关的结构示意图如图 7-5 所示。

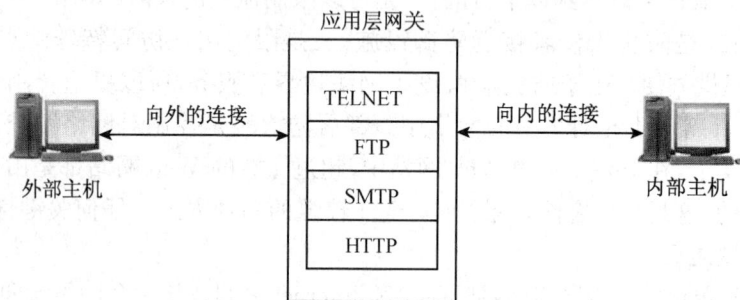

图 7-5 应用层网关的结构示意图

3. 复合型

由于对更高安全性的要求,常把基于包过滤的方法与基于应用代理的方法结合起来,形成复合型防火墙产品。这种结合通常有以下两种方案:

(1) 屏蔽主机防火墙体系结构:在该结构中,分组过滤路由器或防火墙与 Internet 相连,同时一个堡垒主机安装在内部网络,通过在分组过滤路由器或防火墙上对过滤规则的设置,使堡垒主机成为 Internet 上其他结点所能到达的唯一结点。这确保了内部网络不受未授权外部用户的攻击。

(2) 屏蔽子网防火墙体系结构:堡垒主机放在一个子网内,形成非军事化区,两个分组过滤路由器放在这一子网的两端,使这一子网与 Internet 及内部网络分离。在该结构中,堡垒主机和分组过滤路由器共同构成了整个防火墙的安全基础。

三、防火墙的设置

为更好地掌握防火墙的设置,下面以瑞星个人防火墙为例逐步介绍。

(一) 瑞星个人防火墙 2011 简介

瑞星个人防火墙 2011(界面如图 7-6 所示)为计算机提供全面的保护,能有效地监控任何网络的连接。通过过滤不安全的服务,可以极大地提高网络安全,同时减小主机被攻击的风险,使系统具有抵抗外来非法入侵的能力,防止计算机系统和数据遭到破坏。

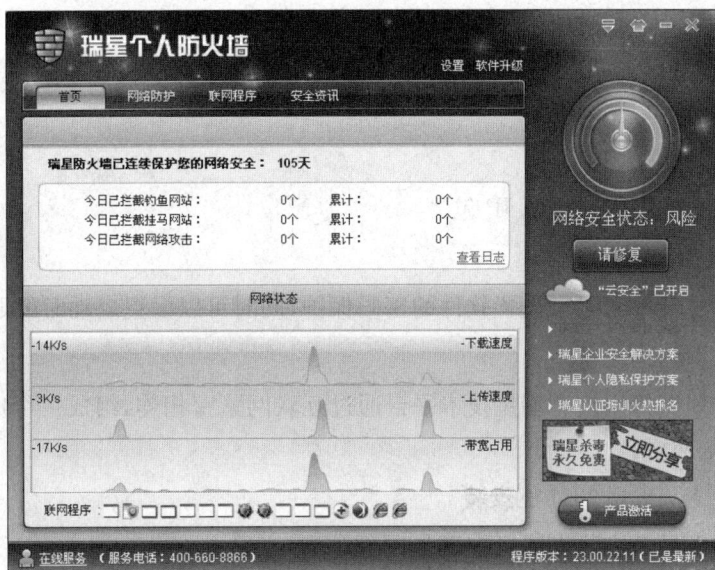

图 7-6　瑞星个人防火墙 2011 界面

（二）瑞星个人防火墙的功能

瑞星个人防火墙具有以下几大功能：

1. 程序联网控制

程序联网控制的功能可以对应用程序的网络行为进行监控，默认的规则已经非常完善，高级用户可以根据自己的需要设定任意程序规则，对任意模块规则进行精确控制，真正做到"我的计算机我做主"。

2. 网络攻击拦截

通过总结和分析网络攻击的各种方式和行为，形成入侵检测规则库，每日随时更新，拦截来自互联网的黑客、病毒攻击，包括木马攻击、后门攻击、远程溢出攻击、浏览器攻击和僵尸网络攻击等。

3. 恶意网址拦截

瑞星个人防火墙对"恶意网址拦截"功能进行了整合与调整，将网站黑白名单整合于一项设置之中，更方便用户进行设置。

4. ARP 欺骗防御

越来越多的 ARP 欺骗攻击在局域网上泛滥，网络中出现大量 ARP 欺骗请求包，导致大量计算机无法上网或影响网络的稳定，带宽被严重浪费。开启瑞星个人防火墙 2011 的 ARP 欺骗防御功能，可以防止受到 ARP 欺骗攻击，能够捍卫用户上网的权利。

5. 对外攻击拦截

对外攻击拦截功能可以阻止计算机被黑客操纵，避免变为攻击互联网的"肉鸡"，保护带宽和系统资源不被恶意占用，避免成为"僵尸网络"成员。

6. 网络数据保护

网络数据保护可以实现用户的端口隐身和 MSN 聊天加密,避免黑客利用端口进行攻击。

7. IP 规则设置

根据用户定义的规则来过滤 IP 包。

8. 软件安全

用户可以通过瑞星密码来设置软件的密码保护,同时可以设置启动时的账户模式。

9. "云安全"计划

"云安全"计划可将用户和瑞星技术平台通过互联网紧密相连,组成一个庞大的木马/恶意软件监测、查杀网络。

(三) 瑞星个人防火墙 2011 的安装

最新版本的瑞星个人防火墙可在瑞星网站(http://pc.rising.com.cn/rfw.html)下载,在其他专业下载网站也可以找到瑞星个人防火墙的安装文件。以下具体讲述安装步骤:

第 1 步:启动计算机并进入 Windows 系列操作系统,关闭其他应用程序。

第 2 步:双击运行瑞星个人防火墙的安装程序,根据安装向导进行操作。

第 3 步:在显示的语言下拉列表框中,用户可以选择"中文简体"、"中文繁体"和"English"中的一种,单击"确定"按钮开始安装。(以下内容以选择"中文简体"安装为例)

第 4 步:进入安装欢迎界面,单击"下一步"按钮继续。

第 5 步:阅读"最终用户许可协议",选择"我接受"单选按钮,单击"下一步"按钮继续;如果用户选择"我不接受"选项,则退出安装程序。

第 6 步:在"验证产品序列号和用户 ID"窗口中正确输入产品序列号和用户 ID,单击"下一步"按钮继续。此时,如果用户输入错误,将不能继续安装,直至填写正确,才能进行下一步操作。

第 7 步:在"定制安装"窗口中选择需要安装的组件。用户可以在下拉列表框中选择全部安装或最小安装(全部安装表示将安装瑞星个人防火墙的全部组件和工具程序;最小安装表示仅选择安装瑞星个人防火墙必需的组件,不包括更多工具程序),也可以勾选需要安装的组件,如图 7-7 所示。单击"下一步"按钮继续安装,也可以直接单击"完成"按钮,按照默认方式进行安装。

第 8 步:在"选择目标文件夹"窗口中用户可以指定瑞星个人防火墙的安装目录,单击"下一步"按钮继续安装。

第 9 步:在"选择开始菜单文件夹"窗口中用户可以修改软件启动菜单名称,单击"下一步"按钮继续安装。

第 10 步:在"安装信息"窗口中显示了安装路径和组件列表,确认后单击"下一步"按钮开始安装瑞星个人防火墙。

第 11 步:在"结束"窗口中用户可以选择"运行注册向导"、"运行设置向导"和"运行瑞星个人防火墙主程序"来启动相应程序,最后单击"完成"按钮结束安装。

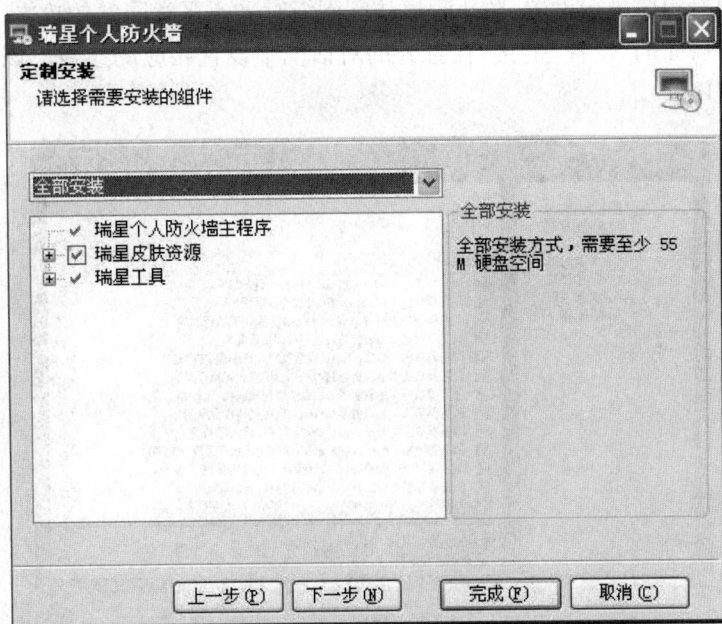

图 7-7　选择安装组件界面

(四) 瑞星个人防火墙的设置

1. 网络防护

在"瑞星个人防火墙"主界面中单击"设置"超链接,打开"瑞星个人防火墙设置"窗口,在"网络防护"选项中可以对计算机的网络安全进行设置。下面主要介绍常用的几项功能:

(1) 网络攻击拦截。网络攻击拦截作为一种积极主动的安全防护技术,在系统受到危害之前拦截入侵,在不影响网络性能的情况下能对网络进行监测。它能够防止黑客/病毒利用本地系统或程序的漏洞,对本地系统进行控制。通过使用此功能,可以最大限度地避免因为系统漏洞等问题而遭受黑客/病毒的入侵攻击。

网络攻击拦截设置的操作如下:在图 7-8 所示的窗口中勾选需要进行拦截的项目,然后单击"确定"按钮保存即可。

(2) 恶意网址拦截。瑞星"云安全"计划每日随时更新恶意网址库,阻断网页木马、钓鱼网站等对计算机的侵害。恶意网址拦截设置界面如图 7-9 所示,其中包含"网站黑白名单"设置,用户可以根据自己的要求添加网址到网站黑白名单当中。具体操作如下:单击"网站黑白名单"后面的"设置"超链接,打开"网站黑白名单设置"对话框,在其中单击"增加"或"删除"按钮,即可添加或删除网址到网站黑白名单当中。

用户可以勾选"启用钓鱼网页扫描功能"复选框,以启用恶意网址拦截,防止受到钓鱼和病毒等恶意网站的侵害。在设置网站黑白名单后,也同样需要勾选"启用钓鱼网页扫描功能"复选框才能生效。

启用恶意网址拦截后,可以单击"添加"或"删除"超链接,选择增加或删除代理服务器的 IP 地址与端口号。

用户还可以对程序进行设置,防止程序访问网络时受到恶意网站的攻击。具体做法是:单击"排除程序"后面的"设置"链接,在打开的对话框中设置相应的参数。该操作用于添加不进行监控的程序。

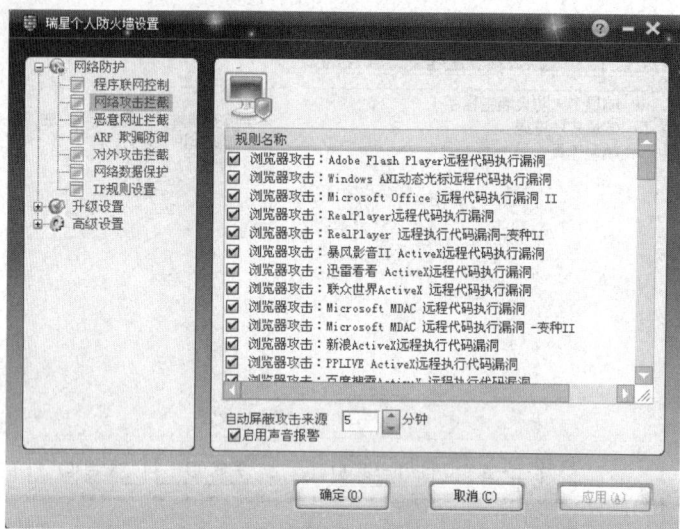

图 7-8　网络攻击拦截设置界面

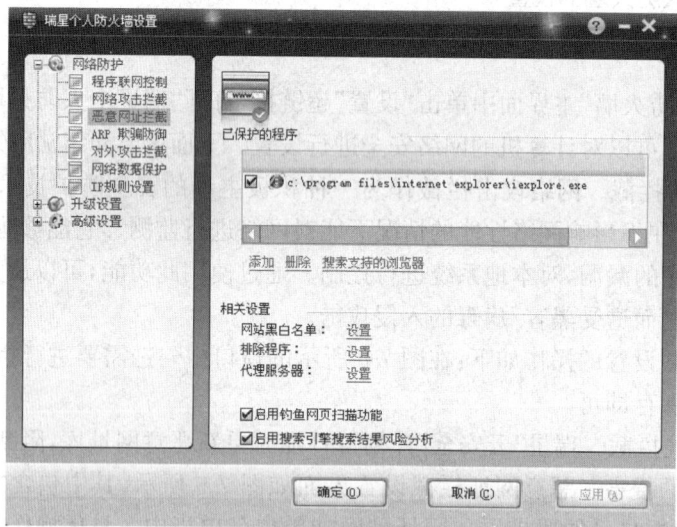

图 7-9　恶意网址拦截设置界面

(3)ARP 欺骗防御。ARP 欺骗是通过发送虚假的 ARP 数据包给局域网内的其他计算机或网关,冒充别人的身份来欺骗局域网中的其他的计算机,使得其他的计算机无法正常通信,或者监听被欺骗者的通信内容。用户可通过设置 ARP 欺骗防御,保护计算机的正常通信。

具体操作如下:选择"网络防护"→"ARP 欺骗防御"选项,打开如图 7-10 所示的设置界面。

"防御方式"选项组:用户可以选择定时检查本机 ARP 缓存、拒绝 IP 地址冲突攻击、禁止本机对外发送虚假 ARP 数据包。

　　"发现可疑或欺骗 ARP 数据包时如何提示我"选项组：这里有三种方式，分别是气泡通知、托盘动画和声音报警。

　　"防御范围"选项组：包括"防御局域网中的所有电脑"和"防御指定的电脑地址和静态地址"两个选项。

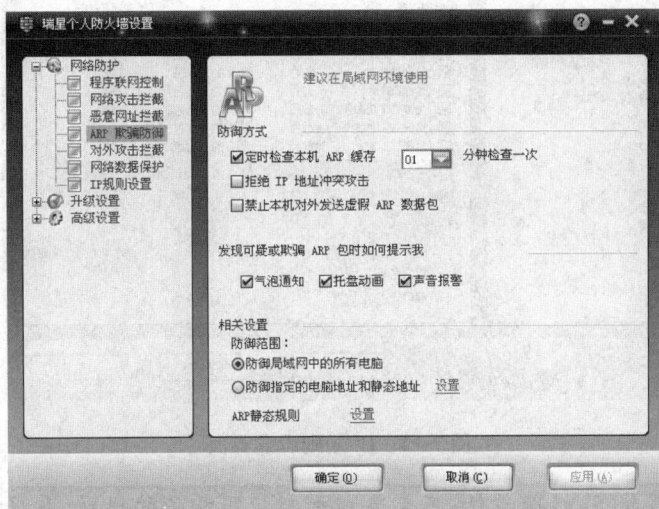

图 7-10　ARP 欺骗防御设置界面

　　（4）对外攻击拦截。通过使用"对外攻击拦截"功能，可以对本地与外部连接所收发的 SYN、ICMP、UDP 报文进行检测。在对外攻击拦截设置界面可对上述参数进行设置，然后单击"确定"按钮保存即可，如图 7-11 所示。

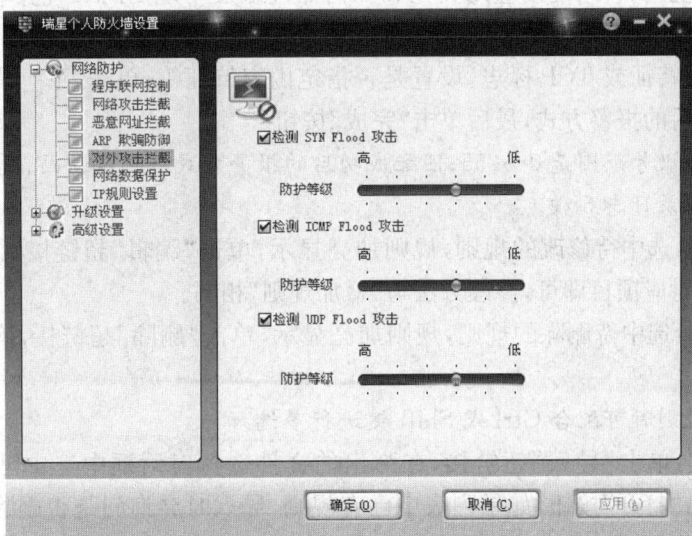

图 7-11　对外攻击拦截设置界面

（5）IP 规则设置。选择"网络防护"→"IP 规则设置"选项，打开相应的界面设置 IP 包过滤规则，如图 7-12 所示。

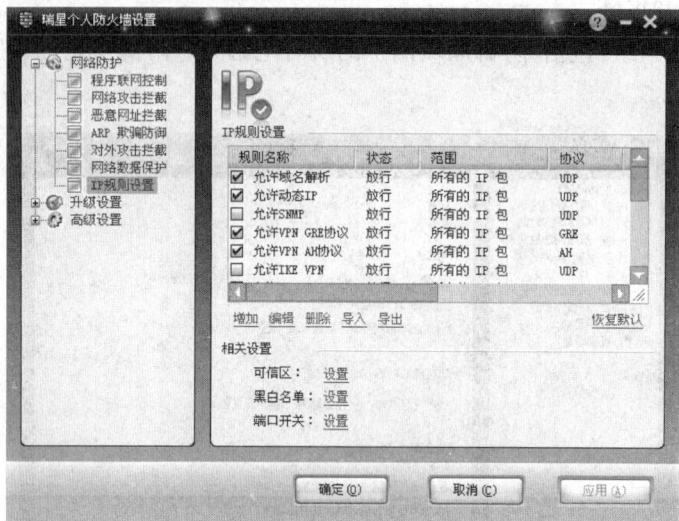

图 7-12 IP 规则设置界面

注意：规则设置越多，性能越低；不需要增加与应用相关的规则，系统在需要时打开端口；不需要增加防范性规则，系统已经内置并且自动升级。

列表中显示当前使用的 IP 包过滤规则，具体列举项目为规则名称、状态、范围、协议、远程端口、本地端口、报警方式。

① 增加规则：单击"增加"超链接或通过右键快捷菜单选择"增加"命令，打开"IP 规则设置"对话框，输入规则名称、规则应用类型和如何处理触发本规则的 IP 包；单击"下一步"按钮，输入通信的本地计算机地址和远程计算机地址；单击"下一步"按钮继续，选择协议和端口号，并指定内容特征或 TCP 标志，设置是否指定内容特征等；单击"下一步"按钮继续，选择规则匹配成功后的报警方式，最后单击"完成"按钮。

注意：指定协议号范围是 0～255；匹配成功后的报警方式有托盘动画、气泡通知、弹出窗口、声音报警和记录日志 5 种。

② 编辑规则：选中待修改的规则，规则加亮显示，单击"编辑"超链接，打开"IP 规则设置"对话框，修改对应项目即可，修改方法与"增加规则"相同。

③ 删除规则：选中待删除的规则，规则加亮显示，单击"删除"超链接，确认删除后即可删除选中的规则。

注意：选中规则时可配合 Ctrl 或 Shift 键进行多选。

④ 导入规则：单击"导入"超链接，在弹出的文件选择对话框中选中已有的规则文件（＊.fwr），再单击"打开"按钮，如果列表中已有规则，导入时会询问是否删除现有规则。选择"是"会删除现有规则后导入规则文件中的规则；选择"否"，会保留现有规则，导入规则文件中的规则。

⑤ 导出规则：单击"导出"超链接，在弹出的导出对话框中填写文件名，再单击"保存"按

钮即可。

⑥ 可信区设置：单击"可信区"后面的"设置"超链接,打开"可信区"对话框,单击"增加"按钮,在弹出的对话框为新规则命名,并指定本地及远程的 IP 地址或 IP 范围,单击"确定"按钮完成添加。在"可信区"对话框中选中某规则,单击"删除"按钮,即可删除该规则。

⑦ 黑白名单设置：单击"黑白名单"后面的"设置"超链接,打开"IP 包黑白名单设置"对话框,单击"增加"按钮,在弹出的对话框中为新规则命名,并指定 IP 地址或 IP 范围,单击"确定"按钮完成添加。同样,可以在图 7-12 所示窗口中单击"导入"按钮,导入已保存过的黑白名单规则文件。

2. 高级设置

(1) 软件安全：包括瑞星密码和系统启动时账户模式两个功能。选择"高级设置"→"软件安全"命令进入设置页面,用户可以设置瑞星密码及其应用范围,还可以设置系统启动时的账户模式,如图 7-13 所示。

其中,瑞星密码功能可防止他人修改瑞星个人防火墙当前配置或工作状态,同时可防止病毒的恶意行为对计算机构成威胁。

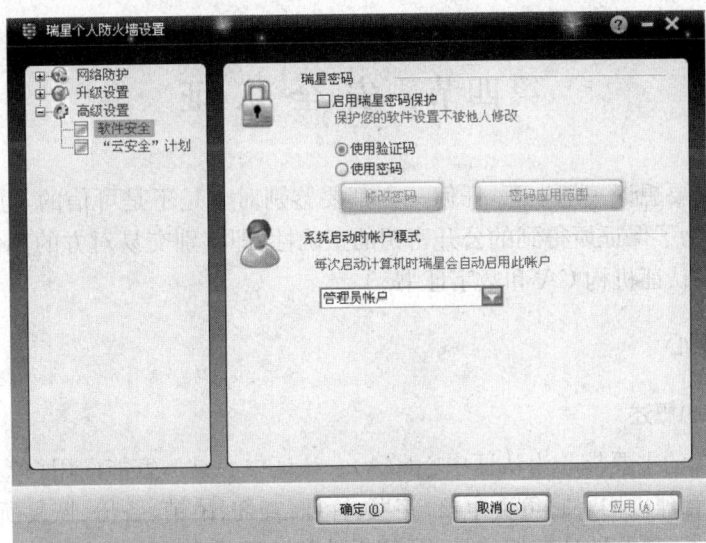

图7-13 软件安全设置界面

(2) "云安全"计划："云安全"计划通过互联网,将全球瑞星用户的计算机和瑞星"云安全"平台实时联系,组成覆盖互联网的木马、恶意网址监测网络,能够在最短时间内发现、截获、处理海量的最新木马病毒和恶意网址,并将解决方案瞬时送达所有用户,提前防范各种新生网络威胁。每一位"瑞星全功能安全软件"的用户,都可以共享上亿瑞星用户的"云安全"成果。

设置方法：选择"高级设置"→"'云安全'计划"命令进入设置页面,通过勾选"加入瑞星'云安全'(Cloud Security)计划"复选框即可加入瑞星的"云安全"计划,如图 7-14 所示。

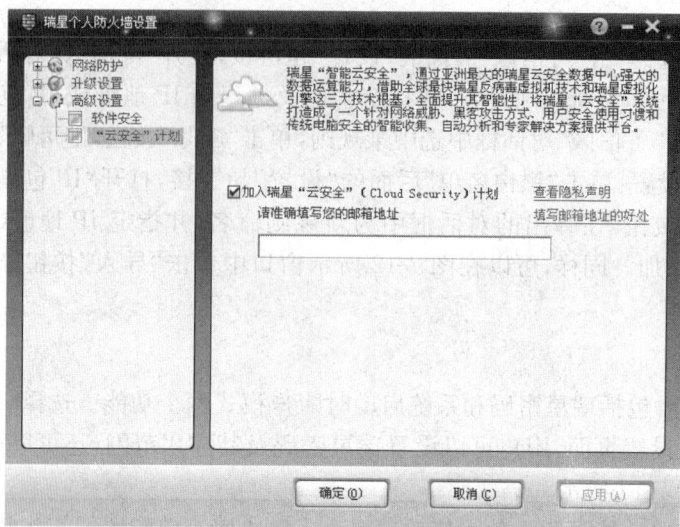

图 7-14 "云安全"计划设置界面

第四节　安　全　认　证

在网上，双方要想谈一笔生意，任何一方都要鉴别对方是不是可信的，也就是要确定交易双方的身份。为了保证所得到的公开密钥的正确性，即鉴别交易对方的真伪，就引出了认证机制，其中涉及认证机构 CA 和数字证书。

一、认证中心

(一)认证中心概述

CA 认证系统的主要核心为认证中心(CA)。认证中心是一家能向用户签发数字证书以确认用户身份的管理机构。它负责审核、签发、管理、查询、吊销、备份、恢复所有实体所需的身份认证数字证书，是一种具有权威性、可信任性和公正性的第三方机构。在网络中，认证中心作为基础的安全设施向所有需要安全服务的对象(业务应用系统、硬件设备、企业用户、个人用户、执法机构等)提供安全服务，为用户制定完善的安全策略，确保用户数据的机密性、真实性、完整性、不可抵赖性及安全可靠的密钥管理。它所能提供的安全服务包括身份认证、数据完整性、机密性和抗抵赖性等基本服务，同时还包括电子签名、安全登录、时间戳安全通信、特权管理、制定并维护安全策略等广泛的 CA 数字证书应用服务。CA 的组成主要有：证书签发服务器，负责证书的签发和管理，包括证书归档、撤销和更新等；密钥管理中心，用硬件加密机产生公/私密钥对，提供 CA 证书的签发；目录服务器，负责证书和证书撤销列表的发布和查询。

CA 认证机构根据国家市场准入政策建设，由国家主管部门批准，具有权威性。CA 认证机构采用的密码算法及技术保障是高度安全的，具有可信任性。为了防止数字凭证的伪造,认证中心必须公布其公共密钥或由更高级别的认证中心提供一个电子凭证来证明其公共密钥的有效性,后一种方法导致了多级别认证中心的出现。此外,CA认证机构是不参与交易双方利益的第三方机构,具有公正性。CA认证机构在《电子签名法》中被称做电子认证服务提供者。

(二)认证中心的分级结构

认证中心是分层分级负责发放和管理证书的权威机构。认证中心在大型网络环境下,采用树形分级结构,分层分级进行认证服务和认证证书的管理工作。上级认证中心负责签发和管理下级认证中心的证书,最下一级的认证中心直接面向最终用户。

1. 根认证中心

在各级认证机构组织中,将没有父认证中心的证书管理机构与认证机构称为根认证机构(root CA,RCA),也称为根认证中心。

2. 品牌认证中心

将品牌及品牌以下证书管理与认证机构称为品牌认证机构(brand CA,BCA),也称为品牌认证中心。品牌认证中心是根认证中心的下一级认证中心。

3. 区域认证中心

将各个地方的证书管理与认证机构称为区域认证机构(get-political CA,GPCA或者GCA,通常简称为GCA),也称为区域认证中心。区域认证中心是品牌认证中心的下一级认证中心。

4. 持卡人认证中心

将管理与认证持卡人的认证机构称为持卡人认证机构(cardholder CA,CHCA或者CCA,通常简称为CCA),也称为持卡人认证中心。持卡人认证中心是区域认证中心的下一级认证中心。

5. 商户认证中心

将管理与认证商户的认证机构称为商户认证机构(merchant CA,MCA),也称为商户认证中心。商户认证中心是区域认证中心的下一级认证中心。

6. 收单行支付网关认证中心

将管理与认证收单行支付网关的认证机构称为收单行支付网关认证机构(payment gateway CA,PGCA或者PCA,通常简称为PCA),也称为收单行支付网关认证中心。收单行支付网关认证中心是区域认证中心的下一级认证中心。

这些认证中心是由上而下按层次(按级别)结构建立的。各级认证中心与认证证书的层级结构如图7-15所示。

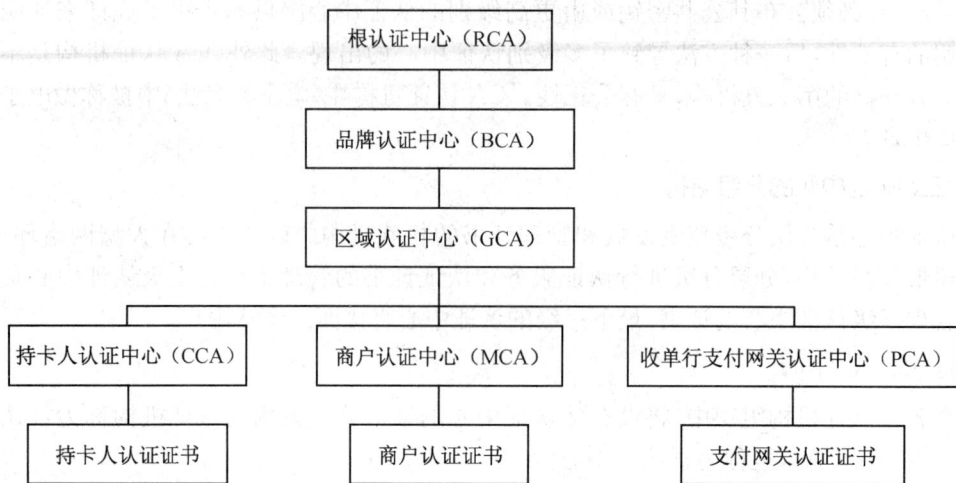

图 7-15　认证中心的层次结构

（三）认证中心的主要功能

1. 证书的颁发

认证中心的主要任务是受理认证证书的申请、颁发（签发）数字证书以及对数字证书进行管理。认证中心接收认证用户（包括下级认证中心和最终用户）的数字证书申请，将申请的内容进行备案，并确定是否受理该数字证书申请。如果认证中心受理该数字证书申请，则进一步确定给用户颁发哪一种类型的证书。将新证书用认证中心的私人密钥签名以后，发送到目录服务器供用户下载和查询。为了保证信息的完整性，返回给用户的所有应答信息都要使用认证中心的签名。

2. 证书的更新

认证中心可以定期更新所有用户（包括下级认证中心和最终用户）的证书，或者根据用户的请求和需要进行更新。

3. 证书的查询

证书的查询可以分为两类：一类是证书申请的查询，是指认证中心根据用户的查询请求返回当前用户证书申请的处理过程；另一类是用户证书的查询，该功能由目录服务器完成，目录服务器根据用户的请求返回相应的证书。

4. 证书的作废

一种情况是证书出了问题，需要申请作废。当由于用户的私钥泄密等原因造成用户需要申请证书作废时，认证中心根据用户的请求确定是否将该证书作废。另一种情况是证书已经过了有效期。这也是一种常见的证书作废的情况。认证中心将自动通过维护证书作废列表（certificate revocation list，CRL）来完成各种情况下的证书作废的管理。

5. 证书的归档

所有证书必须全部归档。证书具有一定的有效期，证书过了有效期之后就作废了，但是不能将作废的证书简单地丢弃,因为有时可能需要认证以前在某个交易过程中产生的数字签名,这时就需要查询作废的证书。基于这些重要的需求,认证中心还具备管理作废证书和作废私人密钥的功能,将所有证书归档。

二、数字证书

由于在电子商务交易中,买卖双方在交易过程中是互不见面的,因此就需要用一种事物来表明自己的身份,以示自己是一个合法的用户或合法的商家。电子商务中的数字证书就是这样一种由权威机构发放的、用来证明身份的事物。

(一)数字证书概述

数字证书也称数字凭证、数字标识,是一个经证书认证机构数字签名的、包含用户身份信息及公开密钥信息的电子文件,它用电子手段来证实一个用户的身份和对网络资源访问的权限,是各实体(消费者、商户/企业、银行等)在网上进行信息交流及商务活动的电子身份证。在进行电子交易时,若双方出示了各自的数字证书,并用它来进行交易操作,则双方都不必担心对方身份的真实性。数字证书用于安全电子邮件、网上缴费、网上炒股、网上招标、网上购物、网上办公、电子资金移动等电子商务活动。

数字证书系统通过认证机构为公/私密钥对的持有者发放和管理数字证书。每一个数字证书包含了数字证书主体的一个公钥值和对其所做的无二义性的身份确认信息。其中,数字证书主体是指持有相应私钥的个人、设备或其他实体,且认证机构用自己的私钥对数字证书进行数字签名。数字证书的结构如图 7-16 所示。

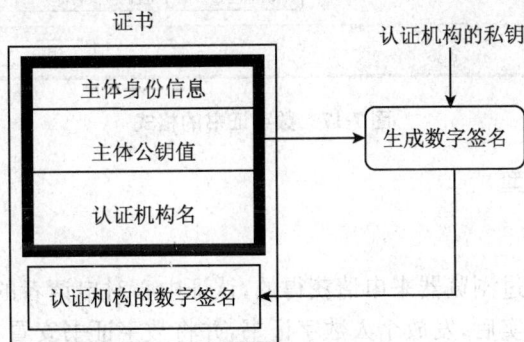

图 7-16　数字证书的结构

(二)数字证书的格式

数字证书中一般包含证书持有者的名称、公开密钥、认证机构的数字签名,此外还包括密钥的有效时间、认证机构的名称以及该证书的序列号等信息,如图 7-17 所示。交易伙伴可以利用数字证书来交换彼此的公开密钥。

国际电信联盟(ITU)在制定的 X.509 标准中对数字证书进行了详细的定义。一个标准的 X.509 数字证书包含以下主要内容:

(1)证书的版本信息。

(2)证书的序列号(每个证书都有一个唯一的序列号)。

（3）证书所使用的签名算法，如 RSA、DES 算法等。

（4）证书的发行机构名称。

（5）证书的有效期（通用的证书一般采用 UTC 时间格式）。

（6）证书所有人的名称。

（7）证书所有人的公开密钥。

（8）证书发行者的签名。

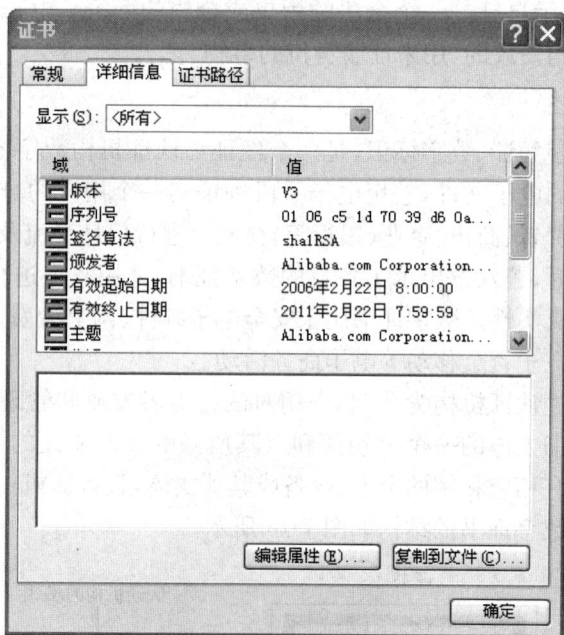

图 7-17　数字证书的格式

（三）数字证书的类型

1. 个人数字证书

个人数字证书是通过浏览器来申请获得的，认证中心对申请者的电子邮件地址、个人身份及信用卡号等进行核实后，发放个人数字证书，并将数字证书安置在用户所用的浏览器中或电子邮件的应用系统中，同时通知申请者。个人数字证书的使用方法集成在用户浏览器的相关功能中，只要在浏览器中进行相应的选择就可以了。

个人数字证书用于电子邮件时可起到类似密封和手写签名的作用，让接收方确定信件确实由用户发出，并为邮件的内容和附件加密，只有用户指定的接收方才能解密，从而防止了他人截获阅读的可能。

2. 服务器证书

服务器证书主要为网上的某个 Web 服务器提供凭证，拥有 Web 服务器的企业可以用具有凭证的互联网站点进行安全的电子交易。具有数字证书的 Web 服务器会自动地将其与客户端的 Web 浏览器的通信加密。服务器拥有者有了证书，就可以进行安全的电子交易了。

服务器证书的发放比较复杂。因为服务器证书是一个企业在网上的形象,是企业在网络空间信任度的体现,所以一个权威的认证中心对每一个申请者都要进行信用调查,包括企业的基本情况、营业执照、纳税证明等。

认证中心通过考查来决定是否发放或撤销服务器数字证书。一旦认证中心发放了数字证书,该服务器就可以安装认证中心提供的服务器证书,成功后即可投入服务。服务器得到数字证书后,就会有一对密钥(公开密钥和私有密钥),它与服务器之间是密不可分的。数字证书与这对密钥一起代表了该服务器的身份,是整个认证的核心。

3. 开发者证书

开发者证书通常为互联网中被下载的软件提供凭证。开发者证书又称代码签名数字证书。借助这种数字证书,软件开发者可以为软件做数字标志,在互联网上进行安全的传送。当用户从互联网上下载软件时,开发者证书与微软的 Authenticode(认证码)技术共同提供他们所需的软件信息和对该软件的信任。

上述三种证书中前两类是常用的凭证,第三类则用于较特殊的场合。大部分认证中心提供前两类凭证,能同时提供各类凭证的认证中心并不多。

三、数字签名

1. 数字签名的概念

为了鉴别文件或书信的真伪,传统的做法是相关人员在文件或书信上手写签名或印章,签名可以起到认证、核准、生效的作用。随着信息时代的来临,人们希望通过通信网络进行远距离贸易合同的传递,这就出现了文件真实性的认证问题,数字签名就应运而生了。如今,数字签名已经在电子邮件、电子转账、办公室自动化等系统中大量应用了。

所谓数字签名,就是通过某种密码运算生成一系列符号及代码组成电子密码进行签名,从而代替书写签名或印章。这种电子式的签名可进行技术验证,其验证的准确度是一般手工签名和图章的验证无法比拟的。数字签名是目前电子商务、电子政务中应用最普遍、技术最成熟、可操作性最强的一种电子签名方法。它采用规范化的程序和科学化的方法,用于鉴定签名人的身份以及对一项电子数据内容的认可。它还能验证文件的原文在传输过程中有无变动,确保传输电子文件的完整性、真实性和不可抵赖性。

2. 数字签名的原理

签名是针对某一文件的,数字签名也必须针对某一电子文件,加上签名者个人的数字标记形式,形成"数字签名"电子文件,而并非是"手工签名"类型的图形标志。这个电子文件从网上发送出去,接收方能识别签名,具有认证性。

数字签名采用双重加密的方法来实现,其工作原理如图 7-18 所示。

假如发送方想在通过互联网传递的信息中加上签名,可利用公开密钥系统来制作一个数字签名。其制作过程如下:

(1) 发送方先利用自己的私人密钥产生一个数字签名,加密后的信息便成了一个已署名的信息。

(2) 发送方将该署名的信息通过互联网传送给接收方。

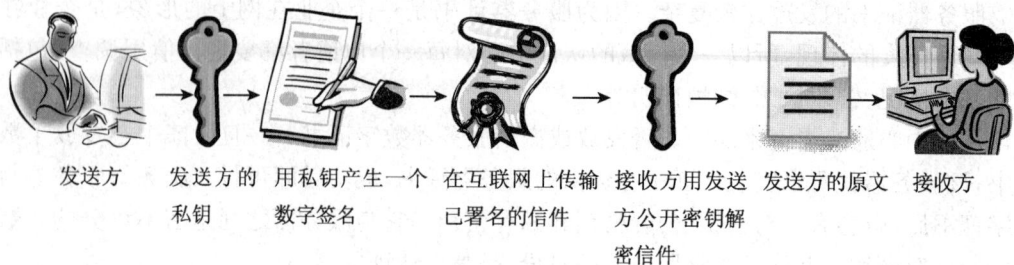

发送方　发送方的　用私钥产生一个　在互联网上传输　接收方用发送　发送方的原文　接收方
　　　　　私钥　　数字签名　　已署名的信件　　方公开密钥解
　　　　　　　　　　　　　　　　　　　　　　密信件

图 7-18　数字签名的工作原理

数字签名的核对过程如下：

（1）接收方从互联网上收到发送方的信息及数字签名。

（2）接收方向密钥管理员索取发送方的公开密钥。

（3）接收方利用该公开密钥来核对数字签名，方法是利用该公开密钥将信息解密。如果解密后的信息等于原来的信息，则证明该信息是由发送方传送来的，因为只有发送方拥有可以制造该数字签名的私人密钥。因此，发送方不能否认曾传送该信息给接收方，这就是不可抵赖性。假如信息或数字签名在传送过程中被修改，接收方便会发觉解密后的数字签名跟原来的信息不符。

四、数字水印

1. 数字水印的概念

随着高质量图像输入/输出设备的发展，特别是精度超过 1 200 dpi 的彩色喷墨、激光打印机和高精度彩色复印机的出现，使伪造货币、支票以及其他票据变得更加容易。据统计，每年伪造的美元有 20 亿，假信用卡使美国银行损失达 20 亿美元，全世界的假护照有 300 万份。

在从传统商务向电子商务转化的过程中，会出现大量过渡性的电子文件，如各种纸质票据的扫描图像等。即使在网络安全技术成熟以后，各种电子票据也还需要一些非密码的认证方式。数字水印技术可以为各种票据提供不可见的认证标志，从而大大增加了伪造的难度。

数字水印（digital watermarking）技术是指用信号处理的方法在合法文本中嵌入隐蔽的标记，这种标记通常是不可见或不可听的，只有通过专用的检测器或阅读器才能提取，从而使用户只能在屏幕上阅读合法文本。一旦该文本被复制，则该水印会在文本中央明显地显示版权信息，要想正常地阅读复制的文本，只有向有关权利人申请合法授权。采用数字水印技术，既不损害原作品，又达到了版权保护的目的。目前，用于版权保护的数字水印技术已经进入了初步实用化阶段。

据中国防伪技术协会预测，未来几年，防伪产品的市场总价值每年会超过 300 亿元。除去传统的防伪油墨，以及基于互联网技术的电话防伪和网上电子认证等防伪领域，用于标签和材料的防伪支出每年将在 75 亿元左右。数字水印技术开辟了一条崭新的信息安全途径，它的不可感知的隐蔽性和抵抗各种攻击的能力，可以实现数字产品的完整性保护和篡改鉴定，还可用于数字防伪。

2. 数字水印的特点

(1) 隐蔽性:在数字作品中嵌入数字水印不会引起明显的降质,并且不易被察觉。

(2) 隐蔽位置的安全性:水印信息隐蔽于数据而不是文件头中,文件格式的变换不会导致水印数据的丢失。

(3) 稳健性:数字水印在经历多种无意或有意的信号处理后,如信道噪声、滤波、数模与模数转换、重采样、剪切、位移、尺度变化以及有损压缩编码等,仍能保持完整性或仍能被准确鉴别。

第五节　SSL 协议

一、SSL 协议简介

SSL 协议是由网景公司在推出 Web 浏览器首版的同时提出的安全通信协议,目前已有 SSL 2.0 和 SSL 3.0 两个版本。SSL 协议采用公开密钥技术,目标是保证两个应用程序间通信的保密性和可靠性,可在服务器和客户机两端同时实现。现在 SSL 协议已经成为 Internet 上保密通信的工业标准。SSL 协议制定了一种能在应用程序协议(如 HTTP、TELNET、NNTP、FTP)和 TCP/IP 之间提供安全性分层的机制,能为 TCP/IP 连接提供数据加密、服务器认证、消息完整性以及可选的客户机认证。SSL 协议与相关网络层的关系如图 7-19 所示。

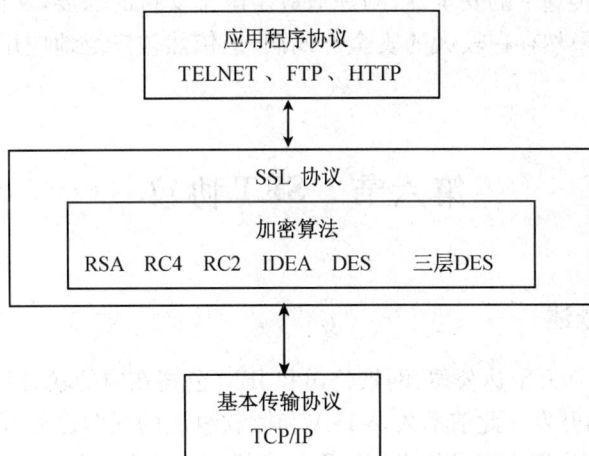

图 7-19　SSL 协议与相关网络层的关系

SSL 协议作用在应用层和传输层。它不是单个协议,而是两层协议,包括套接层 SSL 记录协议和应用层 SSL 握手协议、SSL 更改密文规范协议和 SSL 告警协议。

(1) 记录协议。这个协议用于交换应用层数据。应用程序消息被分割成可管理的数据块,还可以压缩,并应用一个消息认证代码(MAC),然后把结果加密传输。接收方接收到数据后对它解密,校验 MAC,解压缩并重新组合它,把结果提交给应用程序协议。

（2）握手协议。这个协议负责协商用于客户机和服务器之间会话的加密参数。当一个SSL协议客户端和服务器第一次开始通信时，它们在一个协议版本上达成一致，选择加密算法，选择相互认证，并使用公钥技术来生成共享密钥。

（3）更改密文规范协议。它是使用SSL记录协议的、最简单的SSL相关协议之一。这个协议由单个报文组成，该报文由值为1的单个字节组成。这个报文的唯一目的就是使挂起状态被复制到当前状态，改变这个连接将要使用的密文簇。

（4）告警协议。这个协议用于指示在何时发生了错误或两个主机之间的会话在何时终止。

HTTPS是以安全为目标的HTTP通道，简单地讲是HTTP的安全版，即HTTP下加入SSL层。HTTPS的安全基础是SSL协议。在URL前用HTTPS协议，就意味着要和服务器建立一个安全的连接，这时浏览器状态栏会显示一个锁，表示已建立安全连接。

二、SSL协议的工作过程

SSL协议的工作过程可分为六个步骤：

（1）连接阶段：客户通过网络向服务商打招呼，服务商回应，建立安全会话。

（2）交换密码阶段：客户与服务商之间交换双方认可的密码。

（3）会谈密码阶段：客户与服务商之间产生彼此交谈的会谈密码。

（4）检验阶段：检验服务商取得的密码。

（5）客户认证阶段：验证客户的可信度。

（6）结束阶段：客户与服务商之间交换结束信息。

SSL协议在信息传递上的安全性，刚好适应了电子支付的需要，又由于构架简单、处理步骤少、速度快，所以虽然存在较大的安全性漏洞，但依然被广泛地应用在信用卡在线支付模式中。

第六节　SET协议

一、SET协议概述

1995年10月，包括万事达公司、网景公司和IBM公司在内的联盟开始着手进行安全电子支付协议（SEPP）的开发。此前不久，VISA和微软组成的联盟已经开始开发另外一种不同的网络支付规范，称为安全交易技术（STT）。这样便出现了一种混乱的局面，即两大信用卡组织万事达和VISA分别支持独立的网络支付解决方案。这种局面持续了数月，直到1996年1月，这些公司才宣布它们将联合开发一种统一的系统，称为安全电子交易（SET）。

SET是一个通过开放网络进行安全资金支付的技术标准，由VISA和万事达联合IBM、RSA、微软等信息产业公司在1996年共同制定，于1997年联合推出。由于它得到了IBM、HP、微软等很多大公司的支持，已成为事实上的工业标准，目前已获得IETF标准的认可。

SET协议主要用于信用卡网上支付的安全。它采用RSA双钥体系对通信双方进行认证,选用 DES 等标准对称密钥加密算法进行信息的加密传输,利用双重签名机制确保三方通信,使用 hash 算法来鉴别消息的真伪及有无篡改。SET 支付系统主要由持卡人、商户、发卡行、收单行、支付网关及 CA 六部分组成。其中,CA 是 SET 体系中的关键,支付网关是传递信息支付的枢纽。

二、SET 协议的运行原理

对持卡人来说,SET 协议是透明的,他们只需确认订单已发送给商户就行了,其他功能由软件自动执行。持卡人选择商品并下了订单后,商户会用一份自己证书的副本作为给卡人的答复。持卡人证实卖主身份,然后用对称密钥加密订单,并用商户的公钥加密对称密钥。这样就只有商户可以解密这个对称密钥。订单中涉及财务数据的部分(结算卡号码)也可用同样的方式加密,但这次使用的是银行的公钥(商户不会见到结算卡的号码)。订单的第三部分是一个消息摘要,它能向商户证明订单没有被篡改,和持卡人发送时的订单完全一样。商户使用自己的私钥解密对称密钥,然后解密订单。它将结算信息连同订单副本一起转发给银行,因为它要依赖银行对交易进行认可。银行证实持卡人的身份和消息的完整性,并打开结算信息,证实结算的金额是该笔交易的金额,且是付给该商户的。银行还要检查商户的信用额度,保证交易可以进行,并准许商户将交易进行下去。最后商户将订购的商品发给持卡人。SET 协议的运行原理如图 7-20 所示。

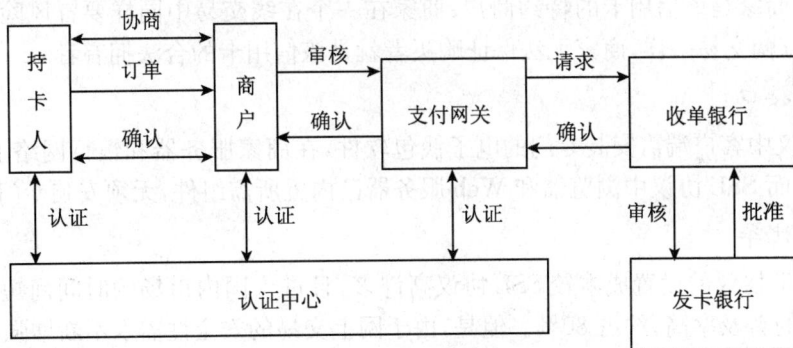

图 7-20　SET 协议的运行原理

SET 协议的工作流程主要包括以下几个步骤:

(1) 消费者在网上商城选定商品并下电子订单。

(2) 通过电子商务服务器与网上商户联系,网上商户作出应答,告诉消费者订单的相关情况(是否改动以及关于购买属性的关键字段)。

(3) 消费者选择付款方式,确认订单,签发付款指令(此时 SET 协议介入)。

(4) 在 SET 协议中,消费者必须对订单和付款指令进行数字签名,同时利用双重签名技术保证商家看不到其账号信息。

(5) 在线商店接受订单后,向消费者所在银行请求支付认可,信息通过支付网关到收单银行,再到电子货币发行银行确认,批准交易后,返回确认信息给在线商店。

(6) 在线商店发送订单确认信息给消费者,消费者端软件可记录交易日志,以备将来查询。

(7) 在线商店发送货物。

三、SET 协议与 SSL 协议的比较

支付系统是电子商务的关键,SSL 协议和 SET 协议是两种重要的通信协议,每一种都提供了通过 Internet 进行支付的手段。SET 协议与 SSL 协议主要从以下几个方面进行比较:

1. 认证要求方面

SET 协议认证的安全需求较高,因此所有参与 SET 协议交易的成员都必须先申请数字证书来识别身份,并且 SET 协议解决了客户与银行、客户与商家、商家与银行之间的多方认证问题,而在 SSL 协议中只有商家服务器需要认证,客户端认证是有选择性的。

2. 对消费者而言

SET 协议保证了商家的合法性,并且保证用户的信用卡信息不会被窃取。SET 协议替消费者保守了更多的秘密使其在线购物更加轻松,而 SSL 协议则缺少对持卡人的认证。

3. 安全性

安全性是网上交易最关键的问题。一般公认 SET 协议的安全性较 SSL 协议高,主要原因是:在整个交易过程中,包括持卡人到商店、商店到付款转接站再到银行网络,都受到严密的保护;而 SSL 协议的安全范围只限于持卡人到商家的信息交流。

采用 SSL 协议,购买者将冒以下风险:购买者无法保证商家能够对他们的信用卡信息保密,无法保证商家是该信用卡的特约商户;商家在一个在线交易中同样要冒风险,如同进行邮件和电话订购交易一样,商家无法保证购买者就是该信用卡的合法拥有者。

4. 用户接口

SET 协议中客户端需安装专门的电子钱包软件,在商家服务器和银行网络上也需安装相应的软件,而 SSL 协议中浏览器和 Web 服务器已内置所需组件,无须安装专门软件。

5. 采用比率

由于 SET 协议的设置成本较 SSL 协议高许多,且进入国内市场的时间尚短,因此目前是 SSL 协议的普及率高,约占 80%。但是,由于网上交易的安全性需求不断增强,SET 协议的市场占有率将会有较大幅度的提高。

6. 处理速度

SET 协议非常复杂、庞大,处理速度慢,而 SSL 协议则简单得多,处理速度比 SET 协议快。

引例解析

网络支付的安全威胁主要有以下几个方面:窃取、篡改、冒用身份、网络支付系统的不稳定性、不承认或抵赖已经做过的交易。

基于用户对网上支付的安全性的需求,网上支付的安全问题主要从技术、法制、道德规范和管理策略等多个方面来解决。其中,网上支付的安全技术措施主要包括如下几个方面:安全的网络平台、数据加密、数字签名、安全协议。

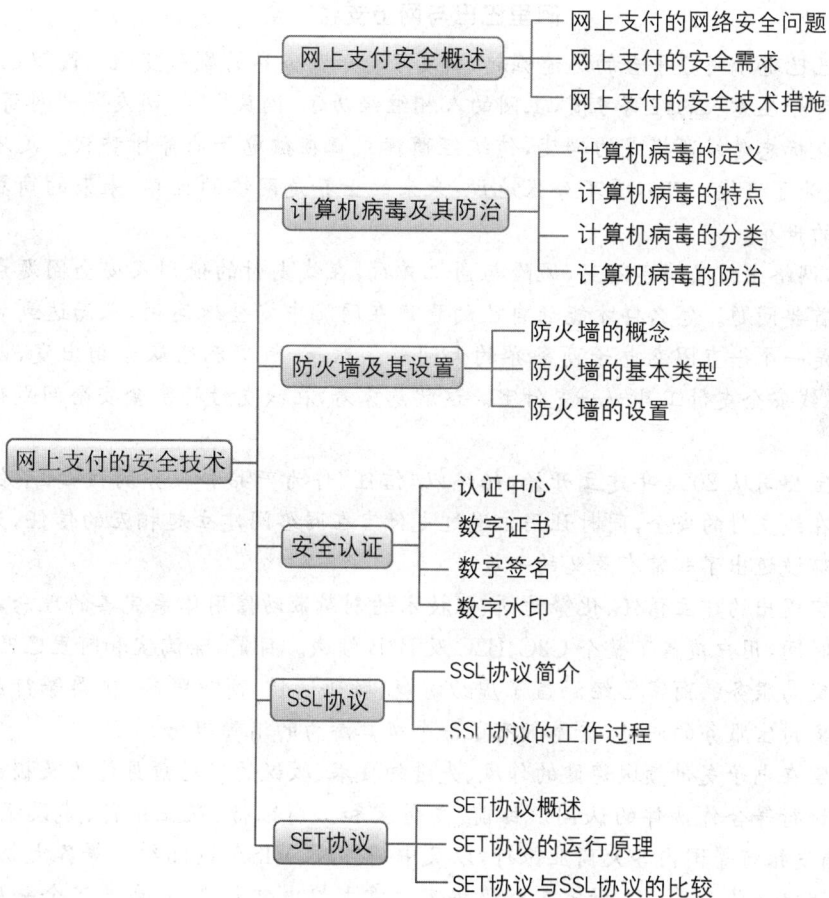

本章小结

网上支付的安全技术
- 网上支付安全概述
  - 网上支付的网络安全问题
  - 网上支付的安全需求
  - 网上支付的安全技术措施
- 计算机病毒及其防治
  - 计算机病毒的定义
  - 计算机病毒的特点
  - 计算机病毒的分类
  - 计算机病毒的防治
- 防火墙及其设置
  - 防火墙的概念
  - 防火墙的基本类型
  - 防火墙的设置
- 安全认证
  - 认证中心
  - 数字证书
  - 数字签名
  - 数字水印
- SSL协议
  - SSL协议简介
  - SSL协议的工作过程
- SET协议
  - SET协议概述
  - SET协议的运行原理
  - SET协议与SSL协议的比较

综合训练

一、思考练习

1. 简述网上支付的安全风险和安全要求。
2. 什么是计算机病毒？计算机病毒有哪些特点？
3. 如何防治计算机病毒？
4. 什么是防火墙？防火墙有哪些类型？
5. 简述认证中心的功能。
6. 什么是数字证书？数字证书有哪些类型？

7. 简述 SSL 协议的工作过程。

8. 简述 SET 协议的运行原理。

二、案例分析

阿里巴巴与网上支付安全

阿里巴巴电子商务平台的迅速崛起,引发了电子商务界的剧烈变化。阿里巴巴的出现,改变了大部分生意人的经商习惯,上网的人相继经历了"网民"—"网友"—"网商"等一系列转变。这也标志着经商模式的转变,传统经商模式正在被电子商务所替代。足不出户做生意,也就成为了可能。可以毫不夸张地说:未来的世界是网络的世界,未来的商界也一定是网络营销的世界。

但是,网络上信息瞬息万变,风险与商机并存,在线支付的使用及安全问题成了每个商人考虑的首要问题。怎么样才能让自己的资产在网海中安全地运用,从而达到资产增值的目的?这是一个一直困惑电子商务界的大问题。然而,阿里巴巴从大局出发,以创新为前提,首创在线安全支付工具——支付宝。这就意味着,在线支付的资金安全问题得到了彻底的解决。

支付宝公司从 2004 年建立开始,始终以"信任"作为产品和服务的核心,不仅从产品上确保用户在线支付的安全,同时让用户通过支付宝在网络间建立起相互的信任,为构建健康的互联网环境迈出了非常有意义的一步。

支付宝提出的建立信任、化繁为简、以技术的创新带动信用体系完善的理念,深得人心。短短 3 年时间,用户覆盖了整个 C2C、B2C 及 B2B 领域。目前,除淘宝和阿里巴巴外,支持使用支付宝交易服务的商家已经涵盖了虚拟游戏、数码通信、商业服务、机票等行业。这些商家在享受支付宝服务的同时,更是拥有了一个极具潜力的消费市场。

支付宝在电子支付领域稳健的作风、先进的技术、敏锐的市场预见能力及极大的社会责任感赢得银行等合作伙伴的认同。目前,支付宝和工商银行、农业银行、建设银行、招商银行、上海浦发银行等国内各大商业银行,以及中国邮政、VISA 国际组织等各大机构,均建立了良好的战略合作关系。支付宝不断根据客户需求推出创新产品,成为了金融机构在电子支付领域最为信任的合作伙伴。

问题

为什么支付宝能使阿里巴巴实现网上支付的安全?

实训设计

网上支付的安全技术

【实训目的】

网上支付的安全技术是电子商务安全的技术保障。通过此次实训,了解网上支付的安全技术措施,熟悉防病毒技术和个人防火墙的设置以及安全认证和安全协议技术。

【实训内容与要求】

（1）下载并安装瑞星杀毒软件，查杀系统所有资源。

（2）下载并安装江民防火墙，参照帮助文档设置防火墙。

（3）浏览上海市数字证书认证中心网站(http://www.sheca.com)，了解数字证书的类型及每一种证书申请的流程。

（4）访问中国金融认证中心网站(http://www.cfca.com.cn)，了解该认证中心发放哪些数字证书，试从该网站下载一份数字证书。

【成果与检验】

通过实际操作，检验自己是否正确下载了防火墙及掌握了设置防火墙的方法，是否正确下载了数字证书，并在课堂上交流经验。

第八章
网上支付的风险与防范

知识目标

» 了解网上支付风险的特点；

» 掌握网上支付风险的类型；

» 了解网上支付的法律环境现状；

» 掌握网上支付的法律问题和保障措施；

» 了解网络市场下的信用关系；

» 掌握网上支付的信用体制；

» 了解网上支付的网络监管措施。

技能目标

» 了解网上支付存在的风险；

» 掌握网上支付的法律法规。

引例

"款到发货"的网上支付风险

当网上购物越来越多地融入网民生活的同时,一些犯罪分子也趁机利用网上交易存在的安全漏洞干起了诈骗的勾当。

2008年4月,犯罪嫌疑人黄某在互联网上注册了华宇集团网站(www.yh088.com)后,在网上发布出售各类名牌自行车、摩托车等虚假信息,以比市场价优惠的价格来吸引买家,用先收钱后发货的方式先后诈骗数十人,诈骗金额共计两万余元。黄某最终被重庆市检察院第一分院批准逮捕。

审理此案的检察官提醒消费者:网上购物最好使用第三方支付平台交易,不要直接将货款打到卖家账户上。目前,"支付宝"是一种比较安全的付款方式。买家先注册一个支付宝账户,利用开通的网上银行给支付宝充值,然后用支付宝账户在网站上购物并使用网上支付。这样货款会先付给支付宝,支付宝公司收到支付的信息后通知卖家发货,买家收到商品后在支付宝确认;支付宝收到买家确认收货并满意的信息后,才给卖家付款,从而降低了支付风险。

请分析案例,并思考下面的问题:

1. 网上支付存在哪些风险?
2. 如何防范网上支付的风险?

第一节　网上支付的风险

随着计算机网络的普及和银行终端设备的普遍设立,以及手机电话银行业务的开展,电子支付越来越深入经济生活的各个方面。网上支付是电子支付的一种形式。广义地讲,网上支付是以互联网为基础,利用银行所支持的某种数字金融工具,发生在购买者和销售者之间的金融交换。网上支付实现了从买者到金融机构、商家之间的在线货币支付、现金流通、资金清算、查询统计等过程,由此为电子商务服务及其他服务提供金融支持。目前我国网上支付的模式主要有:通过实体银行的网上银行直接转账,通过第三方支付平台进行支付,以虚拟货币进行支付等,其中以第三方支付发展最为引人注目,也广为个人用户和商户所接受。

然而,在网上支付迅速发展的同时也存在着一些问题。中国金融认证中心进行的网上银行调查报告表明:在个人用户中,现有网上银行用户只占调查样本的19.4%,可能使用网上银行的用户占35.7%,不可能使用网上银行的用户占44.8%;对于网上支付,很多人不了解、不接受,在不接受用户中,有75.4%的人主要担心网络不安全。

一、风险的概念

风险大概是一个典型的"引进"词,汉语中何时最早出现这个词尚待考证。国内权威辞书《辞海》,1989 年版仍无"风险"词条。颇有争议的王同亿先生主编的《语言大词典》1990 年版对"风险"一词进行了较详细的界定。

(1) 一是遭受损失、伤害、不利或毁灭的可能性;二是对根据合同进行保险的对象所发生的损失的可能性或危险。

(2) 处于不利情况的可能性(如遭受损失、伤害或失败)。

(3) 产生危险的事物,产生危险的根源或造成损失的可能原因。

所谓风险,简单地说就是事物发展的不确定性,是指在一定的环境、一定的时期内,在目标的期望值约束下,预期结果与实际结果的可能发生的差值。差值越大风险越大,差值越小风险越小。人们对网上支付的担心,也就是对网上支付各种不确定性因素的担心,支付流程参与的各方都存在风险。

一般来说,风险是影响组织实现目标而带来的损失可能性。风险是潜在的损失,不是必然的损失。因此风险由以下三部分组成:风险因素、风险事故和风险结果。

1. 风险因素

风险因素是指引起或增加风险事故的机会或扩大损失幅度的原因和条件,是风险事故发生的潜在原因,是造成损失的内在的或间接的原因。从形成风险的角度考虑可分为以下三个方面:

(1) 客观因素,也称物质因素、实质性风险因素、有形因素、环境因素。它主要是指能够引起或增加风险事件发生和发展的现实客观因素,如社会经济发展水平、政治环境、职业道德氛围、市场需求、人才构成、经济状况、交通条件、气象条件、机器性能等。

(2) 主观因素,即当事人的道德风险因素,也称无形因素。它是指个人和社会基本成员的品德、行为规范、修养素质等,这些因素在一定条件下能引发或增加风险事件的发生和发展。心理风险因素是一种潜在的无形因素。它是指人们的心态、思维、对事物的看法等因素所能引起或增加风险事件的发生和发展的程度。

(3) 其他不确定性因素。

2. 风险事故

风险事故是指造成生命、财产损害的偶发事件,是造成损害的外在的和直接的原因,损失都是由风险事故所造成的。风险事故使风险的可能性转化为现实,即风险的发生。如刹车系统失灵酿成车祸而导致人员伤亡,其中,刹车系统失灵是风险因素、车祸是风险事故、人员伤亡是损失。如果仅有刹车系统失灵,而未导致车祸,则不会导致人员伤亡。

3. 风险结果

风险结果是指风险发生后产生的后果,也称为风险损失。这种结果是风险承担人不愿意看到的后果,即虽然进行了投入,但是没有按照计划实现目标或偏离目标,或非计划、非故意和无回报造成的经济价值的减少。这种损失既包括直接损失,也包括间接损失。直接损失是实质性损失,是可以观察、计量和测定的经济价值的减少,是风险结果的直接产物;间接损失是指由于风险导致的直接损失以外的损失。

对于某一事件,在一定条件下,可能是造成损失的直接原因,则它成为风险事故;而在其他条件下,可能是造成损失的间接原因,则它便成为风险因素。例如,下冰雹使得路滑而酿成车祸,造成人员伤亡,这时冰雹是风险因素,车祸是风险事故;若冰雹直接击伤行人,则它是风险事故。

二、网上支付风险的特征

如果以上对风险含义的理解是正确的,综合上述关于风险的定义,就可以对风险概念作出如下界定:在给定条件下,某一事物在发展过程中可能产生两种或两种以上的结果,而在未来的某一特定时刻只能产生其中的某一结果,如果该结果对主体不利,又不能被准确预测,那么对主体来说,这一结果或结局的不确定性便是风险。简而言之,风险的基本特征,就是其结果的不确定性、对主体的危害性和发生时间的未来性。

网上支付的风险是指在电子商务支付过程中发生某种损失的可能性。由于网上支付是现代技术的产物,所以网上支付的风险被赋予了传统金融风险新的特征。

1. 复杂性

传统的支付方式只涉及交易双方和银行,而网上支付方式不仅涉及上述三个方面,还包括了认证中心、第三方支付平台等。这无疑使网上支付变得十分复杂,对风险的防范也要考虑得十分全面。

2. 风险放大性

传统支付方式采用货到付款等方式,最大限度地降低了风险,甚至把风险降低为零。由于自身安全技术的脆弱性和网络犯罪的盛行,网上支付方式放大了风险的程度,这也是很多人不敢进行网上支付的原因。

3. 国际性

电子商务打破了时间和空间的限制,不同地域的人都可以在网上进行交易,而且支付工具也很丰富,我国很多 B2C、C2C 网站都支持 VISA、MarsterCard 等国际信用卡。当风险发生时,将会带来国际方面的影响。

三、网上支付风险的类型

网上支付一般涉及个人用户(消费者)、商户、第三方支付平台及银行,实际上,政府也有相应关系。可从网上支付的三种模式来分析网上支付风险。

1. 通过实体银行的网上银行直接转账存在的风险

目前,国内外各大小银行基本都开通了自己的网上银行,银行卡的持有人可通过网上注册开通银行卡的网上业务,进行网上业务操作,如网上转账、余额查询、代缴费用、汇款等。这种方式的好处是方便快捷,不用通过第三方,但实际使用时存在困难。网上支付一般依附于网上交易,网上交易的特点是买卖双方互不见面,买方见不到商品,卖方看不到买方的货款。如果实行先付款后发货的方式,则对买方不利,存在着巨大的风险:卖方收到货款后拒发货的情况,对卖方没有什么风险。如果实行货到付款,虽然对卖方不利(若存在恶意订货和拒收的情况,卖方将承担配送费用的损失),但双方不会有较大风险,买方尤其不存在任何风险。所以,网上支付中谨慎使用网上银行直接转账。这种方式一般用于企业内部和家庭内部的资金调转。

2. 通过第三方支付平台进行支付存在的风险

第三方网上支付在我国的发展已有 10 多年,在这 10 多年中,随着网民人数的大幅度增加,使用网上支付的人数也急剧增加。中国互联网络信息中心(CNNIC)公布的数据显示:2015 年,网络支付使用率达到 60.5%,用户规模 4.16 亿,年增幅高达 13.6%,是在所有电子商务交易类应用中用户增长最快的网络应用。CNNIC 认为,网上支付快速增长,一方面是由于网上支付领域的迅速扩大,第三方支付公司与保险、航空等资金流通量大的行业合作力度加强,网上支付在 B2B、B2C、C2C 领域全面开花;另一方面是由于网络购物和旅游预订的快速增长,从而有力地拉动了网上支付的增长。目前,第三方电子支付企业不仅仅为从事电子商务的商户提供完整的平台解决方案,同时承担着培育持卡人市场,为持卡人提供快捷高效的支付工具的任务。第三方网上支付的蓬勃发展,已涉及越来越多的企业与社会公众,并形成巨大的资金规模,但其在法律、金融、监管等方面存在的风险隐患也逐渐凸显,并引起了管理机构的高度重视。

(1) 法律风险。无论在国内还是在国外,第三方支付平台的法律地位都不是很明朗。目前,我国还没有专门针对电子支付关系的法律,如果出现纠纷,只能参考《中华人民共和国民法通则》(以下简称《民法》)、《中华人民共和国合同法》(以下简称《合同法》)的一些基本原则来处理。很多新情况的出现使消费者的合法权益得不到保障。如在网上交易中,消费者接受合同时只能选择"是"或"否",一些网上支付公司的服务协议明显存在着责任和权益不对等的情况。这种现状导致很多消费者不敢使用网上支付,阻碍了网上支付产业的发展。其原因是企业性质的不确定性,这是第三方网上支付面临的最大法律风险,不确定的企业性质导致其置身监管之外。第三方网上支付没有得到相应的监管,有"违法经营"之嫌,因为第三方网上支付从事的是金融增值业务,如果监管缺位,会导致支付市场出现无序发展状态,严重时会影响社会稳定。

(2) 金融风险。2009 年的"两会"上,全国政协委员、招商银行行长马蔚华指出:第三方支付市场高速发展和虚拟货币大量发行流通的同时,也给金融体系带来了一系列问题,随着交易规模的扩大,这些问题有愈演愈烈之势,急需有效的监管措施。一是沉淀资金带来的风险。第三方支付平台通过虚拟账户和在途资金,沉淀了大量客户资金,第三方支付企业可将这些资金用于风险较高的投资活动或其他活动,加上各企业运作管理水平参差不齐,可能引发流动性风险、信用风险和操作风险。二是增加了洗钱、套现、赌博、欺诈等非法活动的风险。由于第三方支付平台交易的匿名性、隐蔽性以及信息的不完备性,很难辨别资金的真实来源和去向,因此不法分子可利用第三方平台进行资金的非法转移、洗钱、套现、贿赂、诈骗、赌博以及逃税漏税等活动,第三方平台作为银行资金的流出通道,也增大了针对网上银行的欺诈和伪冒风险。三是虚拟货币对实体货币的冲击。虚拟货币的发行由互联网服务商自行决定,其货币发行行为不受监管。目前,虚拟货币能够通过第三方支付平台及其他渠道与实体货币进行双向兑换,也能购买实物商品,已经具备了实体货币的职能。对于实体货币,国家可以通过公开市场操作、贴现、存款准备金等手段或制度调节货币流通量,但对于虚拟货币,其流通量完全取决于发行企业本身,如不进行监管,将可能面临与实体货币流通量不当带来的一样的问题,如通货膨胀。四是突破了支付结算特许经营限制。根据《中华人民共和国商业银行法(修正)》第三条的规定,支付结算业务属于商业银行的中间业务,必须经过银监会的批准才能从事。而第三方支付平台普遍具有跨银行转账功能，已突破了这种特许经营限制。

（3）市场风险。即整个支付市场给第三方网上支付平台带来的一些不确定性。随着网上购物的迅速发展，我国网上支付市场出现空前的繁荣，各第三方网上支付平台更是竞争激烈。据不完全统计，现有第三方支付商已超过50家，并且同质化严重，各第三方支付商不计成本地抢占市场份额，现在都处于用免费服务来吸引用户的阶段。这必然会降低第三方网上支付平台的盈利空间，给其带来一定风险，如诚信危机。另外，随着这部分市场份额的增加，银行大有从合作变为竞争的趋势。银行业的直接进入无疑进一步加剧了第三方网上支付行业的竞争格局，并给新兴的第三方网上支付业造成巨大的冲击。

（4）信用风险。用户在注册和交易时或多或少会在第三方网上支付平台留下相关个人信息和交易数据，如果这些数据和信息被泄露或挪为他用，则会给买卖双方带来潜在的风险，甚至造成经济损失。目前之所以能通过第三方支付平台顺利完成交易，都基于一个共同的前提，即买家与卖家都信任第三方。那么第三方的信任支持来源是什么？这里面固然有银行的参与，有政府相关部门的监管，但最主要的还是第三方支付平台所依附的企业，如阿里巴巴的支付宝、Ebay的贝宝、腾讯的财付通，每个支付平台都有实力强大的企业作"靠山"，用户对第三方支付的信任即来源于此。一旦企业出现问题必然会影响到第三方网上支付企业的信用。

（5）技术及操作风险。技术风险可分为系统与网络安全风险和通信与交易安全风险。系统与网络安全风险主要表现在：系统软件的安全性风险，包括使用操作系统存在不同程度的安全漏洞；防火墙的安全性风险，包括产品自身的安全隐患、设置错误，以及来自网络用户的安全威胁；破坏数据风险，主要指非法进入者增加、修改或删除有关信息造成系统崩溃或资料篡改，进而造成用户损失等；病毒传播风险，主要表现在破坏者通过网络传播计算机病毒给银行和投资者带来的损失。通信与交易安全风险主要表现在：假交易指令，指假冒者利用客户疏漏，以客户的名义发出交易指令；否认交易可靠性，指交易者抵赖所做的网上交易或操作，造成银行损失；信息泄露或丢失，指敏感信息（口令、账号）由于泄露，对用户资金造成威胁或客户资料被竞争者所得；用户交易缺乏安全，主要包括密码或私钥被窃取等情形；通信不安全，一般指网络通信协议软件本身缺乏安全性。

除了技术风险，人为的疏忽或故意的违规操作也会给第三方网上支付带来风险。

3. 通过虚拟货币进行支付的风险

这种网上支付模式的流程是用户先把资金兑换成网站发行的电子货币，再用电子货币进行各种支付，如腾讯发行的QQ币、新浪发行的U币等。由于这些虚拟货币主要用于站内交易，且交易的对象主要是虚拟物品，如账号、会员、游戏装备、虚拟衣饰等，交易额一般较小，对网站和用户都不存在太大的风险。如果这些网站进一步扩大这些虚拟货币的使用场所和用途，达到一定的规模，将冲击国家的货币发行体系，扰乱金融秩序。

4. 网上支付中银行存在的风险

（1）系统运行的风险，包括硬件和软件系统，如硬件运行的可靠性、软件功能的完整性。

（2）网络连接的风险，银行内部网与互联网接口的安全保护措施到位与否关系到数据系统的安全。

（3）业务运行的风险，如银行不能预知客户的随机付款、对外转账和汇款等网上支付指令，付款频率、付款金额均不易掌控，易造成实际头寸不足而形成风险。

（4）运行中的操作和管理风险，如对人员权限的管理、系统权限的分配、配套制度的建设的不完善等都会出现大量新的问题。

第二节　网上支付的法律保障

一、网上支付的法律环境现状

网上支付系统的参与者具体包括消费者、商家、银行、认证机构等，但对于支付的整个过程来说，主要可归纳为三种主体：网络银行、客户和认证机构。

1. 国际网上支付的法律环境

早期的国际电子商务立法主要是围绕着电子数据交换（EDI）规则的制定展开的。1979 年，美国标准化委员会制定了 ANSI/ASC/X. 12 标准，该标准的推出促进了北美大陆的 EDI 进程。1981 年，欧洲国家推出第一套网络贸易数据标准——《贸易数据交换指导原则》。此后，联合国又先后制定了《联合国行政商业运输电子数据交换规则》《电子数据交换处理统一规则》等文件。1995 年，美国犹他州制定了世界上第一部《数字签名法》，随后英国、新加坡、泰国、德国等都制定了这方面的法律。自 1996 年联合国制定《电子商务示范法》之后，一些国际组织与国家纷纷合作制定各种法律规范，形成了国际电子商务立法的高速发展期。此后，各国针对电子商务的有关问题，如公司注册、税收、交易安全等都制定了相应的单项法律和政策规则。

2. 我国网上支付的法律环境

电子支付业务在我国已经发展多年了，然而我国关于电子商务的立法还不完善。我国网上支付领域所涉及的主要法律法规及政策包括：《中华人民共和国中国人民银行法》《中华人民共和国商业银行法》《信用卡业务管理办法》《银行卡业务管理办法》《电子银行业务管理办法》《网上银行业务管理暂行办法》《电子银行业务管理办法》《电子银行安全评估指引》《支付清算组织管理办法（征求意见稿）》《电子认证服务管理办法》《电子签名法》《电子支付指引（第一号）》。虽然，《电子签名法》的实施为我国电子商务法制环境的完善奠定了基础，也使网络虚拟世界与现实世界可以对应，但从目前的情况来看，电子商务和电子支付的立法问题和法律环境还远远没有解决。与《电子签名法》的颁布同时进行的《中华人民共和国公司法》《票据法》《中华人民共和国证券法》《中华人民共和国拍卖法》等法律的修订，也未能体现与《电子签名法》的衔接。

二、网上支付的法律问题

1."未经授权的支付"的责任承担问题

"未经授权的电子支付"即指在网上支付中发生的、由第三方侵权行为所导致的未经授权的资金划拨。美国在1978年制定的《电子资金划拨法》中对"未经授权的电子支付"进行了定义,即"由消费者以外的未获发动支付指令实际授权的人所发动的,从该消费者账户划出资金而该消费者并未从该支付中受益的电子支付"。在实践中,第三方侵权的形式表现为黑客侵入盗用密码、支付工具密码丢失、被盗而被非授权人使用等,使得欺诈人伪装成付款人的身份,骗取资金划拨。

我国现有的网络支付工具以网上银行卡结算为主,而其他形式的支付工具尚未普及,因此在电子商务支付环节使用较少。我国网上支付业务中对"未经授权的支付"问题的解决,由于法律的缺位,目前只能以相关网上银行卡支付的规定作为解决问题的相关法律依据。我国1999年1月颁布的《银行卡业务管理办法》对信用卡一些交易规则进行了规定,但是缺乏对信用卡用于网上电子支付的直接规定。为规范和引导我国网上银行业务健康发展,有效防范银行业务经营风险,保护银行客户的合法权益,中国人民银行2001年7月9日发布了《网上银行业务管理暂行办法》,并且在第三章专门规定了"网上银行业务的风险管理"。规定银行开展网上业务应当遵守国家有关计算机信息系统安全、商用密码管理、消费者权益保护等方面的法律法规和规章;应采取合适的加密技术和措施,以确认网上银行业务用户身份和授权,保证网上交易数据传输的保密性、真实性,保证通过网络传输信息的完整性和不可否认性等风险管理措施。但是《银行卡业务管理办法》更多是一部行政管理法,大量条款都是监管机构对网上银行业务的管制,而对在网上交易中由于"未经授权的支付"造成损失的责任承担问题,并没有直接规定。因此,在没有网上支付的直接立法的情况下,《银行卡业务管理办法》仍是目前调整信用卡用以网上电子支付的主要法律依据。该办法中对"未经授权的支付"问题的规定是:"发卡银行依据密码等电子信息为持卡人办理的存/取款、转账结算等各类交易所产生的电子信息记录,均为该项交易的有效凭据","发卡银行应当在有关卡的章程或使用说明中向持卡人说明密码的重要性及丢失的责任","借记卡的挂失手续办妥后,持卡人不再承担相应卡账户资金变动的责任"。

由此可见,我国现有的调整银行卡用以网上支付的法律中,没有区分经过授权的划拨和未经授权的划拨,客户必须自己承担未经其授权的电子支付的损失。对挂失前因卡及密码丢失造成的损失,由借记卡持有人自行承担全部损失。我国现有法律法规有限的几个条款仅针对在支付工具丢失的情况下的责任承担问题的规定,还远远不能解决网上电子支付中发生的因诸多其他原因导致的"未经授权的支付"问题。因此,我国应尽快建立和健全网上支付立法。

2. 支付指令有误时的责任承担问题

按照付款人和付款人银行之间的网上支付合同,付款人的基本义务是正确地发出网上支付指令,而付款人银行的义务就是正确地执行网上支付指令,完成电子资金的划拨。但是在实践中,经常会发生由于付款人或者付款人的行为或者由于服务器故障、网络传送等而导致合同中约定的、正常的电子支付出现错误或者迟延的情况。有误的支付指令具体可以区分为以下几种情形:

(1) 支付指令表述有误。即指支付指令中存在表述与实际不一致的信息,如收款人名称有误、收款人名称与账号不符等情形。此类错误在网上支付资金划拨时有发生。

(2) 支付指令错误。即指支付指令的内容本身存在错误或在传输过程中产生了错误。此类错误并非因欺诈产生,关键问题在于分清错误出自何方,进而确认损失责任是由指令的发起人承担还是由指令的接收人承担。

(3) 支付指令执行错误问题。即指支付指令本身并无错误,但是接收指令的一方在执行过程中出现了差错。

无论是上述哪种类型的错误,最终的结果都是付款人和付款银行之间的网上支付合同未能适当履行,其中一方必然要承担违约责任。

3. 不可抗力导致的损失责任承担问题

不可抗力即不能预见、不能避免、不能克服的事件。在各国法律规定中,不可抗力通常是民事责任全部或部分免除的根据之一。在网上支付法律关系中,由于网上支付技术是发展中的先进科技,面临着各种已知的或未知的风险,网上支付系统也是一个复杂的计算机网络系统,其安全顺利运行取决于多方面条件的实现。因此,经常会出现不属于网上支付活动各当事方过错引起的风险,如互联网系统瘫痪、服务器故障等情形。网上银行或其他支付服务提供商在其与资金划拨人的格式合同中,通常将互联网系统瘫痪、服务器故障等情形规定在不可抗力范围内,并依据此条款免除己方责任。我国由于没有网上电子资金划拨法,对此没有明确的法律规定。

三、网上支付的法律保障措施

1. 完善电子支付的法律体系

随着《电子签名法》的出台和《合同法》里对电子合同法律效力的肯定,无疑大大鼓励了我国电子商务的发展。但是,我国关于网上支付方面的法律规范并没有形成体系,有待完善。例如,修订我国的《票据法》已经是当务之急。因为我国《票据法》的严格规定,已经阻碍了电子商务的发展以及网上支付的进行,承认电子文本的效力、承认电子签名的合法性是必须要明确的。

面对电子商务的浪潮,法律明显表现出滞后性,这从客观上制约了网上支付业务的迅速开展。国家应组织力量进行相关法律研究,制定新的法律以填补空白点,修改与之冲突的旧法律条文以适应新情况。

2. 明确网上支付中各方的法律责任

网上银行支付结算业务操作是由客户利用自己的终端或移动通信工具,通过互联网服务商,接通网上银行服务提供商的主机或系统,通过通信系统或互联网传送到银行计算机系统,经过认证系统和网关后才能完成资金转移。应当明确的是,对于电子商务这一新兴事物,客户始终处于一个弱势的地位,对其利益的保护显得尤为重要。为了鼓励网上支付的发展,保护网上银行客户的利益,在法律责任的区分上应当注意对格式合同的规定,对客户在网上支付过程中个人隐私和商业秘密的保护等。同时,国家应该制定明确的法律规范对三方的法律责任予以区分,使得纠纷发生时可以依法解决。

第三节　网上支付的信用体系建设

网上支付在网络购物、网络理财等各领域应用非常广泛。针对网络支付中存在的问题,经分析发现,网上支付的安全问题归根结底在于网上交易的信用体系存在漏洞,缺乏严格的规范管理制度。

一、网络市场下的信用关系

在网络经济的发展过程中,有以下三种信用关系:

1. 直接信用关系

在网络市场中买卖双方通过网络直接交易,主要是买方通过卖方的网络平台进行交易,是不借助第三方而发生的信用关系,这种信用关系在 B2B 和 B2C 的经济模式中比较常见。在 B2B 模式中卖方是企业,与买方同等级,企业之间已经建立了良好的合作关系,这种信用关系一般情况下比较稳定;而在 B2C 中买方是消费者个体,卖方是网站或企业,这种称为消费信用。

2. 间接信用关系

间接信用关系主要是指在 C2C 经济模式中的信用,作为卖方和买方都是通过第三方的网络平台发生交易关系。这种模式下,网络市场中的电子商品只是为双方提供平台并不提供信用,买卖双方的交易行为最终在网络平台外完成。

3. 第三方信用关系

第三方信用关系主要指由第三方的机构为交易双方提供产品所有权转移过程(即支付机制)的服务,并从中抽取佣金。这种信用关系在三种不同的经济模式中都有出现,被称为中介信用。

这三种信用关系,在一定条件下是可以相互转化的,通过修改、增加或减少某些环节,就可以从一种信用关系转化为另一种信用关系。如直接信用关系中的一方通过第三方网络平台来出售或购买,那么根据第三方网络平台的功能的不同,直接信用关系就可以转化为间接信用关系(第三方网络平台不提供信用)或第三方信用关系(第三方网络平台提供信用)。

二、网上支付面临的信用问题

消费者和商家并不是面对面的交易,他们的联系是通过虚拟的网络世界,这就带来了身份、资金、商品、行为及信息传递等方面真实性确认的问题。在以纸质媒介作为支付交易的商务活动中,由于是面对面的,并有纸质交易凭证,加上法律体系的保证,人们在这种长期形成的商务活动中建立起了对这整套体系的信用,如果出现经济纠纷会由法律体系仲裁而给予经济利益的保证。但对于电子商务,交易过程中没有合法存在的纸质凭证伴随产生,这就带来了可信度的问题。因此,消费者和商家在网上交易时存在的主要问题就集中在信用问题和由此引发的一系列相互连带的问题。当前,是否信守服务承诺,即是否拥有良好的商业信用,成为人们衡量电子商务服务商或电子商务网站好坏的重要指标。

个人信用联合征信制度在西方国家已经有 150 多年的历史,如美国电子商务的飞速发展很大程度上依赖于发达的社会信用体系,美国几乎所有企业和个人的经济行为都是透明化的,即有记录可查。企业延迟交货或生产伪劣产品会使其信用丧失,也就意味着丧失客户和业务伙伴的信任,这对于企业来说是致命的打击,所以企业轻易不会丧失信用。我国目前由于种种历史的和现实中的原因,造成了信用体系的不完善,各种失信现象时有发生,没有一个权威的机构可以完全确定交易行为人的信用。并且,我国的社会信用体系远未达到任何行为都有记录可查的情况。因此,在我国目前这种信用环境下发展网上支付会有较大的障碍。

三、网上支付的信用体制建设

我国目前在对信用概念内涵的理解、信用信息公开的方式和制度、信用服务企业的市场发展程度,以及对失信者的惩戒度方面都还十分落后,甚至存在空白。应该承认我国的信用制度还不健全、不完善,可以从以下几个方面来建设我国的信用体制。

1. 网络交易采用实名制

网络交易实名制要求通过网络从事商品交易及有关服务行为的自然人,应提交其姓名和地址等真实身份信息。网络实名制有利于网络平台和网络消费者的诚信沟通。2010年7月,国家工商行政管理总局颁布《网络商品交易及有关服务行为管理暂行办法》并正式实施。该办法规定,通过网络从事商品交易及有关服务行为的自然人,应当向提供网络交易平台服务的经营者提出申请,提交其姓名和地址等真实身份信息,具备登记注册条件的,依法办理工商登记注册。

2. 严格限定准入条件

限定准入条件的办法是建立电子商务储备金制度。对于网络市场中的从事电子商务的企业加强政府监管,要求其必须具备相应的资金、技术等条件,并按公司销售额的一定比例建立专项基金,作为企业经营出现问题时赔付给消费者的储备金;对于在网上商店(商城)中租赁一定空间的个体店铺,同样由网上商店(商城)收取一定资金作为信用保证金。

3. 建立一个第三方支付的开放性平台

在第三方支付行业内部,信用体系首先应该是一个开放性的平台。现在网上支付竞争很激烈,也出现了专业和细分的趋势,在信用体系上,还是要建立合作共赢的意识。第三方支付产业应该共同建立一个信用体系平台,互相进行信用信息的分享机制。例如,某用户在支付宝上出现套现异常,那么这一信息共享之后有助于防止其继续利用其他第三方支付工具套现。阿里巴巴的诚信通及诚信指数,易趣的买家、卖家互评制度,淘宝网的"支付宝",都是建立诚信体系、保障用户利益的有效举措。与此同时,以第三方信用评估为基础的交易行为逐渐成为网上支付的主要手段。目前市场主要的在线支付工具,如第三方支付平台,是指由已经和国内外各大银行签约,并具备一定实力和信誉保障的第三方独立机构提供的交易系统。在通过第三方支付平台的交易中,买方选购商品后,使用第三方平台提供的账户进行货款支付,由对方通知卖家货款到达、进行发货;买方检验物品后,就可以通知第三方支付平台付款给卖家。

目前国内第三方支付平台有很多种,如易趣的"安付通"、首信易的"易支付"、腾讯的"财付通"等。一方面第三方支付平台在很大程度上杜绝了网络信用风险;另一方面目前的第三方支付平台各自为政,网络消费者在不同的网站购买商品需要不同的信用卡或账户,非常不便,第三方支付平台统一标准或互相通用应该是将来发展的方向。

4. 完善信用评价体系

对于 C2C 模式中的买卖双方,网络平台应该制订完善的信用评价体系,以区分不同的信用等级。对通过网络平台进行买卖的双方各自赋予唯一的会员资格,每位会员的买卖情况由其交易者进行评价,网站根据一定的规则对会员进行评级,这种信用等级将成为其他会员与之进行交易的一个依据。这在一定程度上保证了信用良好的会员将会有更多的交易机会,实现经济学上所谓的重复博弈,鼓励会员的守信行为,惩罚不守信的行为。

由于我国经济的持续发展,网络平台正在被越来越多的人认可,因此充满了各种商业机会,也吸引了更多人的加入,成为未来中国经济发展的新的增长点。但是,也要看到,其中的风险也是客观存在的。信用体制的建立将形成良好的信用行为和可靠的信用关系,从而有效地避免这种风险,达成便利和发达的交易关系,促进网络市场的成熟与发展。

资料链接

支付宝的信用体系规则

面对网上购物的安全性问题,目前已有的解决方式是交易平台为买卖双方提供的网上交易管理统计及信用中介,如支付宝、安付通等。这里以支付宝为例,说明其制定的信用体系规则。

支付宝交易是指网上交易的买卖双方明示接受支付宝公司作为网络交易中介,使用支付宝公司为买卖双方提供的网上交易管理系统及信用中介(代收、付货款等)服务的网上交易。具体规则如下:

在买家向支付宝公司付款后,支付宝交易管理系统自动即时将此付款信息以电子邮件方式通知卖家,且卖家的支付宝账户管理系统内交易管理页面显示该交易的状态为"买家已付款,等待卖家发货"。

在卖家发货后,卖家应主动登录支付宝网上交易管理系统,在其中确认发货,然后交易管理系统下该笔交易的显示状态变为"卖家已发货,等待买家确认"。

在买家收到商品后,如对所收到的商品数量和质量均无异议,则应及时履行确认收货义务,即主动登录支付宝网上交易管理系统,完成确认收货流程。支付宝交易管理系统将自动把相应的货款划拨到卖家的支付宝账户。交易管理系统下该笔交易的显示状态为"交易成功"。

自买家成功付款给支付宝公司后第 25 个小时起,至买家签收货物并在交易管理系统确认收货之前,买家可以在交易管理系统中向支付宝公司申请退回所汇付的款项,但支付宝公司退款的前提是:买家与卖家必须一致同意支付宝公司退款。

解决方案及改进意见:支付宝中应当设置合同项目,并能有相应密码类保护措施确认其真实有效,并一式三份,分别由交易中心、买家、卖家保存。支付宝中应为卖家设置售后保证金项目,即卖家先预存一部分资金在交易账户中,若在售后服务保质期内没有发生质量等卖家承诺的问题,则支付宝公司可将这部分款项退回卖家;若出现质量等问题,则支付宝公司将这部分款项赔付给消费者。

第四节   网上支付的网络监管

一、国外网上支付的监管

1985 年,联合国国际贸易法委员会(以下简称联合国贸法会)开始主持制定了一系列调整国际电子商务活动的法律文件。1996 年 12 月联合国贸法会通过了《电子商务示范法》,为各国立法人员提供了一整套国际上能够接受的电子商务规则。1999 年 12 月,欧盟委员会通过了《关于建立电子签名共同法律框架的指令》,确认了电子签名的法律效力和在欧盟内的通用性。欧洲议会与理事会于 2000 年 10 月发布关于电子货币机构的两个新指令:一是《关于电子货币机构业务开办、经营与审慎监管的 2000/46/EC 指令》(简称《2000/46/EC 指令》);二是《关于〈信用机构业务开办与经营的 2000/12/EC 指令〉的修订 2000/28/EC 指令》(简称《2000/28/EC 指令》)。

目前,电子商务发达的美国与欧盟地区,已针对第三方网上支付机构的经营活动采取相应的立法及监管,但更多的国家对此类机构尚未采取针对性的监管措施。欧盟对电子货币第三方支付机构主要有以下要求:

1. 最低资本金要求

为保证电子货币机构具有充足资本金,要求其必须具备 100 万欧元以上的初始资本金,而且必须持续持有自有资金,并规定了最低限额。

2. 投资活动限制

规定第三方支付机构提供服务过程中沉淀资金属于其负债。为保障其相关财务负债由具有高流动性的低风险资产作支撑,对其投资活动进行严格的限制,其中包括对投资的资产项目以及投资额度的限制。

3. 业务风险管理

鉴于电子货币机构面临着包括技术性风险、程序性风险以及因机构与那些从事相关操作性或其他辅助性活动的实体合作而产生的风险在内的各种金融与非金融风险,要求其必须具备稳健与审慎管理、行政管理和会计核算程序,以及适当的内部控制机制。

4. 记录和报告制度

《2000/28/EC 指令》明确规定,电子货币机构作为义务,应定期提交财务报告、审计报告等;股权结构变更、支付服务组织名称、注册资本或组织形式变更,合并或分立,调整业务范围或改变业务模式等临时性报告;记录和保留一定时间内的交易记录。

美国没有专门针对网上支付平台的法规,而是沿用现有法规对大多数汇款及非银行机构的支付实施行业监管。此类业务称为货币服务业务。一般将第三方网上支付机构所从事的业务视为货币转移业务。货币转移业务在美国被视为货币服务业务的一种类型。第三方网上支付的公司被视为货币服务机构,是货币转账企业或货币服务企业,而不是银行或其他类型的存款机构,不需获得银行业务许可证。美国对货币服务机构以发放牌照的方式管理和规范,明确规定初始资本金、自有流动资金、投资范围、记录和报告制度、反洗钱等方面的内容。

二、网上银行的监管

对网上银行的监管可以分为两个层次:一个是企业级的监管,即针对商业银行提供的网络银行服务进行监管;另一个是行业级的监管,即针对网络银行对国家金融安全和其他管理领域形成的影响进行监管。

1. 企业级的监管内容

在实际的操作中,现阶段金融监管机构对网络银行的监管,主要体现在七个带有全局性的具体问题上,包括加密技术及制度、电子签名技术及制度、公钥基础设施(PKI)、税收中立制度、标准化、保护消费者权益,以及隐私及知识产权保护。金融监管机构对网络银行业务的监管可以划分为三个层次:一是对网络银行安全性能的监管,包括对公钥基础设施、加密技术及制度和电子签名技术及制度的监管,如政策允许在国内使用任何高密度的加密技术,无密钥恢复的强制要求,以及为企业和消费者提供关于电子记录的数字签名法律框架等。目前,西方国家中只有美国对国内加密技术实施管制。二是向企业和各级政府部门提供电子商务和网络银行的国内及国际标准化框架和税收中立制度,对网络银行的标准化水平进行监管,以实现全国各商业银行之间的电子信息的互连互通。对网上交易采取税收中立政策,免征网上交易税,促进民族电子商务的发展。三是对消费者的权益进行监管,避免网络银行利用自身的隐蔽行动优势向消费者推销不合格的服务或低质量高风险的金融产品,损害消费者利益。为此,监管部门需要向企业和消费者权益保护组织提供保护网上交易消费者的非强制性商业指导规则。网络银行或金融机构站点网上广告,是金融监管机构监管的主要内容之一,目的是保护网络银行的消费者不被网上虚假广告欺骗。

2. 行业级的监管内容

网络银行的行业级的监管内容包括:

(1)网络银行对国家金融风险和金融安全,乃至国家经济安全的影响的评估与监管。主要依据网络银行风险对国家金融风险形成的影响及程度的评估,确定金融监管机构对网络银行各种虚拟金融服务品种的监管内容。

(2)对网络银行系统风险的监管,包括对产生系统风险的各种环境及技术条件的监管,特别是系统安全性的监管。

(3)对借用网络银行方式进行非法避税、洗黑钱等行为的监管。无论是在互联网还是在私营网络上的银行,都面临着安全问题。然而,政府管制又涉及避税、洗黑钱等问题。基于这些理由,政府监管部门坚持反对私人采用牢固的电子加密方式的技术援助。

(4)对利用网络银行方式进行跨国走私、非法贩卖军火武器,以及贩卖毒品等活动进行监管。随着网络银行的发展,特别是随着网络银行提供的支付系统在国民经济中发挥着日益显著的作用,金融监管机构对网络银行的监管内容还会不断地增加。

三、认证机构的监管

为了维护网上支付的安全,认证机构的安全运营是非常重要的,所以政府主管机关必须对认证机构进行监管。一般来说,各个国家都由一个机构统一负责认证机构的设立和监管。监管的目的在于确保认证机构能够有足够的能力来履行其义务和承担责任。主管机关对认证机构的监管措施主要是行政措施,包括:

(1)禁止使用不合格设备或禁止进行部分或全部业务。

(2)在进行监管时,监管机构有权在营业时间进入认证机构的工作地点或经营场所进行现场稽核,检查工作使用的设备和工作人员的资质,检查各种有关的材料、账簿,认证机构应该向监管机构提供有关的信息和必要的帮助。

(3)如果认证机构有不符合法律规范的行为,监管机构有权按照法律法规的规定对认证机构予以行政处罚,直至吊销其从事认证活动的营业执照。如果终止认证机构的业务或吊销营业执照时,监管机构可以将其业务交由另一认证机构承接。

根据德国《数字签章法》的规定,主管机关对认证机构的监管可以采取相应的行政措施处理认证机构的违法行为,具体包括:

(1)禁止业务。主管机关可就认证机构使用不适当的技术设备予以禁止,并可暂时禁止其全部或部分业务。如果认证机构采取非法手段误导他人相信其已经获得某种许可,可以禁止其全部认证业务。

(2)进入营业场所检查。主管机关可以在一般的营业时间进入机构的营业场所,并可要求其提供有关的账册、记录、后备认证证书及其他证据,认证机构应当给予协助。

(3)撤回、废止或终止许可。如果认证机构没有依法履行义务,主管机关可以撤回、废止或终止该机构以前发出的许可。在撤销或废止许可或终止认证机构业务时,主管机关可以将业务交由其他认证机构承接,或确保该认证机构与有关密钥持有人的关系已经结束。

(4)终止认证证书的效力。当主管机关有足够证据认为认证证书是伪造或其安全性不足以防止伪造或采用的技术设备显示安全上有欠缺,使得数字签章或数字资料可能遭到难以察觉的伪造时,可以终止认证证书的效力。

四、第三方支付机构的监管

目前,我国市场上有50余家规模不等的第三方支付公司。作为一种新型的支付方式,第三方支付事实上具有了银行才能拥有的存储功能,在产业快速发展的同时,一些大的支付工具上每天滞留着巨额资金。如何对这些机构进行监管?如何保证这些资金的安全,并且防止这些资金干扰金融秩序?这些都是电子支付产业亟待解决的问题。

参照欧美国家的经验,我国第三方支付模式还有许多值得借鉴和学习的地方。美国的模式是将第三方支付业务监管的重点放在交易的过程,实行的是功能性监管,而不是监管从事第三方支付的机构。早在2000年,美国《电子签名法案》就在国会获得通过成为联邦法律,美国政府不仅出台了一系列的法律政策来推动电子商务发展,而且其自身也身体力行,在政府行为中积极予以实施。

欧盟监管的重点则在于第三方支付机构,规定第三方网上支付公司必须取得银行业执照或电子货币公司的执照才能开展业务。2003年11月,欧盟委员会发布了对《电子商务指令》应用情况的评估报告,总体认为该指令取得了积极效果。网上第三方支付媒介只能是商业银行货币或电子货币。这就意味着,实际上欧盟对第三方网上支付公司的监管是通过对电子货币的监管实现的。

从以上情况可以看出，美国和欧盟对电子货币的监管主要突出在以下几个方面：需要执照和审批、实行审慎的监管、限制将客户资金进行投资、反洗钱等。

我国的第三方支付在这些领域还存在很多问题，目前还没有完善的专门针对第三方支付的法律法规。但早在 2005 年，央行就下发了《支付清算组织管理办法》的征求意见稿，主要内容被外界普遍解读为"关系到第三方支付公司牌照发放"。其最突出的特点是控制网上支付的风险，要求支付公司必须设立风险管理部门和核规部门。2008 年 11 月 26 日，上海市十三届人大常委会第七次会议表决通过了《上海市促进电子商务发展规定》，该规定于 2009 年 3 月 1 日正式施行，在电子商务交易的合法性、安全性、健康性等方面都做了更明确的规定。

2010 年 5 月 19 日第 7 次中国人民银行行长办公会议通过了《非金融机构支付服务管理办法》（以下简称《办法》）。《办法》规定，未经中国人民银行批准，任何非金融机构和个人不得从事或变相从事支付业务，《办法》自 2010 年 9 月 1 日起施行。《办法》所称非金融机构支付服务，是指非金融机构在收、付款人之间作为中介机构提供部分或全部货币资金转移服务，这意味着支付宝、财付通、快钱等第三方支付机构均在管理之列。《办法》规定，非金融机构如果要提供支付服务，应当依据本《办法》规定申请取得支付业务许可证，成为支付机构。对于《办法》实施前已经从事支付业务的非金融机构，应当在本《办法》实施之日起 1 年内申请取得支付业务许可证，逾期未取得的，不得继续从事支付业务。据中央银行 2009 年的统计，我国已有各类电子支付企业 300 多家。但由于此前缺乏监管，非金融机构行业乱象丛生。一些中小型电子支付公司由于客户数量小，营收难度大，曾试图通过一些非法手段获益；同时，盗卡、钓鱼和欺骗等现象在支付行业屡见不鲜。《办法》的出台，将使规模小、经营不规范的第三方支付机构被排除在外。

引例解析

网上支付一般涉及个人用户（消费者）、商户、第三方支付平台及银行，实际上，政府也有相应关系。从网上支付的三种模式分析网上支付风险可以得知，网上支付主要存在以下几种风险：

(1) 通过实体银行的网上银行直接转账存在的风险。

(2) 通过第三方支付平台进行支付存在的风险。

(3) 通过虚拟货币进行支付的风险。

(4) 网上支付中银行存在的风险。

本案例中，是通过实体银行的网上银行直接转账而发生的风险。因为实行款到发货，买方存在着巨大的风险。

要防范网上支付的风险，可以采取制定网上支付的法律法规，加强网上支付的信用体系以及网上支付的网络监管等措施。

本案例中，如果买方选择第三方平台进行在线支付，如"支付宝"、"财付通"等，将会降低受骗的风险。要把风险降到最低，必须发展并完善第三方支付平台的法律法规和信用体系的建设。

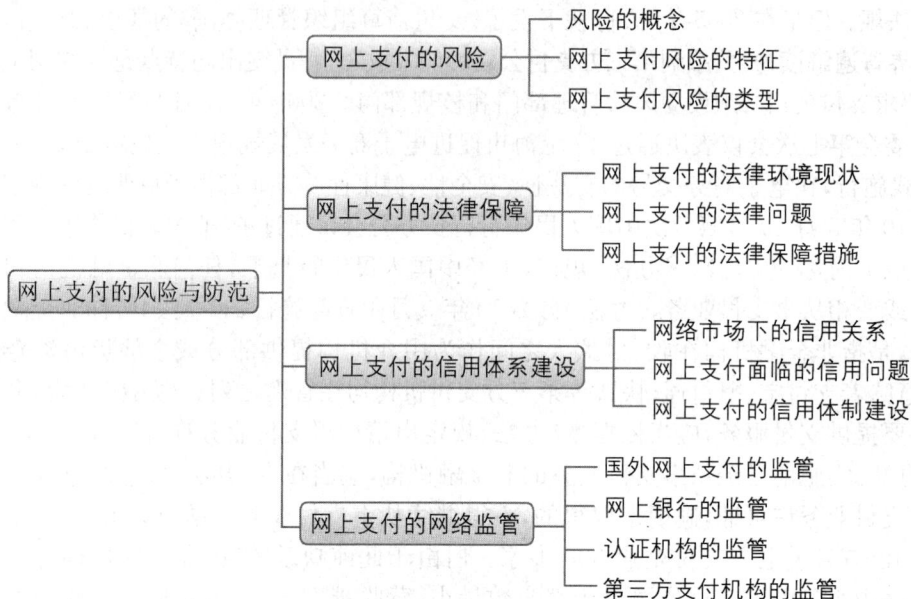

本章小结

- 网上支付的风险与防范
  - 网上支付的风险
    - 风险的概念
    - 网上支付风险的特征
    - 网上支付风险的类型
  - 网上支付的法律保障
    - 网上支付的法律环境现状
    - 网上支付的法律问题
    - 网上支付的法律保障措施
  - 网上支付的信用体系建设
    - 网络市场下的信用关系
    - 网上支付面临的信用问题
    - 网上支付的信用体制建设
  - 网上支付的网络监管
    - 国外网上支付的监管
    - 网上银行的监管
    - 认证机构的监管
    - 第三方支付机构的监管

综合训练

一、思考练习

1. 如何对网上支付的风险进行分类？
2. 第三方网上支付平台存在哪些风险？
3. 网上支付存在哪些法律问题？
4. 如何建设网上支付的信用体系？
5. 网上银行的监管内容主要有哪些？
6. 试讨论如何完善网上支付的网络监管。

二、案例分析

以次充好的风险

曼曼是一个离家在外打拼的白领,已经有一台台式计算机用于日常工作,但是苦于回家和出差没有计算机使用,于是想在淘宝网上购买一台物美价廉的笔记本电脑。

曼曼在淘宝网上搜索了自己喜欢的笔记本电脑品牌,然后按照价格排了序,找到了一个价格比较合理的卖家决定购买。随后就和卖家进行了沟通,在经过了长时间的讲价以后,卖家同意以比较低的价格出手,但是卖家要求发布多个其他名称的宝贝让曼曼购买,几个价格的总和即双方谈好的价格。曼曼认为没有问题,同意了。

几天过去了,曼曼收到了笔记本电脑,但是开机以后就频频出错,再查看电脑的配置,和卖家所说的有很大的出入。于是,曼曼就找到了卖家,而卖家表示自己发的货是没有问题的,因此双方就产生了纠纷。

在纠纷过程中,卖家一直表示自己发的东西是已经和买家说好的,而且以买家购买商品时没有详细说明购买实际货物的情况为由,一直推脱。曼曼知道自己在购买商品的交易上有些理亏,但她出具了和卖家的旺旺历史聊天记录,最终打赢了这场官司。

问题

思考如何防范网上交易时存在的风险。

实训设计

了解网上支付存在的风险及相关法律法规

【实训目的】

现阶段的网上支付仍然存在着许多安全问题,通过此次实训,掌握网上支付存在哪些风险以及我国对网络支付采取了哪些措施。

【实训内容与要求】

(1) 登录淘宝网站(http://www.taobao.com),比较其中四种付款方式存在的风险。

(2) 列举我国到目前为止已经颁布的所有关于网上支付的法律法规。

【成果与检验】

全班每4~5人组成一个小组,分组收集并整理相关资料,分析网上支付风险的防范方法,并在课堂上分组发言、讨论。

参 考 文 献

[1] 张波,任新利.网上支付与电子银行[M].3 版.上海:华东理工大学出版社,2012.

[2] 李洪心,马刚.银行电子商务与网络支付[M].2 版.北京:机械工业出版社,2013.

[3] 王鑫鑫.电子商务基础[M].北京:北京大学出版社,2014.

[4] 帅青红.电子支付与结算[M].2 版.大连:东北财经大学出版社,2015.

[5] 周虹.电子支付与网络银行[M].3 版.北京:中国人民大学出版社,2016.

[6] 蔡元萍.网上支付与结算[M].3 版.大连:东北财经大学出版社,2013.